# 나는 선생님이 처음입니다

# 나는 선생님이 처음입니다

(행복한 교육, 후배 교사가 묻고 선배 교사가 답하다)

[행복한 교과서®] 시리즈 No. 55


지은이 | 정민수 · 홍근하
발행인 | 홍종남

2021년 4월 12일 1판 1쇄 인쇄
2021년 4월 19일 1판 1쇄 발행

**이 책을 만든 사람들**
책임 기획 | 홍종남
본문 디자인 | 김성인
표지 디자인 | 김효정
교정 교열 | 이홍림
출판 마케팅 | 김경아
제목 | 구산책이름연구소

**이 책을 함께 만든 사람들**
종이 | 제이피씨 정동수 · 정충엽
제작 및 인쇄 | 천일문화사 유재상

펴낸곳 | 행복한미래
출판등록 | 2011년 4월 5일. 제 399-2011-000013호
주소 | 경기도 남양주시 도농로 34, 부영e그린타운 301동 301호(다산동)
전화 | 02-337-8958 팩스 | 031-556-8951
홈페이지 | www.bookeditor.co.kr
도서 문의(출판사 e-mail) | ahasaram@hanmail.net
내용 문의(지은이 e-mail) | esfms@naver.com
※ 이 책을 읽다가 궁금한 점이 있을 때는 지은이 e-mail을 이용해 주세요.




ISBN 979-11-86463-55-0
〈행복한미래〉 도서 번호 086

※ [행복한 교과서®] 시리즈는 〈행복한미래〉 출판사의 실용서 브랜드입니다.
※ [행복한 교육학®] 시리즈는 〈행복한미래〉 출판사의 교육학 브랜드입니다.

# 나는 선생님이 처음입니다

| 정민수 · 홍근하 지음 |

행복한미래

프롤로그

# 우리는 모두 선생님이 처음입니다

**홍:** 모든 사람은 인생이라는 학교에 다닙니다. 어릴 때는 학생이었다가 살아가면서 선생님이 되지요. 갓 태어나 세상에 던져진 아기들은 혼자서는 아무것도 하지 못하는 상태로 삶을 시작합니다. 옆에서 도와주지 않으면 생존할 수 없기에, 여러 사람에게 의존하며 자라납니다. 그리고 유아기, 아동기, 청소년기를 거치면서 인간으로 사는 법을 배웁니다.

우리에게 배움은 산소호흡기와 같습니다. 몸에서 떨어져버리면 세상과의 연결이 끊기고, 다시 돌아오기 힘들지요. 배우지 못하는 사람은 존재하기 힘듭니다. 아니, 사람은 배우지 않으면 존재할 수 없습니다.

저 또한 인생 대부분의 시간을 배우는 입장에서 보냈기에 교단에서서 학생들을 잘 가르칠 수 있을지 확신이 들지 않았습니다. 장래희

망으로 시인, 작가, 시민단체 활동가, 기자 등을 차례로 꼽았으나 그 무엇도 확실하지 않았던 고3의 문턱, 주변의 강력한 권유로 떠밀리듯 입학한 교육대학교에서 저는 줄곧 한 가지 생각에 사로잡혀 있었습니다.

'간절히 원한 자리가 아닌데 내가 여기 있어도 되는 건가.'

마음을 쿡쿡 찌르는 이 물음은 이후 4년간의 대학생활 내내 저를 견인하는 가장 강력한 동기가 되었습니다. 선생님이 달라졌다는 EBS 다큐멘터리를 들여다보고, 토요일 아침의 꿀 같은 늦잠을 포기하며 멘토링을 하고, 교육봉사 동아리에서 여름 캠프, 겨울 캠프를 기획하며 아이들을 만났습니다. 자치기구에서 '에밀'에 도전했다가 처참히 패배하기도 하고, 쏟아지는 조 모임과 과제의 홍수 속에서 한 손에는 단소를, 다른 손에는 노트북을 들고 뒤구르기를 하기 위해 터덜터덜 학교를 오가던 나날들이 생각납니다. 그러다가 문득 선생님이라는 이 직업이 참 매력 있다는 생각을 했습니다. 선생님이 되는 것도 나쁘지 않겠다는 근거 없는 자신감도 조금은 생겼습니다.

그런데 막상 담임교사로서 우리 반이 될 25명의 명렬표를 받고 나니, 나 하나도 제대로 다루지 못하는데 누굴 책임지나 싶어 덜컥 겁이 났고, '아직 준비가 안 됐는데 학교는 뭘 믿고 나에게 애들을 맡기지?' 하는 두려운 생각도 들었습니다. 1교시에 쓸 PPT를 수없이 고치고, 개학 첫 만남을 수차례 시뮬레이션하며 '대체 교대생 4년 동안 뭘 배웠나' 하고 한숨을 푹푹 쉬었던 기억이 납니다. 그리고 이렇게 밤을 새는 게 한 번으로 끝나지 않을 것 같다는 예감은 "30년을 해도 새 학기 전에는 매번 떨리더라." 하는 선배들의 자조로 현실이 되었죠.

이 책에서 저는 교사로서 막 걸음마를 떼고 나서 어쩌다 넘어졌는지, 얼마나 헤맸는지, 깨지고 부딪힌 다음에 어떻게 했는지를 고백할 것입니다. 그리고 지금 조금이나마 옹알이를 하게 되기까지 어떤 과정을 거쳤는지를 되돌아볼 것입니다.

우리는 모두 세상이, 삶이, 배움이 처음입니다. 저의 처음을 되짚어가는 이 과정이 다른 분들께도 도움이 되었으면 좋겠습니다. 그리고 누구보다도 학생들과 함께하는 선생님들이 처음을 잊지 않고 기억했으면 좋겠습니다. 학생들과 함께 배우고, 같은 속도로 자라며, 배움 앞에 늘 처음이어야 하는 사람이 교사라고 생각하기 때문입니다.

**정:** 사실 나도 선생님은 처음입니다. 지금은 선배라는 이름으로 홍 샘 앞에 서 있지만, 어쩌면 홍 샘보다 더 많이 좌충우돌하며 여기까지 온 것 같습니다. 그나마 홍 샘과 같이 좋은 교사가 되어보려고 발버둥치는 선생님들 곁에서 엠디랑(mdrang.net)으로 수업나눔을 실천한 것이 전부입니다.

1999년 교대 캠퍼스에서 엠디랑을 처음 만들었을 때가 생각납니다. 아직은 내 교단일기가 어떻게 쓰여질지도 모르는 상황에서 무작정 교육나눔이 시작되었습니다. 그야말로 교육이라는 망망대해에서 돛대도 없이 유랑을 시작하는 초라한 조각배였습니다. 하지만 한편으론 그때만큼 열정이 넘치던 시절도 없었던 것 같습니다. 캠퍼스 학우들과 교육봉사단을 꾸려 선배 학교들을 방문하고, 대안학교를 직접 찾아가 교육나눔을 실천에 옮겼습니다. 발령을 받은 뒤에는 신규교사라는 이름으로 좌충우돌 교육을 교실 수업에 적용했습니다. 주말이면 아이들을 데리고 학교 주변 독거노인들을 찾아가 재롱잔치를 여는가 하면, 집 안 구석구석 대청소를 한 후 고사리손으로 만든 음식을 동네 어르신들과 나누며 한국의 페스탈로치를 꿈꾸기도 하였습니다.

그러나 딱 거기까지였습니다. 교육성장은 단순한 열정만으로는 한계가 있었습니다. 그렇게 채워지지 않는 목마름으로 답답할 때, 미국에서 베스트셀러가 된 『협동학습』의 스펜서 케이건 박사가 들어온다는 소식을 들었습니다. 그리고 아내와 함께 만난 『협동학습』은 작은 조각배의 돛이 되어주었습니다. 여전히 망망대해에는 자욱한 안개가 걷히지 않고 있지만, 적어도 어디로 나아가야 할지는 조금씩 깨달을 수 있었습니다.

그런 내 앞에 이제 홍 샘이 서 있습니다. 지금은 내가 처음 교사를 시작할 때와 사정이 사뭇 달라졌지만 좋은 교사가 되어보려는 홍 샘의 열정이 나를 다시 그 망망대해로 끌고 갑니다. 요즘은 신규교사를 샛별교사라고 부르곤 하는데, 어쩌면 내가 홍 샘을 코칭하는 것이 아니라 홍 샘이 샛별이 되어 나의 조각배를 이끌어 가는지도 모르겠습니다. 샛별교사! 부르기 정말 좋은 말입니다. 그 샛별교사를 따라 다시 돌아온 교육의 망망대해에서 우리는 어디로 나아가야 할지, 조각배의 돛을 올려보려고 합니다.

우리 모두, 선생님이 처음입니다!

## 목차

## 3부. 교사, 교육과정을 디자인하다

## 4부. 교육공동체, 성찰의 꽃을 피우다

누구나 '처음'의 순간이 있습니다.

산책을 할 때도, 등산을 할 때도 첫 관문을 지나야 비로소 우리가 가야 할 여정을 진심 어린 눈으로 바라보게 됩니다. 교육의 길에 처음 들어서는 새내기 선생님의 눈은 무엇을 담고 있을까요? 앞으로 펼쳐질 기나긴 교단 인생을 어떻게 해야 지혜롭게 걸어갈 수 있을까요? 교육의 길에 들어서는 새내기 선생님의 성찰과 배움을 함께 디자인하려 합니다.

| 0부 |

# 교육의 길에 들어서며

# 1 아이들과의 첫 만남

**정:** (교실 문을 열며) 선생님, 첫날은 어땠어요? 뭐 힘든 건 없어요?

**홍:** 수석 선생님! 마침 잘 오셨어요. ……저 어제 잠을 못 잤어요. 이 정도면 됐겠지 하고 시계를 봤는데도 새벽 4시더라고요. 억지로 눈을 감았는데 한 시간마다 깨기에, 그냥 일찍 출근했어요. 아직 제가 뭘 모르는지도 모르겠어요. 그런데 신기하게도 그렇게 떨었으면서 우리 반 학생들 앞에 서니 저도 모르게 태연하게 떠들고 있더라고요. 아이들은 아무 눈치도 못 챈 것 같아요. 다행이다 싶었죠. 수석 선생님은 첫날 어땠는지 혹시 기억나세요?

**정:** 많이 긴장했군요. 그런데 자신도 모르게 떠들고 있었다니, 홍

샘은 역시 천상 교사네요. 저보다 출발이 훨씬 좋아요. 사실 저도 처음엔 그랬어요. 학생들 앞에 서 있는 내 모습이 마치 꿔다놓은 보릿자루 같았죠. 수업 시작 전 아침 자습시간부터 뭘 해야 할지 몰라 망설이고 있는데 오히려 학생들이 알려주더라고요.

"작년에는 아침마다 고사성어를 썼는데…… 올해도 하나요?"

"공책은 종합장만 있으면 되나요? 아니면 과목별로 준비해야 하나요?"

"알림장은 이제 빼주면 안 돼요? 솔직히 알림장 쓰기가 너무 귀찮아요!"

지금 생각해보니 첫날에는 정말 정신이 없었던 것 같아요. 학생들에게 경어를 써야 할지 평어를 써야 할지, 학생들 간 호칭은 어떻게 해야 할지 등 정말 생각할 것들이 많더라고요. 그때는 아직 교실언어가 익숙하지 않아서 그랬던 것 같아요.

**홍:** 맞아요. 낯설고 정신이 없어서 오늘 급식실 가는 길도 학생들이 알려줬어요, 하하. 그런데, 교실언어요? 교사가 쓰는 언어가 따로 있나요?

**정:** 그럼요. 교사의 모국어라고 할 수 있는 교실언어가 따로 있답니다. 학생들이 알아듣는 교실 속의 목소리! 바로 그것이 교실언어예요. 학생들은 학교에 들어오면서 이 교실언어를 자연스럽게 익혀요. 아침자습, 알림장, 청소당번, 급식당번 등 교실에서 지속적으로 사용

되는 언어들이죠. 그런데 이 교실언어가 이제 갓 교단에 선 신규교사에겐 어색할 수밖에 없는 거지요. 그도 그럴 것이, 실전에 사용하는 교실언어에 노출된 시간이 절대적으로 부족했잖아요. 아마 교대에서 나간 몇 번의 실습으로는 교실언어를 익히기 어려웠을 거예요. 그래도 지금은 실습시간이 많이 늘어난 편이니, 예전보다는 더 좋아진 거랍니다.

**홍:** 교실언어는 곧 교사의 모국어이다. 한마디로 교사가 애쓰지 않아도 자연스럽게 술술 나오는 제1언어(First language)가 되어야 한다는 거네요! 그런데 저는 아직 신규교사라 그런지 교실언어에 익숙해지는 것이 외국어 학습과 비슷하다는 생각이 들어요. 몇 차례의 교생실습에서 감을 잡았다고 생각했는데, 실전에 나서니 아예 처음인 것처럼 생소하게 느껴져서 당황스러웠거든요. 마치 책으로만 외국어를 배우다가 갑작스럽게 원어민들 사이에 떨어진 느낌이랄까요? 지금까지는 교실언어가 제1언어가 아니었으니 자유자재로 구사하려면 꽤 시간이 걸리겠네요.

**정:** 그래서 일단 교실언어에 노출되는 시간이 절대적으로 필요해요. 교사가 사용해야 할 단어들을 학생들에게 많이 활용할수록 교실언어가 좀 더 편해질 거예요.

하지만 노출 시간이 많다고 해서 무조건 교실언어를 빨리 습득하는 것은 아니랍니다. 그보다 더 중요한 건 바로 교사로서의 마음가짐이예요. 그래서 말인데요, 매일 아침저녁으로 거울 앞에 서 있는 홍 샘의 모습을 한번 살펴보세요. 세수하거나 양치질하면서 살펴보던 그런 모습 말고, 교사로서의 홍 샘 모습을요. 홍 샘이 정말 교사의 얼굴을 가지고 있는지 꼼꼼하게 성찰해보세요. 언어가 익숙해지려면 말이 변하기 전에 모습이 먼저 변해야 한답니다. 거울 앞에 서 있는 자신의 모습 속에서 교사의 얼굴을 찾았다면 교실도 조금 더 편해질 거예요.

**홍:** 선생님 말씀을 들으니 심리학자 융이 이야기한 '페르소나'라는 개념이 떠올라요. 사람은 사회와 접촉하면서 여러 가지 인격을 형성하게 되잖아요. 외부의 기대와 주어진 책임에 따라 어떤 모습을 보이고, 어떤 모습은 가릴지 조절하면서요. 저는 아직 교사로서의 얼굴이 익숙하지 않은 것이겠지요. 오늘만 해도 제가 선생님 자리에 앉아 있다는 게 너무 신기했는걸요. 외국어를 효과적으로 습득하려면 그 나라의 문화와 관습을 알고 현지인처럼 사고해야 하듯이, 숙련된 교사가 되려면 교사로서의 얼굴을 지니고 교실언어를 익히려는 노력이 필요하겠네요. 첫술에 배부를 수는 없을 테니, 천천히 노력해봐야겠어요.

그건 그렇고, 다들 처음이 중요하다고 하더라구요. '황금의 일주일'이라거나, 3월을 잡아야 1년이 편하다는 말씀도 하시고요. 교실에서 정해야 할 건 왜 이리 많은지 1인 1역에, 자리 배치에, 모둠에, 학급 안내판 만들고, 텅 빈 교실도 꾸미고, 임원선거도 해야 하고…….
오늘은 학생들과 인사하고, 교과서와 안내장만 나눠줬는데도 하루가 금방 지나버렸어요. 이 많은 걸 어떻게 하죠? 아이들과의 처음을 어떻게 시작하면 좋을까요?

**정:** 맞아요. 학생들과의 첫 만남이 중요하답니다. 정말 황금의 일주일이라고 할 수 있어요. 마치 농부가 잘 갈아놓은 텃밭에 씨앗을 뿌리는 첫 작업과도 같아요. 특별히 3월의 첫 만남에는 기대심리가 있잖아요. 학생들도 선생님과의 첫 만남을 무척이나 떨리는 마음으로 기대하고 있답니다. 그러니 첫 일주일이야말로 텃밭의 토질이 최상이라고 할 수 있겠지요. 아마 좋은 농부라면 그 텃밭에 하고 싶은 것들이 정말 많을 거예요. 교실로 이야기하면 기본 생활습관 형성하기, 학급 규칙 세우기, 협동학습 구조 만들기, 아늑한 교실 환경 꾸미기 등 교사가 관심 가져야 할 분야가 넘쳐나죠. 아무리 능숙한 교사라도 학기초에 모두 완성하기 어려운 과제들이랍니다.

**홍:** 그래서 저도 열심히 찾아봤는데, 머리가 더 복잡해져버렸어요. 이것도 좋아 보이고, 저것도 필요한 것 같고……. 학생들과 함께 처음 시작할 때 꼭 하면 좋을 만한 활동들을 알려주세요!

**정:** 그러면 당장 첫 만남에서 할 수 있는 것들을 몇 가지만 소개해 볼께요.

첫째, 친해지기 활동이나 공동체 놀이 등을 통해 새로 만난 낯선 친구들과 소통할 수 있는 기회를 주는 것이 좋아요. 새로운 반이 되면서 낯설고 어색한 학생들도 많을 테니까요. 이름 이어가기나 자신의 장점 말하기 활동 등을 간단히 응용할 수 있지요.

둘째, 새 학기 새로운 출발을 다짐하거나 선생님께 하고 싶은 말을 적는 등 정적인 활동을 적극 활용해보세요. 새 학기가 막 시작했을 때처럼 모두가 차분하게 글쓰기 활동에 몰입하는 시간도 없으니까요. 학년 발달단계에 따라 타임캡슐을 작성해서 보관하는 것도 의미 있는 활동이 될 수 있어요.

셋째, 학생들의 참여수준이 높다면 학급 이름짓기, 학급 규칙 만들기, 시간표 구성하기 등 학생들이 직접 참여하는 자치활동으로 충분한 시간을 갖고 전개해볼 수도 있어요. 그런데 이건 학생들의 수준을 잘 파악해서 진행해야 해요. 이미 이전 학년에서 학생자치활동을 충분히 경험해본 친구들은 상관없지만, 그런 경험이 전혀 없는 친구들은 학생자치활동에 대한 필요성이나 기본자세부터 가르쳐주어야 해요.

**Tip. 학급실태와 학급경영 철학을 먼저 성찰하세요!**

**황금의 일주일 텃밭 가꾸기**

하나. 공동체 놀이로 친구들과 소통해요.

둘. 새 출발의 마음을 편지글에 담아요.

셋. 학급 세우기 자치활동 시간을 마련해요.

**홍:** 그렇지 않아도 이름을 모르거나 서먹해 보이는 학생들이 있어서 어떻게 편안한 분위기를 만들어야 하나 고민하고 있었어요. 아직

학생들이 굳어 있어서 반응도 소극적이고, 어디까지 괜찮은지 눈치를 살피고 있는 것 같아요. 쉬는 시간에도 착착 앉아 있고, 이렇게 차분할 수가 있나 싶어요. 저도 학생들을 웃겨주려고 애를 쓰긴 했는데, 서로 몸을 사리는 느낌이에요. 긴장을 풀고 조금 더 친해지는 시간을 주어야겠네요. 한번 해볼게요, 선생님, 감사합니다!

## 홍샘! Talk Talk

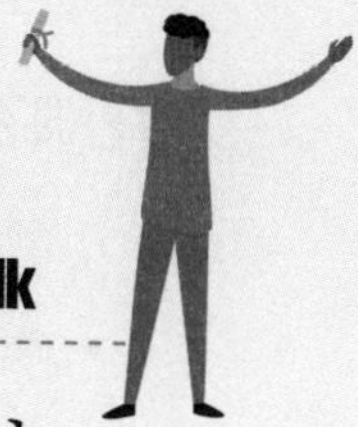

# 나의 일주일

### 준비하면 좋은 것!

- 학생과 보호자에게 보내는 인사 편지와 학기 초 준비물 안내장: 교사 소개와 간단한 인사말, 학교생활에 필요한 준비물, 교실 내선번호나 연락처, 보호자와 학생에게 부탁하고 싶은 사항들이 들어가면 좋습니다!
- 배부용 시간표와 시정 안내표: “선생님, 무슨 책 꺼내요? 지금 몇 교시에요?” 등의 질문 방지용
- 사물함 및 신발장용 번호, 이름표: “신발 어디에 넣어요?”와“몇 번이에요?” 등의 질문 방지용
- 한 학기분 학급일지: 기억합시다, 기록만이 살길이다.

## 칠판에는 이렇게!

- 학생들의 긴장을 풀어줄 인사말 (여러분, 안녕하세요! 만나서 반가워요. ㅇ반에 오신 것을 환영합니다!)
- 번호 확인하기 (먼저 자기 번호를 보고, 해당하는 번호의 신발장에 신발을 정리하세요!)
- 자리 앉히기 (첫날이라 임시로 자리를 배치했으니, 자기 자리를 확인하고 짐을 정리한 후 착석하세요.)
- 간단한 첫날 활동 안내 (1교시: 반 배정 확인 및 자기소개하기, 2~3교시: 교과서 받고 이름 쓰기, 사물함 정리하기, 4교시: 안내장 배부, 학교생활 안내 등)

## 첫날 이것만은 꼭!

- 교실 탐색 및 정리정돈: 자기 자리와 책상, 사물함, 신발장 위치를 익히며 정리정돈을 하도록 안내하기. 쉬는 시간과 청소시간 등을 이용해 학생들에게 교실을 둘러보고 공간에 적응할 시간 주기
- 소개하기: 가뜩이나 어색하고 긴장되는데 선생님이 일어나서 3분씩 자기소개를 하라고 한다면? '나 사용 설명서' 만들기, 참·거짓 게임 등으로 발표가 부끄러운 학생도 자연스럽게 스스로를 드러내도록 배려하기

- 이름 불러주기: 아침 등교시간, 오후 하교시간에 눈을 맞추고 한 명씩 이름 불러주는 것! 이름을 불러주는 순간, 어떤 학생이라도 선생님에게로 와 꽃이 되어주지 않을까요?

## 넌 누구니? 서로를 알아가는 법!

- 선생님에게만 말해줘: 학생의 강점과 약점, 학교생활 및 가정생활에서의 고민거리 등을 비밀편지 형태로 솔직하게 쓸 수 있도록 하기. 대신 성급하게 몰아붙이지 말고 마음의 준비가 필요하거나 밝히고 싶지 않을 경우 천천히 털어놓을 수 있도록 안내해 줍시다!
- 관찰일지: 학급일지 뒤쪽에 학생 개별 특성을 관찰하여 기록하는 공간을 마련하고 수시로 기록하면 상담에서도 유용한 자료로 쓸 수 있어요.

## 한 걸음 더!

- 폭력이란 무엇인가?: 장난과 폭력을 구분하고 미리미리 학교폭력 예방 교육하기, 다만 교사의 설명/훈계보다는 학생들이 의견을 나눌 수 있도록 분위기를 조성하는 것이 중요합니다.

- 안전하고 질서 있게!: 학기 초 꼭 강조해야 할 안전과 질서! 선생님이 자리에 있건 없건, 교실 밖이건 안이건 스스로 책임질 수 있는 행동을 하도록 충분한 시간을 들여 설명해주는 것이 중요합니다.
- 시간을 지키도록 하기: 시간 약속 지키기는 학급생활의 기초. 쉬는 시간은 노는 시간이라기보다 준비시간임을 강조하고, 미리 차분한 태도로 다음 시간을 시작할 수 있도록 합시다.
- 마음의 장벽 허물기: 공동체의식은 그냥 생기지 않습니다. 학급 이름과 급훈 공모전, 협동 놀이, 반가 만들기 등으로 '우리 반, 우리 선생님'이라는 인식이 형성되도록 탄탄히 기반을 다집시다.

**참고하면 좋은 책!**

『학급경영 멘토링』(김성효 | 행복한 미래)

김성효 선생님의 실용적이고 자세한 학급운영방식을 보며 도움을 받을 수 있어요. 특히 1인 1역, 부서활동 지도 등에서 참고할 부분이 많아 유익했습니다!

『허쌤의 학급경영코칭』(허승환 | 테크빌교육)

공동체 놀이의 대가인 허승환 선생님의 학급경영도서예요. 황금의 2주일을 중심으로 처음을 준비할 때 좋은 팁이 가득한 책입니다.

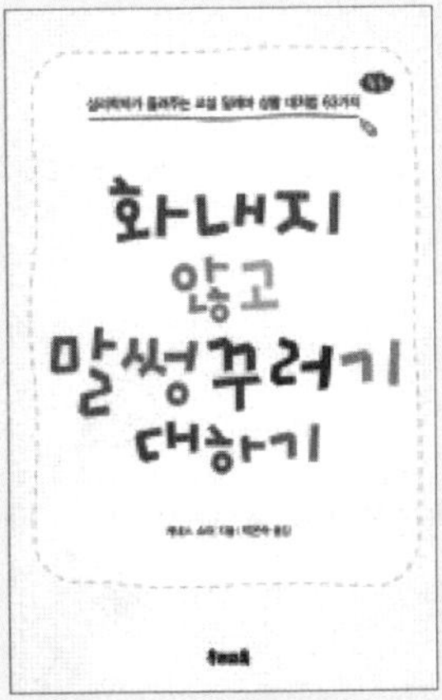


『화내지 않고 말썽꾸러기 대하기』(케네스 쇼어 | 박은숙 역 | 우리교육)

당장 나를 힘들게 하는 학생이 있다면? 교실에서 접할 수 있는 여러 가지 사례를 중심으로 대처방법을 수록한 책이에요. 쉬는 시간에 틈틈이 펼쳐 보기 좋습니다.

<table>
<tr><td colspan="6"><황금의 일주일 학급 세우기 ><br>3월 4일(월)~3월 8일(금)<br>초등학교 4학년</td></tr>
<tr><th></th><th>3.4(월)<br>첫만남</th><th>3.5(화)<br>친해지기</th><th>3.6(수)<br>소속감 가지기</th><th>3.7(목)<br>규칙 세우기</th><th>3.8(금)<br>포용하기</th></tr>
<tr><td>1</td><td>- 시업식<br>- 교과서 배부</td><td rowspan="2">- 특별한 인사 나누기<br>(하이파이브, 손가락 인사, 짝인사 등)<br>- 우리 반 전문가(우리 반에 필요한 1인 1역 브레인스토밍)<br>- 역할 정하기<br>- 나의 역할 정지장면으로 표현하기</td><td rowspan="2">- 인사 나누기<br>- 우리 반 스펙트럼<br>(우리반은 어떤 반일까요?)<br>- 우리가 만들고 싶은 반의 모습 이야기하기</td><td rowspan="2">- 우리 학급 공동의 목표 정하기(교실의 주인공은 누구일까)<br>- 선택과 책임의 중요성<br>- 토의 방법알기<br>- 학급 규칙 정하기<br>- 규칙을 어겼을 때</td><td>- 기억과 기록의 중요성<br>- 노트필기 방법 안내<br>- 글쓰기 소개</td></tr>
<tr><td>2</td><td>- 교사 소개 (교육철학, 기본수칙, 1년 각오 등)</td><td rowspan="2">- 과정드라마 체험<br>(배낭을 멘 노인)<br>- 느낌과 생각 나누기</td></tr>
<tr><td>3</td><td>- 시정, 시간표 소개 - 사물함 준비물, 자리 배치 안내</td><td>- 상담기초자료 마련<br>(선생님께만 알려드려요, 교우관계 기초 조사)</td><td>- 이름의 중요성(김춘수 시인의 '꽃' 소개)<br>- 학급 이름 정하기</td><td>- 책에게 묻고 답하다<br>(책과 친해지기)<br>- 독서의 중요성</td></tr>
<tr><td>4</td><td rowspan="2">- 장점 자기소개<br>(이름 익히기)<br>- 교실탐색 및 몸 인사<br>- 안내장 배부<br>- 알림장 쓰기</td><td>- 나의 인생그래프 그리기</td><td>- 학급이름과 가치 연결시키기<br>- 급훈 만들기 및 낭독</td><td rowspan="2">- 우리 반 사용 설명서 만들기<br>(하루일과 및 상황별 매뉴얼)<br>- 규칙 및 하루일과 정리, 게시</td><td rowspan="2">- 우리 반 어린이 회의, 부서 소개<br>- 부서 희망지원서 작성 및 면접<br>- 부서 프로젝트 및 개인프로젝트 정하기</td></tr>
<tr><td>5</td><td>- 개인 사진, 학급 단체 사진 촬영<br>- 의자놀이<br>(손님 모셔오기, 과일샐러드, 같이왔어요, 바람이 분다, 전파 전달하기)</td><td>- 대화예절<br>(오늘 하루동안 내가 한 말, 들었던 말 돌아보기)<br>- 대화방법 안내<br>- 소통&불통 상황 역할극</td></tr>
<tr><td>점심</td><td>- 우리 반 인사 정하기</td><td>- 줄 서기 교육</td><td>- 사물함 및 자기자리 점검</td><td>- 인사예절</td><td>- 자리 이동방법 점검</td></tr>
</table>

학기 초 일주일 활동계획표(예시)

# 2 3월, 교사와 아이들의 성장 스토리가 시작된다

**정:** 똑똑~ 선생님, 들어가도 되죠? 집에 안 가세요? 뭘 이렇게 늦게까지 하는 거예요?

**홍:** 수석 선생님, 어서 오세요. 저도 집에 가고 싶어 죽겠는데 답이 안 나오네요. 오늘도 자의 반 타의 반 야근 확정인가봐요.

**정:** 하하, 엄청 열심이네요! 역시 샛별 샘은 열정이 다르군요. 야근한 만큼 잘 준비되고 있는 거죠?

**홍:** 아니요, 완전 헤매고 있어요. 며칠 후면 교육과정 설명회잖아요. 학부모님들을 모시고 30분 동안 설명을 해야 한다고 들었고요. 학

교 PPT 양식을 참고해서 자료는 만들었는데, 막상 얼굴을 마주 보고 무슨 말씀을 어떻게 드려야 하는 건지 모르겠어요.

**정:** 교육과정 설명회 PPT를 보니 구성지게 잘 만들었네요. 아마 부모님들 앞에 서면 무슨 말을 해야 할지 많이 당황스러울 거예요. 학생들과는 또 다르죠. 하지만 이렇게 미리 만들어놓은 자료가 있으면 확실히 도움이 될 거예요. 그런데 학부모님들이 교육과정 설명회에서 정말 듣고 싶은 이야기는 무엇일까요?

**홍:** 음, 아마 우리 아이가 학교에서 어떻게 생활하는지가 아닐까요?

**정:** 맞아요. 학년 교육과정 운영 방침, 학교 행사, 선생님의 수업방법, 생활지도 방식 등의 주의사항에 대한 설명도 중요하죠. 그렇지만 학부모님이라면 누구나 자기 자녀에 대한 이야기를 먼저 듣고 싶어 할 거예요. 새로 만난 선생님은 어떤 사람인지, 자기 자녀를 어떻게 생각하는지, 학부모들에게 무엇을 당부하는지, 자녀를 바라보는 선생님의 눈이 어떤지를 알고 싶어 하죠.

**홍:** 학생을 바라보는 시각이라니 왠지 더 부담스러운 걸요. 그걸 구체적으로 어떻게 설명하는 게 좋을까요?

**정:** 저도 처음엔 많이 부담스러웠어요. 그런데 울면서 이야기하던 한 학부모님을 만나면서 생각이 좀 달라지더라고요. 예전에 교실에서 학부모님들을 모시고 학급 교육과정 설명회를 할 때였어요. 한참 설명을 하고 있는데 한쪽 구석에 앉아 계시던 한 학부모님이 갑자기 펑펑 우시는 거예요. 순간 당황스러웠죠. 내가 무슨 실수를 했나 하고 걱정도 되었구요. 그런데 그게 아니었어요. 그분께서 다른 학부모님들이 모두 돌아가신 후에 이야기해주시더군요.

> "선생님, 정말 감사합니다. 우리 아이의 장점만 바라봐주겠다는 선생님의 말씀이 얼마나 힘이 되는지 몰라요. 매년 이 자리에 올 때마다 아이의 문제 성향 때문에 늘 애먹기만 했는데 이리 말씀해주시니 자식 맡긴 부모로서 마음이 놓여요."

그 아이는 학교생활을 어려워하던 친구였어요. 그래서 이전 학년에서는 긍정적인 피드백을 들어본 적이 없었던 거지요. 그런데 제가 교육과정 설명회에서 "저는 아이의 장점만 보겠습니다. 어머니도 이제부터 아이의 장점만 봐주세요. 기훠는 노래를 잘하고, 민철이는 목소리가 우렁차며, 찬우는 약한 친구들을 잘 배려해주는 장점이 있어요."라고 말했거든요.

짧은 시간이나마 선생님이 만난 학생들에 대한 이야기를 들려줘보세요. 찾아오신 학부모들의 마음이 촉촉해질 겁니다.

**홍:** 수석 선생님 말씀을 듣고 보니 교사에게는 장점을 보는 눈, 아니 장점을 이끌어내는 눈이 꼭 필요하겠다는 생각이 들어요. 학생들과 지내다 보면 자연스럽게 여러 특성을 관찰하게 되는데, 때에 따라 긍정적으로 다가왔던 것이 금세 모습을 바꿔 고쳐야 할 점으로 여겨지더라구요. 그 반대도 자주 일어나고요. 조용하고 소심한 학생은 말실수를 덜하고 신중하게 행동하는 경향이 있고, 토의에서는 좋은 청중이 될 수 있죠. 질문이 잦고 잡담이 많다는 건 그만큼 호기심이 강하고, 배경지식이 넓고, 이야깃거리가 풍부하다는 것일 테고요. 이렇게 생각한다면 중요한 것은 장점이냐 단점이냐가 아니라 '그래서 이러한 특성을 어떻게 다듬고 살려낼 것인가?'겠지요.

한편으로는 저 또한 학생들과 보호자님들이 선생님으로서의 저를 너그럽게 봐주기를 바라고 있었던 것 같아요. 특히 지금은 모든 처음이 그렇듯이 서로 잘 알지 못하는 상태이고, 세세한 부분도 어떻게 비쳐질지 굉장히 신경 쓰이는 시기잖아요. 교육과정 설명회나 학기 초 학부모 상담은 학생을 통해 전해 듣는 것 말고 보호자와 교사가 대면이나 유선으로 처음 만나 1년을 가늠하는 자리이니, 학생을 바라보는 저의 시각을 따뜻한 목소리로 들려드리는 게 더욱 중요하다는 생각이 드네요.

**정:** 선생님이 학생들의 장점을 바라볼 수 있다면 교실이 천국으로 바뀔 거예요. 뒤에서 지켜보시는 학부모님들도, 또 그 가정도 많이 성숙해질 거랍니다. 선생님이 만든 천국이 학생뿐만 아니라 분명히 가

정으로까지 연결될 거예요.

**홍:** 듣고 보니 저도 첫날 아침에 인상 깊었던 일이 있었어요. 일찍 출근해서 교실 준비를 하느라 바빴는데, 한 학생이 처음으로 문을 열고 들어왔어요. 그 친구에게 "첫날인데 이렇게 일찍 오다니 정말 성실하구나. 앞으로 얼마나 열심히 학교생활을 할지 안 봐도 알 수 있겠다."라고 했더니 얼굴이 환해졌죠. 어머니께 들어보니 다음 날도, 그 다음 날도 학교에 얼른 갈 거라고 일찍 잠들었대요. 학교에서는 분위기 메이커에 발표도 제일 적극적으로 한다고 말씀드렸더니, 집에서는 무뚝뚝하고 조용한 편이라 상상도 못 했다고 놀라워하셨어요. 또 원래 활발하고 적극적인 아이가 아니어서 많이 걱정했는데, 다행이라며 고마워하시더라구요. 예전에는 이런 이야기가 상투적으로만 들렸는데 정말 교사가 학생에게, 또 그 뒤의 모든 사람에게 큰 영향을 줄 수 있다는 걸 실감했죠.

**정:** 와~ 대단한데요. 벌써 그걸 깨달았다면 이미 교사로서의 권위를 갖춘 거예요. 저는 교사는 미래 세대에 생명력을 불어넣어주는 사람이라고 생각해요. 교사들은 미래 세대가 우리 사회의 시민으로서 자기 위치와 역할을 찾아가도록 이끌어주는 사람들이잖아요. 그 시민의 연습을 치열하게 하는 곳이 바로 교실이랍니다. 아직은 미숙해서 실수투성이겠지만 교실의 권위자인 선생님이 희망과 용기의 씨앗을 심어준다면 그 씨앗이 점점 자라 큰 나무가 될 거예요. 한 번도 걸어

가지 않은 낯선 인생학교의 첫발을 내딛는 아이들에게 생명력을 불어넣어주세요. 그것이 지금 우리가 해야 할 일이랍니다. 선생님의 말 한마디가 아이들에게 생명력을 불어넣어줄 거예요.

**홍:** 그리고 한 가지 더요! 이번에 교육과정 설명회를 준비하면서 고민하다 보니 제 버전의 교육철학이 없었다는 걸 알게 됐어요. 교대에서 교육철학 수업을 듣기는 했지만 스스로 확고하게 '나는 이런 학급을 만들어야겠다. 이런 선생님이 되고 싶다.' 하는 청사진을 그리지는 않았거든요. 학급살이나 업무도 마찬가지예요. 같은 학년 선생님들이나 커뮤니티의 베테랑 선생님들은 각자 자신만의 방식을 갖고 계시더라고요. 머릿속에 지도가 있는 것처럼 어떻게 저렇게 착착 진행하시나 싶어요. 살펴보면 다 근사하고 멋져 보여서 욕심이 나는데, '내가 할 수 있을까'를 자문해보면 자신이 없는 거예요. 차라리 선택지가 서너 가지였으면 좋았을 텐데……. 보면 볼수록 즐겨찾기해둔 페이지는 늘어나고, 엄두는 안 나고요. 갈팡질팡하다 아무것도 못 정한 채로 머리를 쥐어뜯다가 결국 퇴근했어요.

지금까지는 그냥 다른 사람들의 방식을 모방해왔는데, 막상 저만의 무언가를 만들려고 하니 깜빡거리는 커서 앞에서 손을 움직여 나아가는 게 힘들더라고요. 수석 선생님도 그런 적이 있으신가요?

**정:** 분명한 철학, 중요하죠. 그런데 그 철학은 전체를 바라보는 안목에서 나오는 거랍니다. 선생님은 아직 1년을 다 경험하지 않았잖아

요. 1년이라는 경험을 거친 뒤의 안목이 없는 상태에서는 많이 당황스러울 거예요. 어떤 일이든 뭐가 맞는지, 뭐가 옳은지 등을 결정하려면 최소한의 경험과 시간이 필요하답니다. 지금은 오히려 힘을 빼고 교육자로서 내공을 쌓는 시간이라고 생각하면 좋겠어요. 누구나 첫술에 배부를 수는 없잖아요.

독일 하이델베르크에 가면 유명한 철학자들이 산책하던 '철학자의 길'이라는 곳이 있어요. 헤겔과 괴테 등 많은 철학자들이 걸으면서 철학적인 사색에 잠겼던 곳으로 유명하죠. 아마 홍 샘이 고민하는 지금이 바로 그런 철학자의 길을 걷는 시간일 거예요. 그 사색의 깊이가 점점 더해지는 모습이 보기 좋답니다.

**홍:** 뾰족한 수가 없어서 생각만 하며 자꾸 파고들다 보니 스스로 문제를 더 복잡하게 만들었나 봐요. 특히 문제가 생기거나 예상에 없었던 상황에 맞닥뜨릴 때, 스스로 준비가 안 됐다는 생각에 불안했고요. 그런데 수석 선생님 말씀을 듣고 보니 첫 삽을 겨우 떠놓고 건물주가 될 생각을 하고 있었던 것 같네요. 1년을 가늠하는 안목은 결국 하루를, 한 주를, 한 달을 차근차근 쌓아야 나오는 거니까요. 지금은 뭘 만들려고 하지 말고 경험과 시간을 잘 씹어 삼키고 소화하면서 교육자로서의 철학을 계속 다듬어나가야겠어요.

**정:** 그래서 초임 5년까지는 학급경영에 관해 아주 섬세하게 고민하는 것이 필요해요. 지금은 선생님이 어떤 사람인지, 학생들은 어떤 아

이들인지, 그렇다면 우리가 어떻게 살아나가야 하는지를 생각하는 것만으로도 충분한 준비가 될 거예요.

**홍:** 이제 마음이 조금 편해졌어요. 일반적으로 사람들은 대단한 사명감과 교육철학을 가진 교사를 기대하잖아요. 저도 '미래의 인재를 길러내는 숭고하고 희생적인 선생님'까지는 아니어도 '학생들을 사랑하는 열정적인 선생님' 정도면 충분하겠다고 생각했죠. 교대생 때까지도 그런 전제만 하고 있다가 지금 구체적인 상황에 던져지니 많이 조급해졌던 것 같아요. 당장 무언가 멋져 보이고, 대단해 보이는 걸 만들어서 보여주고 싶다는 욕심이 컸고요. 현장을 직접 겪기 전에는 아주 연역적으로 교직을 바라봤는데, 실제로는 수많은 상황과 선택, 울고 웃는 순간들이 모이고 쌓여서 '교사로서의 나'를 형성한다는 생각이 드네요.

그러면 지금 제가 가장 우선적으로 해야 할 일은 무엇일까요? 우리 반 학생들을 파악하는 일이 제일 먼저인가요?

**정:** 그렇지요. 무엇보다 학급 아이들과 깊이 있는 만남을 갖는 것이 가장 우선이랍니다. 교육철학도 학급경영도 결국 모두 교실 아이들을 대상으로 하는 거잖아요. 내가 앞으로 만나고 함께 생활해야 할 주인공들이 어떤 아이들인지 깊이 들여다보는 자세가 필요합니다. 그래서 예전에는 학년 초에 가정방문을 정기행사처럼 했었어요. 가정방문을 통해 아이가 자라온 환경을 이해하고 인격적인 만남을 가질 수

있었답니다. 가정방문을 해보면 평소 교실에서 드러나는 아이의 모난 행동이나 생활습관의 이유를 온몸으로 느낄 수 있어요. 왜 내가 그 아이의 교사가 되어야 하는지 분명한 목적의식을 가질 수 있죠. 지금은 여러 사정으로 사라졌지만, 그래도 언젠가 기회가 되면 한번 도전해 보면 좋겠어요.

**홍:** 여러 선생님들의 경험담을 듣다 보니 가정방문이 가지는 긍정적인 효과를 저도 짐작할 수 있었어요. 학생의 생활 터전에 직접 들어가 교실에서는 못 보는 삶의 맥락들을 한 번에 파악할 수 있을 테니까요. 지금은 제가 1년 동안 수시로 관찰하고, 상담도 하고, 보호자와 가족, 친구들의 이야기도 듣고, 이전에 이 친구가 받았던 평가나 판단들도 참고하면서 이것저것 힌트를 짜 맞춰서 퍼즐을 완성하려고 애쓰는 것 같아요. 교사가 먼저 다가가 문을 두드리는 것이 필수지만 학생에게도 드러내고 싶지 않은 부분이 있을 테니 무턱대고 초인종을 누르면 당황스럽겠지요.

혹시 학생을 이해하고자 할 때 이건 모르는 게 낫다, 이것만은 꼭 알아두는 게 좋다, 하는 팁이 있을까요? 아니면 다다익선(多多益善)이라는 말처럼 되도록 많은 정보를 가지고 있는 게 좋을까요? 수석 선생님은 어떻게 생각하세요?

**정:** 다다익선보다 등고자비(登高自卑) 정신이 더 중요해요. 무슨 일이든 차례가 있는 법이잖아요. 아이들과 라포도 형성되지 않았는데

무작정 이것저것 물으면 오히려 아이들은 뒤로 물러난답니다. 특히 자기 치부를 드러내야 하는 상황이라면 때를 기다려주는 것이 필요해요. 아이 스스로 선생님께 말해도 되는 상황이 되면 굳게 닫아두었던 마음의 빗장을 서서히 풀게 될 거예요.

예전에 얼굴에 심하게 멍이 들어서 온 여학생이 있었어요. 딱 봐도 누군가에게 맞은 것이 분명했지요. 너무 놀라 당장이라도 경찰서에 신고하고 싶었지만 아이의 눈빛이 원하는 것은 처벌이 아니었어요. 그저 선생님이 모른 체하고 그냥 넘어가주길 바라는 눈빛이었지요. 그때는 매우 당황스러웠지만 나중에 자초지종을 알고 나니 이해가 되더라고요. 늘 술만 먹으면 돌변하는 아빠에 대한 측은지심이 아이의 마음속에 있었던 거예요. 그런 아빠와 삶을 살아가야 하는 아이의 처절한 상황을 어떻게 보듬어주어야 할지 지혜가 필요한 상황이었죠. 저도 나중에야 깨달았어요.

**홍:** 수석 선생님의 이야기가 많은 생각을 하게 하네요. 저는 제가 미숙해 보이진 않을지, 교사로서 어떻게 보일지만을 신경쓰느라 정작 눈에 담아야 할 학생들을 놓치고 있었던 것 같아요. 조급함과 욕심을 걷어내니 이제 조금씩 아이들이 시야에 들어오기 시작했어요. 많이 부끄럽네요.

저는 모든 사람이 삶의 장면에서 자기 자리를 찾고 있다고 생각해요. 교실로 들어온 학생도 마찬가지로 '이 공간에서 내가 있을 곳은 어디인가, 나는 어떤 역할을 맡아서 어디에 위치해야 하는가'를 고심하겠죠. 제가 어렸을 때에도 늘 고민했던 건 선생님과 친구들이 나에게 어떤 걸 기대하는지, 나는 스스로 교실 안에서 어떤 사람이 될지였거든요. '여기에 1등부터 30등까지 있는데 내 자리는 없어 보이네.', '걔는 이 분야에서는 주연인데 나는 엑스트라로도 못 끼겠네.' 싶으면 이제 막막해지는 거죠. 아! 문득 수석 선생님은 학창 시절에 어떤 학생이었는지 궁금해지는데요? 모범생 타입? 아님 의외로 반항아셨나요?

**정:** 아이들을 바라보는 시선이 이제 저에게까지 오나요? 벌써 그 안목이 교실을 넘어서기 시작하는데요.

제 모습을 직접 이야기하기는 쑥스럽지만 그래도 말로 표현하자면 두 얼굴의 사나이라고 할 수 있었어요. 어떤 면에서는 모범생이었지만, 다른 면에서는 문제아였죠. 어릴 적에는 주변에 문제투성이 친구들이 많았어요. 가난한 동네에서 자라다 보니 참외 서리 등은 기본이었고 쥐불놀이하다 높이 쌓아놓은 볏짚을 몽땅 태워버리기도 했답니다. 한 번은 친구들과 슈퍼맨 놀이를 하다 너무 높은 곳에서 뛰어내려 다리가 부러질 정도였으니 말 다했지요. 하지만 이런 제 모습 뒤에 감춰진 열정이 있었나 봐요. 학년 말에 선배들이 버린 전과를 휴지통에서 주워 공부하기도 했으니까요. 당시 집안이 가난해서 학원은 고사하고 전과 살 돈도 없으니 어린 마음에 휴지통 전과라도 보고 공부해야겠다는 생각을 했던 것 같아요. 그땐 마음이 콩알만 해서, 친구들이 '휴지통 전과'라고 놀리는 것이 얼마나 창피했는지 몰라요. 지금 생각해보니 제 캐릭터도 오락가락했었던 것 같네요.

**홍:** 수석 선생님의 성장 드라마가 슬프기도 하고 재밌기도 해요. 학급살이를 드라마로 본다면 교사는 감독이라고 할 수 있겠네요. 목표는 교실의 모두를 주인공으로 만드는 것이고요. 학생들의 캐릭터를 면밀히 파악해서 알맞은 역할에 캐스팅하고, 나아가 스스로 능력과 노력을 펼칠 수 있게 무대를 마련해야죠. 그러기 위해서는 학생 개인의 입장에 공감하는 따뜻한 진심뿐만 아니라 학급 전체를 아우르는 냉철한 판단력이 필수적이라는 생각이 들어요. 왜냐하면 대부분 교실에는 여러 명의 학생들이 함께 있으니까요.

의사가 응급치료가 필요한 환자를 우선으로 두고 먼저 처치하듯 교사도 가정환경, 학습, 교우관계 등에서 학교생활이 힘들 정도로 심각한 문제를 안고 있는 학생들을 파악하는 게 중요하다고 느꼈어요. 당장 SOS를 보내는 학생을 우선순위에 두고 지원하면서 다른 학생들과도 유대관계를 형성해나가는 것이 교사가 소진되지 않으면서 효율적으로 모든 학생을 돕는 방향이겠지요.

또 학생을 이해하고 문제의 해결방안을 찾는 것이 감정만으로 되진 않잖아요. 학생의 상태를 다각도로 진단해 필요와 욕구를 파악하고, 가정과 학교가 지원할 수 있는 방안을 모색하고, 쓴소리도 해야 하죠. 여러모로 오늘 대화가 저의 교실 드라마 연출에 아주 큰 도움이 될 것 같아요!

**정:** 너무 깊이 이야기했네요. 이번에는 힘을 빼고 조금 가볍게 다가가볼까요? 자연스러운 학생과의 만남에는 늘 머리를 싸매고 진지

하게 상담을 하는 방법만 있는 건 아니니까요. 우선 당장 교실에서 할 수 있는 것들이 있어요. 저는 그중에서도 교실 공동체 놀이를 추천하고 싶어요. 엄지전쟁, 우정 테스트, 고리 탈출, 사랑의 터널, 자기소개하기 등 정적인 짝놀이부터 동적인 단체놀이까지 다양한 놀이방법이 있어요. 협동학습에서는 학급세우기 또는 모둠세우기로 접근하기도 하고요. 이런 교실 공동체 놀이를 통해 교사와 학생, 그리고 학생과 학생 간에 서로를 알아가는 시간을 재미있게 가질 수 있답니다.

학년 초에는 학급규칙 정하기, 우리 반 이름 정하기, 역할 나누기 등 학급경영과 직접적으로 연결되는 활동을 해도 좋아요. 단, 이것만 기억해주세요. 이 모든 활동은 아이들과 깊이 있는 만남을 하는 것이 궁극적인 목적이라는 것을요.

**홍:** 첫발을 내디딘 교사 초년생으로서 학생을 제 시야의 어디에 위치시킬지 고민하게 되는 것 같아요. '일을 어떻게 시작할 것인가?', '무엇을 먼저 하고 무엇을 다음에 할 것인가?', '시작하는 단계에서 중요한 것은 무엇이고, 어떤 점을 유의해야 하는가?' 등을 묻고 생각하는 과정은 모든 초보들이 겪는 유익한 혼란이겠지요. 진심 어린 유대관계도, 저만의 색이 담긴 교육철학도 전자레인지에 넣고 버튼만 눌러서 간편하게 얻을 수 있는 3분 요리가 아니니, 여유를 갖고 정성을 들여야겠다는 생각이 들어요.

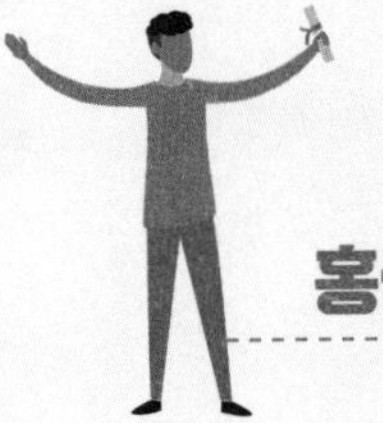

## 홍샘! Talk Talk

**참고하면 좋은 책!**

**『라틴어 수업』**(한동일 | 흐름출판)

우리에게는 생소한 라틴어를 소개하면서 저자가 느낀 삶의 지혜와 교훈을 함께 풀어낸 책이에요. 라틴어로 단점은 Defectus, 장점은 Meritum이라고 합니다. 학생들의 입체적인 면을 관찰하며, 잠재력을 끌어내야 하는 교사에게 아래의 구절은 아주 좋은 지침이 될 것이라 생각합니다.

"어제의 메리툼(장점)이 오늘의 데펙투스(단점)가 되고, 오늘의 데펙투스가 내일의 메리툼이 되기도 합니다. 우리는 무엇 하나 명확히 답을 할 수 없고, 그래서도 안 되는 시대를 살고 있습니다. 그러므로 중요한 것은 무엇이 메리툼이고 무엇이 데펙투스인가 하는 것이 아닙니다. 어떤 환경에서든지 성찰을 통해 자신의 가능성을 발견하고, 거기에서 곁가지를 뻗어나가야 한다는 것이죠. 삶이란 끊임없이 내 안의 메리툼과 데펙투스를 묻고 선택하는 과정이 아닐까 합니다."

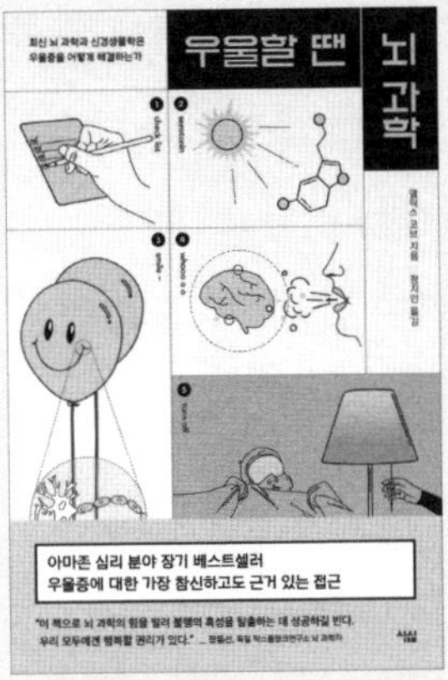


**『우울할 땐 뇌 과학』**(알렉스 코브 | 정지인 역 | 심심)

이 책은 제목이 신선해서 고르게 되었는데, 우울증뿐만 아니라 뇌 전반에 대해 다양한 정보들을 알 수 있어 좋았어요. 저자는 19년 동안 우울증을 연구해온 뇌과학 박사입니다. 뇌가 어떻게 삶의 부정적인 골짜기에 빠지는지, 어떻게 해야 건강한 삶의 사이클을 회복할 수 있는지를 차근차근 설명하고 있습니다.

불안하고 우울한 학생들, 무기력하거나 감정 조절이 힘든 학생들을 만나면 정말 당황스럽죠. 아이들을 상승나선으로 이끌기 위해 교사가 먼저 장점을 바라보고, 긍정적인 습관을 가질 수 있도록 도와야 할 것 같습니다.

"우리는 대부분 의식적인 의도에 따라 행위한다고 생각하는 경향이 있다. 그러나 사실 대부분의 행위는 충동이나 무의식적으로 반복하는 일로서 특정한 생각에 따른 것이 아니라 자동적으로 나오는 반응이다."

3초 안에 떠오르는 우리 반 학생 한 명의 이름을 적어보세요. 선생님이 생각하는 그 친구의 가장 좋은 점은 무엇인가요? 조금만 노력해서 발전시키면 강점이 될 만한 면은 어떤 것이 있나요?

**함께 보면 좋은 영화!**

영화 《룸》 포스터

저의 인생영화 《룸》을 소개합니다. 이 영화는 납치되어 7년간 단칸방 안에 감금되어 있던 엄마와 아들이 세상으로 탈출해 적응하기까지의 과정을 그리고 있어요. 방 안이 세상의 전부인 아들 잭의 유일한 가족은 엄마인 조이. 그녀는 방 안에 머무르려 하는 아들에게 이 방은 지도에도 나오지 않는 곳이라며 더 큰 세상으로 나가야 한다고 용기를 줍니다.

영화 말미에는 이런 대사가 나옵니다. "We all help each other stay strong."

소설 「데미안」의 주인공처럼, 또 이 영화의 주인공 잭과 조이처럼 성장하기 위해서는 모두 낯선 세상 밖으로 한 걸음 나서는 용기가 필요하겠다는 생각이 들었습니다. 익숙함에 작별을 고하고, 더 넓은 세상을 배워나가기 위해 아이들과 함께 도전하는 교사가 되어야겠습니다.

# 3 설레는 마음으로 수업의 문을 열다

**홍:** 수석 선생님이 알려주신 대로 공동체 놀이도 하고, 규칙도 정하고, 우리 반 이름도 정하면서 3월을 즐겁게 시작했어요. 반 분위기는 나름대로 잘 형성된 것 같은데, 2주가 넘게 책은 펴보지도 못하고 있어서, 오늘 옆 반은 벌써 진도를 많이 나갔다는 이야기를 듣고 놀랐어요. 학생들이랑 하나하나 이야기하다 보니 제가 예상했던 것보다 매번 늦어져서 걱정이에요. 원래 이렇게 느린 게 맞나요? 제가 잘못하고 있는 걸까요?

**정:** 아니에요. 지금 아주 잘하고 있답니다. 오히려 진도 나가기식 수업은 문제가 많아요. 하지만 동학년 공동체도 무척 중요하니 선생님들과의 대화는 계속 이어가야 해요. 동학년 공동체 이야기는 다음

에 다시 하기로 하고, 지금 홍 선생님은 진도 나가기식 수업이 아니라 수업을 전체적으로 바라보는 안목이 더 시급하답니다.

그 전에 일단 학생들이 공부할 준비가 되어 있는지 봅시다.

**홍:** 좋아요, 수석 선생님. 본격적인 학습 전에 학생들과 어떤 준비 운동을 하면 좋을까요?

**정:** 맞아요. 운동을 할 때도 준비운동을 먼저 하듯이 학습 전에도 준비운동이 필요하죠. 보통은 기본학습훈련이라고 한답니다.

**홍:** 초등교육의 목표 중 하나가 학생들의 기본 생활태도와 기초학습 습관을 길러주는 것이었는데, 이제 기억이 새록새록 나네요. 그런데 어디서부터 손을 대야 할까요? 뭘 먼저 알려줘야 하죠?

**정:** 학생들의 연령과 학습수준에 따라 다양한 방법이 있지만 여기에서는 대표적으로 발표방법, 듣기방법, 질의방법, 토의방법의 네 가지를 소개하고 싶은데요.

먼저 발표방법은 질문하기→생각하기→메모하기→발표하기 순서를 따르면 좋아요. 생각하기를 통해 자기 의견을 갖도록 하고, 메모하기를 통해 발표 내용을 체계화하는 거죠. 특히 발표할 때에는 정중하고도 자연스러운 자세와 말씨, 알맞은 크기의 목소리 등 분명하고 정확한 발음으로 발표하도록 알려주면 더 잘한답니다.

듣기방법은 비교하기→요점 찾기→반응하기→메모하기 순서를 알려줘보세요. 자기 생각과 비교하여 요약하고 암기하거나 상이점 또는 공통점을 찾는 데 도움이 될 거예요. 이런 훈련을 통해 발표자를 보며 진지하게 듣기 시작할 겁니다.

또 질의방법은 의문점 갖기→방향 잡기→정리하기→질의 순서가 좋아요. 처음에는 한 가지 답이 있는 질문을 하되 학생 스스로 질의의 범위나 방향을 결정하도록 주체성을 길러주어야 해요. 질의방법이 조금 익숙해질 때 여러 가지 답이 필요한 개방형 질문으로 수준을 올려가는 것이 필요합니다.

마지막 토의방법은 주제확인→토의하기→질의응답→요약정리 순서예요. 즉 주어진 문제나 과제를 모둠원과 함께 토의를 통해 해결하고, 그 내용을 학습장에 요약하고 정리하는 훈련을 시켜야 한답니다. 만일 모둠토의가 아직 익숙하지 않다면 짝토의 활동 후 모둠토의를 하도록 단계를 세분화하여 접근하는 것이 필요하고요.

**홍:** 그렇지 않아도 앉아서 아무 말이나 하는 학생, 땅만 보며 웅얼거리는 학생, 듣지 않고 자기 이야기만 하는 학생들이 마음에 걸렸거든요. 모둠 이름을 정하는 데에도 감정이 상할 정도로 싸우거나 결정을 못 해서 대신 정해달라고 요청하기도 하고요. 막상 수업을 시작하려고 보니 마치 걸음마도 못 뗀 아이에게 마라톤을 시키는 것 같았어요. 공부를 하기 전에 이런 기술들을 미리 훈련하는 게 필수적이라는 것을 새삼 느꼈습니다. 준비운동을 안 하고 무턱대고 달리기 시작하

면 컨디션 조절이 힘들뿐더러 부상을 당하기도 쉽죠. '공부에서의 준비운동'을 체계적으로 정리해주시니 학생들과 하나씩 도전해봐야겠다는 생각이 들어요.

공부에 필요한 학습기술을 익히고, 이것을 습관으로 만드는 과정과 함께 공부 자체에 대해서는 어떤 이야기를 들려주는 게 좋을까요? 학습 자체에 흥미가 없고 필요성을 못 느끼는 학생들이 제일 걱정이에요. 한마디로 내적 동기가 제로(0)죠.

**정:** 맞습니다. 공부를 하기 위해서는 내적 동기가 중요하죠. 어떤 이는 자발적 동기라고 부르기도 해요. 어떤 활동이나 성공적인 성취 그 자체에서 우러나오는 동기이죠. 이런 내적 동기가 자연스럽게 일어나면 얼마나 좋을까요? 그런데 성장기에는 이런 내적 동기가 들쑥날쑥한답니다. 홍 샘도 학창 시절을 생각해보면 쉽게 짐작할 수 있을 거예요.

**홍:** 맞아요. 가만히 생각해보니 저도 공부하기 싫을 때가 많았던 것 같아요. 선생님이 되고 나니 저에게도 그런 순간이 있었다는 걸 잊을 때가 많네요. 그런 때는 어떻게 하는 것이 좋을까요?

**정:** 몇 가지 간단한 방법이 있어요. 먼저 선생님들이 흔히 사용하는 방법 중 하나인데, 바로 이야기 자료를 활용하는 방법이랍니다. TV나 책에는 감동적이면서 훌륭한 스토리들이 많이 있어요. 홍 샘이

조금만 관심을 가진다면 교실 수업에 무엇을 어떻게 적용할 수 있을지 쉽게 찾을 수 있답니다. 아예 아이들이 잘 알고 있는 훌륭한 위인의 토막 스토리를 활용하는 선생님들도 계시지요. 아니면 교실 선행에 관한 미담 사례를 활용하는 것도 좋은 방법입니다.

또 다른 접근으로는 협동을 통한 동기유발 방법도 있어요. 주어진 문제에 대해 공동으로 계획하고 참여하여 해결하도록 유도하는 방법이죠. 함께 문제를 해결하다 보면 자신감과 협동심을 갖게 되어 자발적 동기가 생긴답니다.

**홍:** 이야기를 활용하는 방법이군요! 영화나 만화, 광고나 책 같은 다양한 소재에서 힌트를 얻어 이야기로 학생들의 관심을 끄는 방법은 동기를 유발하는 데 자주 쓰이죠. 협동할 수 있는 과제를 학습 초반에 제시하는 것도 좋네요.

오늘 저는 1교시 도덕 공부를 시작하기 전에 우리 반 친구들에게 직접 물어봤어요. "도덕 공부를 왜 해야 할까? 굳이 학교에서 배우지 않아도 잘 먹고 잘 살 수 있을 것 같은데? 왜 배워야 할까?"

학생들은 이 질문에 나름대로 여러 가지 답을 하더군요.

"시험을 잘 보려고요."

"엄마가 시키니까요."

"좋은 직장에 들어가려고요."

"도덕 공부를 하면 예의 같은 걸 배울 수 있으니까요."

가르치려는 강박 없이 편안한 분위기에서 의견을 모아나가다 보니 도덕은 '서로 도우며 살기 위해서 배우는 과목'이라는 결론이 나왔어요. 수학시간에도, 과학시간에도, 국어시간에도 같은 질문을 던지고, 나름대로 답을 생각해 적어보라고 했죠. 공부를 계속해나가는 힘은 '동기'에서 나올 테니, 앞으로도 다양한 방법들을 연구해봐야겠네요.

## 정샘! Talk Talk

이렇게 생각하면 좋겠어요. 교실 수업은 마치 작은 산을 오르는 등산과 비슷하다고 말이지요. 산을 무작정 오른다고 등산이 아닌 것처럼, 교실 수업도 교과서만 열심히 가르친다고 해서 진정한 가르침을 줄 수 있는 것은 아니랍니다. 등산의 고수일수록 단순히 정상에 오른다는 고정관념을 깨고 왜 산으로 가야 하는지, 자기에게 맞는 등산은 무엇인지를 생각한다고 해요. 우리도 정말 학생들에게 주어야 할 배움이 무엇인지 생각해봐야 해요.

누구나 등산을 할 때 산 아래 등산로 입구부터 산 정상까지 등산 코스를 따라 가지요. 교실 수업으로 이야기하면 마치 주어진 교과서를 열심히 따라가는 진도 나가기식 수업과 같아요. 어떤 이는 이런 교과서를 활용한 등산 코스가 가장 안전할 뿐 아니라 편하다고 말합니다. 맞아요. 그럴 수 있어요. 그런데 이렇게 교과서 위주의 진도 나가기식 수업만 고수한다면 교과중심 교육과정에서 벗어나지 못한답니다. 어쩌면 이런 교육은 교과중심 교육과정이라고도 말할 수 없어요.

교육과정을 보는 것이 아니라 교과서 그 길 자체만 보고 가는 거니까요. 심지어는 교육과정의 성취기준 자체를 무시하고 교과서에서 제시된 기능 중심의 활동과제만 열심히 따라 하는 경우도 많아요.

한번 생각해보세요. 우리 학생들에게 정말 필요한 능력이 교과서에 있는 기존 지식을 더 암기하고 외워서 토해내는 것일까요?

아마 우리 학생들이 살아갈 미래 사회에는 정말 어울리지 않는 교육일 거예요. 어쩌면 우리가 지금까지 해왔던 교육은 모두 이런 교과중심 교육과정일지도 몰라요. 적어도 교단에 첫발을 내딛는 홍 선생님은 이제 정말 해야 할 교육을 했으면 좋겠습니다.

그럼 어떻게 해야 할까요? 미래 사회에 우리 학생들이 배워야 할 능력은 문제 해결 능력을 기르는 것, 지속적으로 배움을 유지하고 확대해나갈 능력을 갖추는 것, 또는 우리 사회의 주역이면서 공동체의 일원으로서 정체성을 갖게 하는 것 등이 아닐까요?

이제 교육의 패러다임을 교과중심에서 역량중심으로 바꿔야 한답니다. 다시 등산으로 이야기한다면 단순히 등산코스를 밟게 하는 것이 아니라 등산을 해야 하는 필요성부터 등산코스 자체를 내려다보는 보다 넓은 안목을 길러줘야 하는 거죠. 그것이 바로 우리가 갖추어야 할 역량중심 교육과정의 안목이랍니다.

교사도 학교가 낯설 때, 교실이 처음일 때,

수업이 두려울 때가 있습니다.

막 첫발을 뗀 새내기 교사는 물론이고 아무리 경력이 많은 교사라도 매년 새로움으로 가득 찬 교실에서는 긴장할 수밖에 없습니다. 넓은 안목으로 한 해를 지혜롭게 살아가려면 어떻게 해야 할까요? 하루살이 선생님은 오늘도 고군분투합니다.

| 1부 |

# 교육공동체의 베이스캠프: 우리는 교사입니다

# 1 학급경영:
# 교사와 아이들이 함께 만들어가는 공간

케이스 스토리 01

## 새 학기를 시작하기 위해 어떤 준비를 해야 할까요?

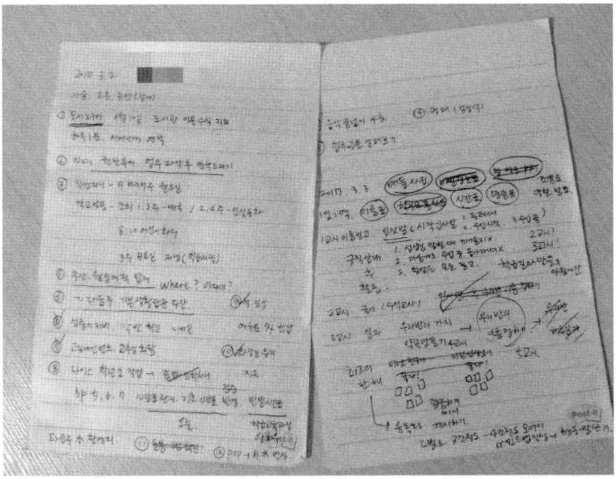

발령 첫날 적었던
할 일 리스트

**홍:** 세상에는 다양한 처음의 순간들이 있지요. 여러분은 어떤 처음이 기억에 남나요? 얼마 전 방을 정리하다가 제 교직 역사에 기념이 될 만한 유물을 발굴했는데요, 처음 학교에 가서 학급일지도 없던 때 학년부장 선생님이 일러주신 것들을 주워듣고 메모지에 적어놨던 거예요. 번호까지 매겨가면서 적었는데, 뭔지도 모른 채로 쓴 거라 지금 보면 아무런 체계가 없습니다. 제 처음은 이렇게 의욕에 가득찼지만 엉성한 채로 시작되었습니다.

3월의 첫날, 뚝딱 쓰게 된 담임선생님이라는 감투가 몸에 맞지 않는 옷마냥 어색하게 느껴졌어요. 그도 그럴 것이, 우리 학교의 가장 새내기는 학생도 아니고, 학부모도 아니고, 이제 막 이 세계에 로그인해 게임을 시작한 저였으니까요. 이미 초등학교 서바이벌 5년차인 아이들은 저에 비하면 왕고참에 가까웠죠.

황금의 일주일이라고 불리는 첫 주 동안 긍정적인 이미지를 형성하고, 3월 한 달간은 우리 반의 기반을 다지며 바람직한 분위기를 정착시키려고 노력했던 것 같아요. 그런데 신규교사 딱지를 달고 나니 저도 적응해야 하고, 학생들과도 친해져야 해서 정신이 없었습니다. 목표랄 것도 없이 숨 가쁘게 하루하루를 보냈고, 집에 돌아오면 초저녁부터 눈이 감기기 일쑤였어요. 저녁밥을 뜰 힘도 없었으니까요.

해가 갈수록 여유를 갖고 나름대로 시작을 준비하게 되었지만, 여전히 떨리기는 마찬가지입니다. 그래도 이 떨림을 새로움의 원동력으로 삼자고 스스로를 달래게 되었으니, 이만하면 꽤 발전한 거겠죠?

**정:** 3월, 학교는 온통 '새로움'의 분위기가 감도는 시간입니다. 모두들 새로움이라는 상승기류를 타고 또 다른 도약을 꿈꾸는 시기이고요. 심지어 지난 학기에 말썽꾸러기였던 친구들도 3월 한 달만큼은 마음을 가다듬고 새로운 시작을 꿈꿉니다. 적어도 3월 한 달을 잘 보내면 말썽꾸러기도 모범생이 될 수 있는, 황금 같은 시기입니다. 그래서 모두가 긴장하며 3월을 맞이하지요. 그런데 그런 아이들을 맞이하는 신규교사는 입장이 조금 다릅니다. 평생 학생의 입장에서만 맞이하던 3월이 어느 날 갑자기 교사의 입장으로 바뀌어야 하니까요. 문제는 그 입장이 스위치 켜듯이 바로 전환되지 않는다는 데 있습니다. 홍 샘은 어떤가요? 처음 교사가 되었을 때 그 전환이 잘 이루어졌나요?

**홍:** 저요? 당연히 좌충우돌이었죠! 임용고시를 치고 합격 소식을 들었던 겨울, 바로 운전면허 시험을 준비했어요. 필기까지는 수월하게 합격했는데, 막상 운전석에 앉으니 머리가 멍하고 어찌해야 할지 모르겠더라고요. 긴장해서 기어를 풀지 않고 차를 움직이려고 하니 옆에 앉아 계시던 강사님이 어이없다는 표정으로 지금 뭐하냐고 물어보셨죠.

이론은 잘 알고 있는데, '내가 차를 끌어도 되는 건가? 도로에서 사고 나는 거 아닌가? 뭘 믿고 나를 운전석에 앉혔지? 사람을 치면 어떡하지, 보험은 들어 있나?' 등등, 이런저런 생각들이 머릿속을 스쳐 지나가더라고요. 운전하는 내내 장난감 병정마냥 딱딱하게 굳어서, 차에서 내리고 나서는 온몸이 쑤셨습니다.

선생님이 처음 교실 문을 열고 들어서던 순간도 똑같을 거예요. 우리는 이론을 잘 알고 있고, 여러 번 시뮬레이션도 해봤죠. 그런데 학교는 완전히 다른 세상처럼 느껴지고, 마음속에서는 온갖 목소리들이 들려옵니다. 하지만 그럼에도 너무 걱정하거나 마음 졸이지 말라고 이야기하고 싶어요. 선생님으로서의 여정은 분명 계획만큼 순탄하거나 낭만적이지는 않을 테지만, 우리 옆 좌석에는 함께하는 사람들이 있으니까요. 어디로 가야 할지 막막할 때도 있을 거고, 함께 탄 동행이 무거운 부담감으로 느껴질 때도 있겠죠. 그래도 교육이라는 길고 긴 여행을 설레는 마음으로 시작하며 함께 이 길을 걸었으면 좋겠어요.

**정:** 맞아요. 당장 눈앞에 있는 운전대만 생각하면 막막하겠지만 잠시 유리창 너머의 내가 정말 가고 싶은 목적지를 한번 그려보세요. 안전운전을 위한 냉철한 머리도 중요하지만 일단 내 생애 첫 드라이브 나들이를 그려본다면 평안한 마음으로 교실 여행을 즐길 수 있을 거예요.

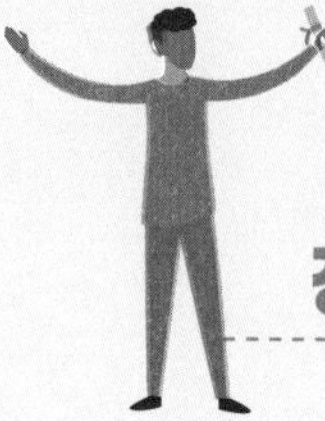

## 정샘! Talk Talk

**『넷플릭스 인사이트』**(이호수 | 21세기북스)

혹시 넷플릭스가 한국에 처음 들어온 2016년을 기억하시나요?

당시만 해도 국내에는 이미 무료 비디오 서비스가 많은 상황이어서 많은 사람들이 넷플릭스 같은 유료 서비스가 성공하기는 어려울 거라고 예측했습니다. 더군다나 한국 진출 초기에는 로컬 콘텐츠가 부족했고, 국내 소비자들은 오리지널 콘텐츠에 익숙하지 않은 데다가 국내 방송사업자의 견제로 별 성과를 낼 수 없는 상황이었습니다. 그런데 넷플릭스는 이런 딜레마를 어떻게 극복할 수 있었을까요?

저는 『넷플릭스 인사이트』라는 책을 읽으면서 메지로우(Mezirow)의 전환학습이 떠올랐습니다. 메지로우는 특정 사건이나 방향을 잃게 하는 딜레마(disoriented dilemma)를 통해 자신이 갖고 있던 생각을 비판적으로 성찰하게 되고, 결국 새로운 관점을 삶에 구조화하게 된다고 주장했죠. 예를 들어 한국에 처음 온 외국인들은 한국의 '빨리빨리' 문화를 접하고 큰 충격을 받고 혼란을 겪는다고 합니다. 그러다가 이런 한국 문화를 재해석하고 관념의 변화를 가져오면서 자신도 모르게 '음식 좀 빨리 주세요' 또는 '제발 빨리 출발해주세요'라고 말한다고 하죠. 즉, 한국 문화를 이해하고 적응하는 '전환학습'이 이루어진 거랍니다.

아마 넷플릭스도 한국에 처음 진출하며 여러 가지 딜레마에 직면했을 겁니다. 그런데 치열한 글로벌 확장 과정에서 터득한 지식과 경험으로 한국 상륙 2~3년 만에 국내 소비자가 비디오를 소비하는 패턴을 완전히 바꿀 정도의 전환학습을 이루었다고 말할 수 있습니다.

선생님은 어떠신가요? 매일 교실에서 전환학습을 이루고 계신가요? 메지로우가 이야기한 전환학습의 10단계를 읽어보며 우리 교실의 모습을 한번 떠올려보세요. 내 교실 수업에 대한 정직한 성찰이 선생님의 전환학습을 열어줄 겁니다.

**메지로우의 전환학습 10단계**

1. 혼란스러운 딜레마 경험
2. 두려움과 분노, 수치심의 감정에 대한 자기평가
3. 자신의 가정에 대한 비판적 반성
4. 불만족과 전환 과정에 대한 타인 공유
5. 새로운 역할과 관계, 행동에 대한 대안 탐구

6. 새로운 행동의 과정을 계획

7. 새로운 행동 실천을 위한 지식과 기술 습득

8. 새로운 역할을 시험적으로 시도

9. 새로운 역할, 관계를 위한 기능 및 자신감 구축

10. 새롭게 형성된 관점으로의 재통합

케이스 스토리 02

## 어떻게 학급을 운영하고 있습니까?

**홍:** 저는 신규교사라 적응이 하나도 안 된 상태에서 그때그때 주어진 일들을 처리하기에 바빴습니다. 학생들과 얼굴을 익히고 나면 각종 조사표가 날아오고, 업무 인수인계가 이어지고, 학급환경 정비를 하면서 학기 초 학부모 상담 일정을 잡는 식이었죠. 책은 펴보지도 못했는데 달력의 일정 칸이 금방 채워졌습니다. 3월에는 기록을 하지 않으면 안 될 정도로 많은 일들이 있어요. 그러면서 저는 칼퇴근을 포기하기 시작했고요. 일단 업무를 처리하고 나서는 야근을 해서라도 다음 날 어떤 활동을 할지 계획해놓았습니다. 학생들에게는 덤덤하고 여유로운 척했지만, 사실은 아주 많이 불안했거든요.

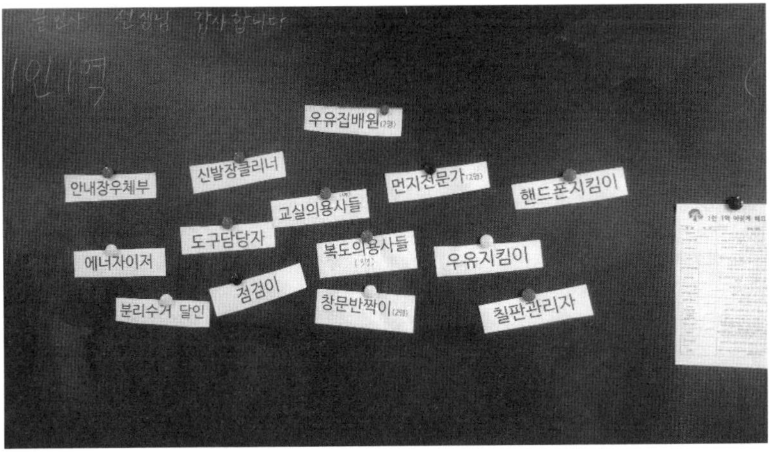


첫해에 진행했던 1인 1역 정하기

학기 초의 친해지기 활동

시간이 지나고 학사일정과 학교행사 등을 따라가면서 '학교는 이런 식으로 돌아가는구나' 하고 파악이 됐고, 학생들과 부대끼면서 쌓이는 것이 생겼죠. 저에게도 뾰족한 방법이 없었기 때문에 학생들과 함께 생각하는 게 최선이었어요. 빈 땅에 자리를 잡고 마을을 세우듯, 교실에도 점점 체계가 잡히기 시작했습니다. 그렇게 완전 백지상태에서 베테랑 선생님들의 방법을 모방하거나 수정하여 적용하고, 학생들에게 물어가며 서서히 우리 반만의 방식을 만들게 되었죠.

생각해보면 신기하고 재미있어요. 해마다 전부 다른 그림이 나오는 퍼즐을 맞추는 느낌이랄까요, 새로움의 파도가 밀려오는 바닷가에서 모래성을 쌓는 기분이에요.

**정:** 모래성을 쌓는 기분이라고 하니 얼마나 힘들었을지 상상이 됩

니다. 아마도 이런 기분이었을 것 같아요. 서울에서 살던 한 젊은 부부가 부모님이 사시던 고향 마을로 귀농을 했습니다. 그들은 마을 한 켠의 허름한 집을 허물고 아담한 집을 지었습니다. 아침이면 새 소리를 들으며 커피 한잔 나눌 조그마한 바비큐 데크와 의자를 놓고 잠깐 앉을 수 있는 휴게마당도 만들었습니다. 문제는 마당을 가로질러 펼쳐져 있는 꽤 넓은 텃밭이었습니다. 물론 부모님이 가꾸고 있는 채소밭에 비하면 아주 작았지만, 텃밭을 가꾸어본 경험이 전무한 젊은 부부에게는 농사 자체가 어려운 일이었습니다.

이처럼 학급운영에 대한 경험이 없는 신규교사에게 교실의 한해살이가 보이지 않는 것은 당연한 일일 것입니다. 하지만 너무 걱정하지 마세요. 누구나 '처음'이라는 순간을 맞이한답니다. 지금은 한없이 막막해 보이지만 점차 내가 어디로 걸어가고 있는지, 어디로 걸어가야 하는지 보이기 시작합니다. 마치 앞마당의 작은 텃밭을 가꿀 때처럼 말이지요. 하루 종일 교실 아이들과 소통하고, 바른 생활습관이나 인성 지도 등은 어떻게 해야 하는지 천천히 알아가면 됩니다.

**홍:** 학생들이 교실에 만화책을 가져와서 읽게 해도 될까요? 선생님은 어떻게 생각하세요?

두 번째로 5학년 아이들을 맡았던 해에 만화책 때문에 해프닝이 생겼습니다. 교실에서는 나비효과가 자주 일어나지요. 아주 사소하게 보이는 일이 금세 상당한 영향력을 미치는 태풍처럼 변하기도 합니다. 텃밭 한구석에서 아무도 모르게 자라던 잡초가 금방 땅을 뒤덮어버리는 것처럼요.

저도 처음에는 만화책을 아주 가볍게 생각했어요. 만화책도 책이니 그렇게라도 책을 읽으면서 독서를 시작하면 되겠다고 생각했지요. 그런데 만화책을 읽는 아이 주변으로 다른 학생들이 몰려가고, 여럿이 같이 읽다가 시끄러워지거나 책을 빌려 읽다가 싸움이 일어나는 일이 잦아졌어요. 좋은 마음으로 빌려줬던 아이도 책이 찢어지거나 구겨지니 짜증이 나고, 서로 먼저 읽겠다고 다투다가 감정이 상해서 달려오는 경우도 많아졌고요. 수업시간에 몰래 만화책을 읽다가 들킨 학생에게 부글부글 끓는 마음으로 잔소리를 했던 어느 날, 아무래도 안 되겠다는 생각이 들더군요.

어떻게 하면 좋을지 학생들과 학급회의를 했어요. 솔직히 말해 저도 방법을 몰랐기 때문에 거의 자포자기한 심정으로 운을 뗐죠.

"선생님 마음 같아서는 교실에서 만화책 보는 것을 금지시키고

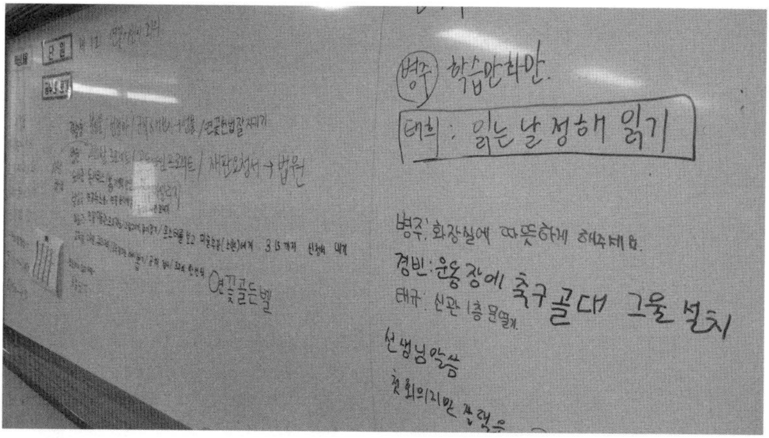


교실에서 만화책 읽기에 대한 학급회의 진행

싶은데, 어떻게 하면 좋을까? 생각이 있으면 손을 들고 이야기해보렴.”

그러자 손에서 만화책을 놓지 못했던 아이들 표정이 다급해지더군요. 아예 가져오지 말자, 시간을 정해서 읽자, 읽는 날을 정해서 그 날에만 가져오자, 등 각자 근거를 들면서 여러 가지 방법을 이야기했고, 논의는 자연스럽게 각각의 방안에 어떤 장단점이 있는지를 이야기하는 데까지 흘러갔죠. 굉장히 진지했어요. 시간을 정해두는 건 소용이 없다, 어찌 됐든 책이 있으면 시간에 관계 없이 읽고 싶어지니 효과가 없을 거다, 그러면 일주일 중 이틀만 가져와 읽는 건 어떨까, 이틀은 너무 많다, 공부에 집중할 수 없을 거다, 그럼 하루만 가져오되 평일 중간인 수요일에만 읽자, 아니다, 월요일에 읽고 상쾌하게 공부를 시작하자 등 수없이 갑론을박이 이어진 끝에, 일주일의 마지막을 즐기자는 의미로 금요일에만 가져와서 읽도록 하자는 결론이 나왔습니다.

**정:** 나비의 날갯짓이 교실에 태풍을 일으킬 정도로 번진 상태라면 교사 혼자서는 수습도, 복구도 힘든 상황일 거예요. 더군다나 교사 역시 모든 학급생활에 대해 완벽한 해결책을 제시하기는 쉽지 않아요. 때로는 규칙을 강제할 카리스마나 학생들을 휘어잡는 노련함을 기대하기 어려울 때도 많고요. 결국 문제의 답은 문제 속에 숨어 있듯, 교실의 답은 학생들이 쥐고 있다는 생각이 듭니다. 한번 생각해보세요. 홍 샘의 학급운영 방식은 어떤 스타일을 향해 달려가고 있을까요?

모두 함께 만든 여름맞이 협동화

**홍:** 저의 학급운영방식은 DIM(Do It Myself)도 아니고 DIY(Do It Yourself)도 아닌 DIO(Do It Ourselves)에요. 교사 혼자 하긴 너무 벅차고, 학생들에게만 맡기면 무법지대나 난장판이 될 수도 있으니, 서로 합의하며 같이 만들어나가는 거죠. 모든 것을 집어삼키는 태풍이 되기 전에 학생들의 날갯짓을 시원한 바람으로 바꾸는 힘, 저는 우리 안에 그런 힘이 있다고 믿습니다.

**정:** DIO 학급운영방식? 마음에 드는데요. 특히 태풍을 시원한 바람으로 만들다니 정말 대단합니다. DIO 학급운영을 통해 모두가 함께 한 방향으로 나아가는 교실이라니 생각만 해도 정말 멋집니다. 교실의 도덕적 신념을 분별하는 수단으로 도덕적 추론을 실천했네요. 그것도 교실공동체라는 이름으로요. 갑자기 마이클 샌델의 『정의란 무엇인가』라는 책이 떠오르네요.

새로운 상황에 직면하도록 만들어 자신의 판단에 비추어 원칙을 재조정해보고, 또는 원칙에 비추어 판단을 재조정하도록 잘 이끌어주

『정의란 무엇인가』
(마이클 샌델)

신 것 같아요. 그런 과정을 거쳐 아이들도 도덕적 사고의 근간을 형성하고, 궁극적으로 샌델이 추구했던 공동체적 연대의식을 조금씩 배워 갈 수 있겠지요.

## 정샘! Talk Talk

「수업도시락, 성찰과 협력을 담다」(정민수 | 행복한미래)

### 누구나 자기만의 강점이 있다

먼저 선생님들을 한 명씩 세밀하게 바라보려 합니다. 타고난 기질이 다른 각 선생님을 통해, 이 시대 교사상을 바라보는 우리의 현 위치는 어디인지를 함께 성찰하는 시간이 되길 바랍니다.

교사의 유형을 대표하는 다음 캐릭터들을 먼저 살펴보면 더 깊이 있는 수업성찰이 가능할 것입니다. 이해를 돕기 위해 영화《해리 포터》의 주요 캐릭터를 통해 각각의 유형을 설명해보면 다음과 같습니다.

**탐험형**(덤블도어)

대범하게 경험을 통해 지식을 얻는 자유로운 영혼

**관리형**(헤르미온느)

의무와 책임을 다하는 성실한 원리원칙주의자

**분석형**(해리 포터)

고집스럽게 지적 도전을 추구하는 순수한 열정주의자

**외교형**(론 위즐리)

관계에 예민하고 상상력이 뛰어난 이상주의자

먼저 탐험형 선생님은 영화에서 교장 선생님 역할로 나오는 덤블도어를 떠올려볼 수 있습니다. 덤블도어는 백발의 나이에도 불구하고 혈기 왕성하게 학교를 누비며 활동하는 모습을 보입니다. 그는 탐험형 선생님의 활동적인 외적인 모습을 나타내줄 뿐만 아니라, 대범한 경험을 통해 지식을 얻어가는 자유로운 모습을 잘 보여주고 있습니다. 다음 관리형 선생님으로는 늘 성실한 모습으로 나오는 헤르미온느가 제격입니다. 헤르미온느는 모범생의 표상으로, 선생님이 내준 과제를 해결하기 위해 최선을 다하는 모습을 보입니다. 그러면서도 친구들에 대한 의무와 책임감으로 힘들고 위험한 일까지 함께해주는 역할을 선보이고 있습니다. 분석형 선생님은 고집스럽게 지적 도전을 추구하는 해리 포터와 비슷합니다. 영화에는 호기심이 발동하면 참지 못하고 위험을 무릅쓰고서라도 파헤치는 모습이 잘 드러나고 있습니다. 자신의 궁금증을 만인을 위해서라는 명목하에 순수하게 도전하는 그의 열정은 분석형 선생님과 잘 어울립니다. 마지막으로 외교형 선생님은 다소 어리숙하게 보이면서도 상상력이 뛰어난 론 위즐리와 가깝습니다. 론은 주인공 해리 포터에 늘 가려져 있지만 친구들의 외적인 모습뿐 아니라 그 내면에 이르기까지 세심하게 관심을 갖는 역할을 맡고 있습니다. 때론 조연으로서 역할의 한계를 보이기도 하지만, 알면 알수록 그의 무한한 상상력은 외교형 선생님의 이상주의와 잘 어울립니다.

### 가. 탐험형 선생님: 체험과 경험을 통해 지식을 가르친다.

먼저 직접 체험하는 것을 통해 학습하는 것을 선호하는 탐험형 선생님을 생각해볼 수 있습니다. 탐험 샘은 다소 즉흥적인 것에 관심을 두며 수업을 즐겁게 열어가려는 경향이 있습니다. 이런 선생님의 수업방식은 경쟁적이고 모험적인 것을 선호하는 탐험형 아이들이라면 매우 좋아할 것입니다.

**탐험형 아이들을 말하다!**

스티커 보상제도를 아주 좋아하는 아이들이 있습니다. 이 아이들은 짧은 시간 동안 집중력이 매우 뛰어나고, 자신의 행동에 적절한 보상을 해줄 때 만족하는 성향을 가지고 있습니다. 바로 탐험형 아이들이죠. 탐험형 아이들은 또한 경쟁적이고 모험적이어서 수업시간에 교사가 스티커 보상제도를 적절히 활용하면 집중력이 높아지기도 합니다.

### 나. 관리형 선생님: 의무와 책임을 다해 성실히 가르친다.

우리나라의 경우 학교에 철두철미하고 꼼꼼한 관리형 선생님들이 많은 편입니다. 보통 관리형 선생님들은 책임감이 강하면서도 성실하기 때문에 수업을 진행할 때에도 규칙과 질서를 강조하는 경향이 두드러집니다. 이 수업을 받는 관리형 아이들은 자신들의 성향과 비슷한 선생님의 확고함과 공평함에 환호할 것입니다. 그러나 나머지 유형의 아이들 모두가 관리형 선생님의 엄격함을 좋아하는 것은 아닙니다. 탐험형과 분석형, 외교형 아이들은 관리형 선생님의 권위에 도전하거나 그 질서정연한 수업방식에 적당히 타협할 확률이 높습니다.

**관리형 아이들을 말하다!**

스티커 보상제도에 의무적으로 성실하게 참여하는 관리형 아이들이 있습니다. 이 아이들은 책임감이 강하기 때문에 계획적이고 규칙적인 스티커 보상을 선호합니다. 관리형 아이들은 교사로부터 인정받기를 원하기 때문에 항상 내일을 준비합니다. 또한 남에게 뭔가를 제공하고 봉사하며 보살피는 것을 의무와 책임으로 여기는 경향이 있습니다. 관리형 아이들에게 스티커 보상제도를 활용하면 수업이 물 흐르듯 원활하게 진행되기도 합니다.

다. 분석형 선생님: 지적 도전과 순수한 열정으로 가르친다.

최근에는 지식습득에 대한 갈망이 강한 분석형 선생님들을 종종 만나게 됩니다. 분석형 선생님은 아이들의 관계를 면밀하게 분석하여 이해하고 설명하며, 수업에 다양한 방법을 적용하려는 경향이 있습니다. 지적 계발에 관심이 많은 분석형 아이들의 경우에는 이런 선생님을 만나면 학습적으로 더욱 진보하기도 합니다.

**분석형 아이들을 말하다!**

어떤 아이들은 스티커 보상제도 자체에 호기심을 갖고 적극적으로 참여합니다. 이 아이들은 지적 계발에 관심이 많고, 자연의 수수께끼에 대해 끊임없이 의문을 던집니다. 주로 지식의 습득에 대한 갈망이 강한 분석형 아이들이 이런 성향을 보입니다. 분석형 아이들은 알고 싶은 것들에 대해 강한 호기심을 가지고 있으므로, 이런 스티커 보상 시스템 자체에 관심을 보이곤 합니다.

라. 외교형 선생님: 관계를 따뜻하게 보살피며 가르친다.

다음으로 학교에서 많이 만날 수 있는 선생님은 인간중심적이면서 경쟁보다 조화를 선호하는 외교형 선생님들입니다. 외교형 선생님은 감정이입을 잘하고 표현이 풍부하기 때문에 수업을 진행할 때에도 인격적인 대화와 관계로 의사소통하려는 경향이 강합니다. 이런 선생님의 성향과 비슷한 외교형 아이들은 이러한 수업을 받으며 진정한 자아실현을 갈망할 것입니다.

**외교형 아이들을 말하다!**

그런가 하면 스티커 보상제도를 그저 차분히 따라오는 아이들도 있습니다. 이 아이들은 사실 스티커 보상제도 자체보다 선생님이 원하는 '훌륭한 사람'이 되기 위해 노력합니다. 대체로 감정이입을 잘하고 표현이 풍부한 외교형 아이들이 이런 성향을 가지고 있습니다. 외교형 아이들은 스티커 보상제도를 통해 선생님의 인격적인 칭찬을 바라는 경우가 많습니다.

# 2 교육철학: 교사에게 철학이 필요한 순간

케이스 스토리 03

## 스스로 확고한 교육철학을 가지고 있다고 생각하십니까?

**홍:** 일단 한숨 돌리기는 했는데 마음 한구석에서 밀려오는 개운하지 못한 기분, 아마 다들 경험해본 적 있을 거예요. 출발시간에 맞추려고 허겁지겁 가방을 싸서 집 밖을 나섰는데 깜빡하고 차표를 챙기지 못한 것 같은 느낌 말이지요.

저의 경우엔 교육철학이 그랬습니다. 확고한 철학이 없으니 계속 뭔가 빠져 있다고 느꼈지요. 3~4월을 거치고 나니 내일 무엇을 할지를 계획하는 것은 수월해졌지만, 깊이가 없다는 생각이 들었습니다. 영화 《설국열차》를 보면 거대한 기차를 움직이는 데 없어서는 안 되는 핵심부품이 있죠. 머리칸부터 꼬리칸에 이르기까지 중요하지 않은 게 없지만, 교육철학은 특히 교실을 지탱하는 심장과 같다는 생각이 듭니다.

그런데 주관이 뚜렷하지 않으니 학생이나 학부모, 관리자에 따라, 또 사안에 따라 자꾸 휘청거린다는 느낌을 받았습니다. 저는 초보 플레이어잖아요. 닥치는 대로 미션을 처리하며 레벨이 오르긴 하는데 내가 뭘 위해 플레이하는지, 어떤 아이템을 원하는지 모르니 전략 없이 힘만 쓰는 기분이었죠. 저는 초보 교사여서 더 어려웠지만 교육이 무엇인지, 학교는 어떤 사람을 길러내야 할지, 교실을 어떤 공간으로 만들어야 할지 등에 대해서 연차가 쌓인 선생님들도 대답하기 쉽지 않을 것 같습니다. 우리가 하는 모든 교육활동은 결국 사람과 사회, 교육에 대한 철학에 바탕을 두고 있는데도 말이죠. 이렇게 부실한 돛단배로 바다를 건널 수 있을까요? 심지어 폭풍우에 번개까지 치는데 말이에요.

**정:** 사실 그런 상황은 우리 교사들만 그런 건 아닙니다. 옛날에 하이델베르크 대학교를 중심으로 활약하던 유명한 철학자들도 잠시 철학의 시계를 내려놓고 사색의 공간을 찾았습니다.

여기가 바로 철학자들이 즐겨 찾는 유명한 산책로에요. 잎이 무성한 나무들이 드리워진 이곳을 산책하다 보면 철학에 문외한인 사람이라도 철학가 못지않은 사색에 잠긴다고 해서 '철학자의 길'이라고 불리는 곳이랍니다. 그런 주관과 철학이 금방 생기는 것은 아니겠지만

철학자의 길

그래도 가끔은 우리를 괴롭히는 문제들을 뒤로한 채 철학자의 길을 걷다 보면 또 다른 답이 보일 것 같아요. 같이 잠시 걸어볼까요?

요즘 학교 현장을 둘러보면 교육의 연차와 상관없이 아이들 옆에 교사로 서 있는 것 자체가 힘들다는 목소리가 많이 들려요. 꾸러기들이 넘치는 교실에 한 시간만 앉아 있으면 그 철학자의 길을 왜 걸어야 하는지 쉽게 공감할 수 있을 거예요.

**홍:** 제가 정말 좋아하는 사진이 있는데요. 첫 발령을 받고, 처음 담임교사가 되어서 제자들을 만나던 때의 사진이에요. 그때는 학급 안내판을 만들어 걸려면 단체사진을 찍어야 하는 줄도 몰랐답니다. 기한이 닥쳐오니 부랴부랴 휑한 교실에서 학생들을 줄 맞춰 세워놓고

셔터를 눌러댔죠. 아무리 웃어보라고 해도 아이들이 어색하게 굳어 있길래, 몸도 풀 겸 인터넷에서 단체사진 포즈를 찾아 따라 해보기로 했어요. 그중에 장풍을 쏘는 것 같은 사진이 있었는데, 아이들의 반응이 뜨겁더라구요. 다른 건 시시해서 안 되고 저게 좋겠대요. 여학생들이 남학생들에게 장풍을 쏘니까 남학생들이 뒤로 넘어가면서 다들 웃음이 확 터져나왔어요. 이거다, 싶어 순간포착했는데 지금도 가끔씩 그 사진을 찾아봅니다. 배경은 이래도 되나 싶은 허허벌판에, 한쪽에는 미처 신경 쓰지 못한 마대자루가 삐죽 나와 있고 손이 흔들려 초점도 맞지 않았지만, 학생들이 저마다 신나 하는 모습이 담겨 있어요.

첫 담임을 맡아 찍은 학급 단체사진

**정:** 사진이 정말 살아 있네요. 홍 샘 교단 인생에서 두고두고 기억에 남을 추억이 될 것 같은데요. 아마 아이들도 자신들의 목소리에 귀 기울여준 홍 샘을 잊지 못할 것 같아요. 제가 볼 때에는 이런 멋진 작

품을 만들어낼 정도로 학급운영을 잘하고 있는데, 불안했던 적이 있었다고요?

**홍:** 어떻게 대처해야 할지 모르는 문제가 많았어요. 교실에서 일어나는 문제가 열 가지든 백 가지든 교사는 책임을 지고 해결방안을 내놓아야 하지요. 그래서 어찌해야 할까 허둥지둥할 때마다 스스로 한심하고 부족하게 느껴졌습니다. 분명한 모범답안을 내놓지 못하는 이유는 흔들리지 않는 무언가가 없기 때문일 것이라고 생각했던 것 같고요.

**정:** 분명한 모범답안이라……. 사실 저도 학급운영에 있어 그런 건 없었던 것 같아요. 다시 돌아봐도 여전히 좌충우돌했던 모습이 더 많이 떠오른답니다. 그래도 그런 미숙한 내 모습을 솔직하게 보여주고 아이들 곁으로 다가설 때마다 오히려 반응이 더 좋았던 것 같아요.

저도 이전 추억을 떠올려 몇 가지 사진을 찾아봤어요. 첫 번째 사진은 국어수업 시간에 아이들의 제안으로 즉석 팔씨름 대회를 했던 장면이에요. 교과 내용은 정확히 생각이 안 나지만, 아이들과 글을 읽다가 한 친구의 도발로 교실이 순간 팔씨름장이 되었던 기억이 있어요.

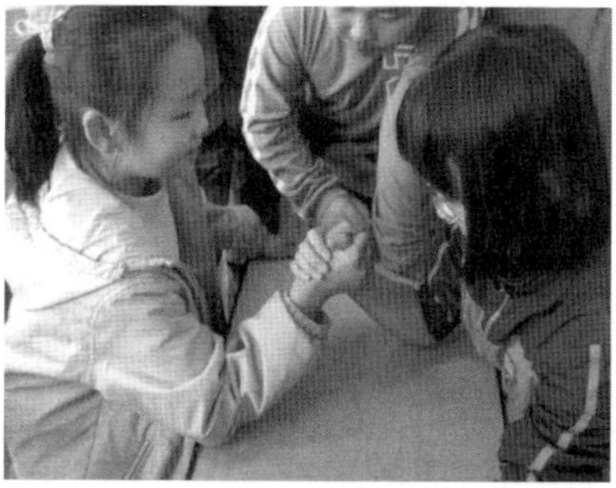
수업시간에 열린 즉석 팔씨름 대회

시골 학교에서 군밤을 나눠 먹던 시간

모둠 UCC 촬영 후 기념사진

여학생 친구들이 꽤 진지하게 참여하고 있지요? 당시에는 교실 아이들이 거의 두 패로 나뉘어 사생결단을 하듯이 친구들을 응원했던 기억이 떠오르네요.

두 번째 사진은 시골 학교에서 아이들을 가르칠 때 찍어둔 사진이에요. 겨울이면 매일 군밤을 난로 위에 올려놓고 서로 먹여주며 행복한 시간을 보냈던 기억이 새록새록 납니다. 이 친구들도 지금은 홍 샘처럼 의젓한 사회인이 되었을 텐데, 그때의 행복했던 추억을 기억하겠지요?

마지막 사진은 눈이 많이 내린 어느 겨울날 운동장에서 아이들과 모둠별 UCC를 촬영하고 남겨둔 기념사진이에요. 자세히 보면 가운데 환하게 웃는 친구들과 달리 양쪽에 서 있는 친구들은 토라져 있는 것을 볼 수 있을 거예요. 모둠 UCC의 주인공 역할을 했던 친구들인데, 사춘기가 막 시작되던 민감한 시기라 의사결정과 진행과정이 매끄럽지 않았던 기억이 나네요. 저 역시 미숙한 상태라 그때는 양은 냄비처럼 쉽게 달아올랐다가도 쉽게 식어버리곤 했는데, 이제 와서 뒤돌아보니 무척이나 행복했던 순간들이었어요.

**홍:** 수석 선생님 말씀을 들어보니 제가 너무 성급하게 첫술에 배부르려고 했던 것 같네요. 사실 어디에나 통하는 만능열쇠 같은 건 없을 텐데 말이지요. 과정이 조금 엉성하더라도, 시간이 걸리더라도 우리 교실의 매뉴얼은 저와 학생들이 직접 만들어나가야겠다는 생각이 들었어요. 그저 서로 머리를 맞대고 끝까지 최선의 방법을 고민하는 과정에서 모두가 만족할 수 있는 대안을 찾아나갈 수밖에 없겠지요.

물론 수없이 토의하고 고민한다고 반드시 멋진 결과물이 나온다는 보장은 없어요. 그렇지만 나름대로 끙끙대며 내놓은 답이 녹아들고, 교사와 학생이 함께하는 순간들이 쌓이면 분명 어떤 덩어리가 생길 거라 믿습니다.

**정:** 그 덩어리가 바로 교육철학이 아닐까요? 지난번에 교실에 갔을 때 보니 칠판에 아이들과 함께 세운 규칙 같은, 어떤 규칙이 붙어 있던데요. 홍 샘만의 학급운영에는 무엇이 있었는지 떠올려보시겠어요?

**홍:** 아, 그때 교실에 오셔서 물어보셨죠? 생각해보니 아이들과 함께 머리를 맞대고 만들어냈던 약속들이 교실을 조금씩 탄탄하게 만들고 있었던 것 같아요. 한 번에 뚝딱 나오는 천국이 아니라 '매일매일 조금씩 우리 손으로 만드는 우리들의 천국'이 중요하다는 생각이 들

었어요. 그것이 제가 생각하는 교육의 이상향이기도 하고요.

저는 교사가 없어도 둥글게 잘 굴러가는 반을 원합니다. 이 사진은 교사생활 1년 만에 제가 이룩한 가장 큰 성과라고 단언할 수 있습니다. 창문을 닦는 친구들이 다 쓴 걸레를 주면 세탁하는 친구들이 그것을 빨고 너는데, 자꾸 걸레가 섞이다 보니 빨지 못한 걸레에서는 냄새가 나고 대충 빤 걸레에서 물이 나와 바닥이 물바다가 되는 일이 잦았습니다. 불만을 호소했지만 저도 마땅한 수를 찾지 못하고 있을 때, 세탁당번 두 명이 머리를 맞대더니 규칙판을 만들어 자랑했습니다. 완벽한 3단 분리 시스템이지 않나요?

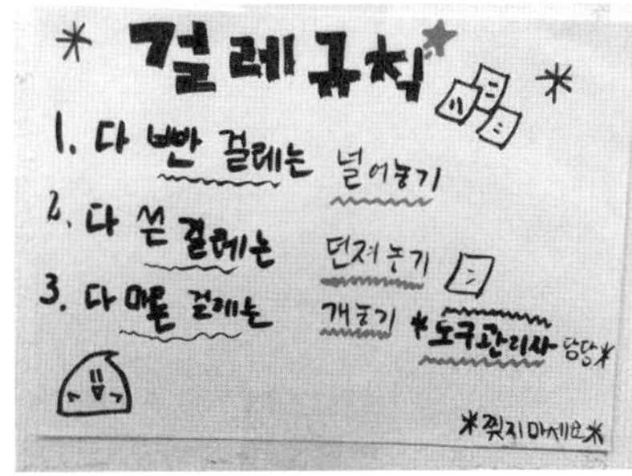

아이들이 스스로 만든 규칙

케이스 스토리 04

## 교사로서 어떤 비전을 가지고 있습니까?

**홍:** 교대생일 때 저는 '배우고 성장하는 교사'를 비전으로 적어 냈어요. 한 교수님께서 교사로서의 비전과 미래 계획을 서술하는 과제를 내주셨던 기억이 납니다. 불행인지 다행인지 공개된 블로그에 답변을 쓰도록 하셨기 때문에, 2014년에 제가 쓴 답변을 블로그(http://

m.blog.daum.net/psj68/17392561 )에서 볼 수 있었습니다.

예비교사로서 동아리 활동, 자치기구 활동을 하면서 현직 선생님들의 이야기를 들어보면 임용고시에 합격하고 나서 발령을 받고 처음 5년까지는 정말 열정적으로 교사생활을 한다고 한다. 그런데 그 시기가 지나면 시간이나 승진 등 현실적인 여건 때문에, 점점 노력하지 않게 되고, 아이들에게도 관심이 줄어들며, 업무를 처리하다 퇴근시간만 기다리는 경우가 많아지게 된다고 한다. 뉴스나 신문 사회면에 간혹 등장하는, 퇴근시간과 월급, 방학만을 기다리는 교사가 내 미래의 모습이 아니라는 보장이 없기에, 나는 교단이 정말 무서워졌다.

내가 이상과 현실의 괴리라는 핑계를 대면서 흐르지 않는다면, 즉 고인물이 된다면 어떻게 수많은 빛깔로 내게 다가오는 아이들과 함께할 수 있을까? 그렇기에 무엇보다도 중요한 것은 나의 변화를 믿고, 그것을 도모하는 일이라는 생각이 들었다. 현재가 어떻든 지금보다 더 나은 내일을 사는 사람이 되고 싶다.

교사는 어떠한 지식이나 태도뿐만 아니라 존재 자체로 아이들에게 커다란 세계가 되는 사람이라고 생각한다. 내가 현실에 안주하지 않고 더 노력하는 모습으로, 변화하는 지성으로 아이들 앞에 선다면 그것이 가장 의미 있는 교육이 될 것이라고 생각한다.

또 아이들에게 더 나은 내일을 살게 하는 사람이 되고 싶다.

우리의 역사가 진보하고 있는지 솔직히 나는 잘 모르겠다. 어떻게 보면 이 사회는 끝없이 자멸을 향해 가고 있는 것은 아닌지 의구심이 들

때도 있다. 그러나 나는 아이들이 기회주의자나 회의주의자가 아니라 역사의 진보에 기여하는 사람, 존재로서 스스로 진보를 증명하는 사람이 되기를 바란다. 끝까지 세상을 살아내면서 각자의 가치를 통해 어두운 세상을 밝히는 사람을 길러내고 싶다. 그래서 나는 아이들이 주어진 것을 무조건적으로 수용하기보다는 비판하고 생각하면서 자기가 사는 세상을 더 나은 모습으로 만들어가야 한다고 생각한다. 내 제자들이 스스로 더 나은 내일을 만들고, 더 나은 내일에 사는 사람이 되었으면 좋겠다.

그러기 위해서는 나도, 아이들도 함께 성장해야 할 것이다. 교사로서 게을러지지 않게 인문학, 사회학, 교육학과 여러 분야에 대해 공부하고 연구하면서 스스로를 채찍질해야겠다.

또 아이들이 자신, 선생님과 친구, 함께 사는 우리의 가치를 알도록 일기를 쓰고, 학급회의를 하고, 함께 협동하는 활동을 마련할 것이다. 나아가 같이 보고 듣고 쓰고 이야기하면서, 서로 묻고 답하면서 자유롭게 소통하는 교실을 만들고 싶다. 수업을 하면서 반성적 글쓰기도 시도해 볼 생각이다.

이처럼 '함께하는 성장'이 오늘의 내가 가진 가장 큰 비전이자 목표이다.

**홍:** 아주 멋들어진 말들은 다 써놔서 제가 저렇게 거창하고 원대한 꿈을 갖고 있었나 싶고, 새삼 민망해지네요. '진정해, 너의 미래는 저렇게 희망차지 않아…….' 하고 말하고 싶어요, 하하. 흑역사를 제 손

으로 연 기분입니다.

**정:** 제가 보기엔 자랑스러운 흑역사인걸요. 사실 인간의 욕심은 끝이 없고, 많은 이들이 똑같은 실수를 반복하지 않나요? 아마 흑역사가 없는 사람은 아무도 없을 거예요. 심지어 톰 필립스가 쓴『인간의 흑역사』라는 책에서는 인류가 얼마나 바보 같은 실수를 반복해서 저질러왔는지 지적하고 있어요. 우리는 스스로를 혁신과 도전의 존재로 생각하지만 지나온 역사를 뒤돌아보면 온통 어이없는 실수의 반복이었다는 것을 쉽게 알 수 있거든요. 그럼에도 인류는 이런 흑역사를 통해 지속하고 발전해왔다고 해야 할 것 같아요. 다만 반복적인 실수를 줄이기 위한 개인의 성찰이 중요하답니다.

『인간의 흑역사』(톰 필립스 | 윌북)

**홍:** 개인의 성찰이요? 교단에 섰던 짧은 시간을 되돌아보니 매일

눈앞의 일들을 해결하려 애쓰면서 학생들 위에 서서 명령하고 혼내는 게 점점 익숙해지는 것 같아요. 현실이 눈을 찔러 비전이 흐려졌달까요. 매번 고민하고 헤매면서 저도 아이들과 함께 배우고 있었지만, 답답해질 때마다 고삐 풀린 망아지마냥 초심을 놓고 질주하기도 했고요. 그러다가 다시 이게 아닌가 싶고 눈앞이 아득해지면 겁을 집어먹었죠.

지금의 저는 여전히 학생과 함께 배우고 성장하는 교사가 되고 싶습니다. 그러기 위해 여러 연구회 활동도 하고, 매일 학급일지를 쓰며 반성하는 시간을 가지고 있어요. 앞으로도 가르치는 선생님과 배우는 학생 사이를 오가면서 여러 분야에 도전해볼 생각이에요.

**정:** 홍 샘은 아주 잘하고 있는 거랍니다. 성장기 아이에게는 이른바 '결정적 시기'가 있다고 하죠. 물론 발달단계에 따라 심리적 특성이나 행동의 획득이 이루어지는 시기가 조금씩 다르겠지만 중요한 건 결정적 시기를 어떻게 보내느냐일 것입니다. 즉 성장기에 누구를 만나 어떤 영향을 받느냐에 따라 아이 인생의 방향이 결정된다고 하니 교사의 마음가짐이 정말 중요하다는 생각이 듭니다. 그래서 교육에 임하는 교사에게는 비전과 소명의식이 반드시 필요하고요. '따뜻한 눈빛 교환으로 소통하는 교사', '아이의 잠재능력을 키워주는 교사', '삶의 롤모델이 되어주는 교사'와 같이 교사 각자가 생각하고 만들어가는 비전 그 자체가 소중하답니다. 의사에게는 어떤 자질이 필요할까요? 정치인에게는요? 한번 생각해보세요.

**홍:** 저는 무엇보다도 교사에게는 인내심이 가장 필요한 것 같아요. 사람을 대상으로 하는 일이 으레 그렇듯이 열매는 하루아침에 열리는 것이 아니니까 자제력을 잃게 되는 순간마다 숨을 고르면서 기다리려고 노력하고 있습니다. 그런데도 가끔은 윽박지르거나 화를 내며 학생을 폭력적으로 몰아붙이는 스스로를 발견하게 됩니다. 내 앞에는 갈 길이 먼데, 응급차 앞 고장난 신호등처럼 아이들이 자꾸만 빨간 불을 켜면서 마치 이렇게 말하는 듯합니다.

"날 봐요. 내 목소리를 들어요. 신경 쓰이죠? 거슬리죠? 약 오르죠? 난 계속 이렇게 할 거예요."

그런 학생의 참을 수 없는 말과 행동이, 교사와 친구에게 싸움을 거는 태도가 오히려 구조신호이거나 SOS일지도 모르겠다는 생각이 들지만, 힘든 건 어쩔 수 없네요.

**정:** 맞아요. 더군다나 우리가 조급해할수록 그런 SOS는 잘 보이지 않게 되지요. 어찌 보면 학생도, 교사도 모두 서로에게 구조신호를 보내고 있는지도 모르겠어요.

**홍:** 평소에는 참으려고 노력해요. 감정에 흔들려서 학생지도를 망치지 말자는 생각이죠. 그런데 한 번은 급식실에서 장난을 쳤던 학생에게 "하지 말라고! 몇 번을 말해야 되니? 대체 왜 그러는 거야! 마음대로 할 거면 학교는 왜 와? 너 때문에 병 걸리겠다!"라고 소리를 지른 적이 있었어요.

저는 나름대로 우리 반 친구들을 수평적으로 지도한다고 생각해왔어요. 그런데 학생들을 다독이며 한 번, 타이르며 두 번, 그렇게 수십 번 똑같은 상황이 계속된 끝에 딸깍 하고 본능의 버튼이 눌리면 아무도 못 말리는 히틀러가 튀어나와 마구 날뛰는 것 같아요. 소리치고 나서 저 스스로도 정말 놀랐어요. 그래서 버지니아 울프는 우리 안의 히틀러주의를 없애야 한다고 썼나 봐요.

"우리 발을 묶는, 무의식에 잠재된 히틀러주의를 의식으로 끌어올려 보자. 그것은 침략하려는 욕망이다. 남을 지배하고 노예로 만들려는 욕망이다. 어둠 속에서도 우리는 그것을 볼 수 있다."

- 버지니아 울프, 「야간 공습 중에 평화를 생각하다」, 『천천히 스미는』, 봄날의책, 152쪽.

『천천히, 스미는』

(GK체스터턴, 도로시 세이어즈 외 23명 | 봄날의책)

**정:** 무의식에 잠재된 히틀러주의가 우리의 발을 묶기 전에 우리는 어떤 행동을 취해야 할까요? 학생들을 지배하고 노예로 만들려는 욕망에 사로잡힌 그날, 함께 숨쉬던 그 공간에 있었던 학생들은 어떤 기억을 가지고 있을까요? 교실에서 학생들과 함께 호흡해야 하는 우리 교사의 삶을 보다 장기적으로 바라보고 접근하려면 어떻게 해야 할까요?

**홍:** 화를 낼 때마다 그런 제 모습을 보고 학생들이 무슨 생각을 했을지 명확히 알 수 없기 때문에 더 두렵기도 해요. 어떤 상황에서도 침착함을 잃지 말자고 다짐하지만, 잘 안 될 때는 무기력해지고요. 하지만 그런 순간마다 조금씩 깨달아요. 더 멀리 나아가기 위해 잠영을 하듯 긴 호흡으로 시간을 헤쳐 나가는 자세가 중요하다는 걸요. 그래서 요즘 학생들의 목소리를 더 들어주려고 노력하고 있고요.

"너는 나에게 소중한 사람이야. 나는 네가 그렇게 하는 게 속상해. 친구들도 네가 그렇게 하면 더 이상 너를 좋아할 수 없을 거야. 우리가 어떻게 하면 좋을까? 어떤 방법을 선택해야 할까?" 이렇게 이야기하는 연습을 하고 있죠.

최근에 읽었던 이정하 시인의 시 「낮은 곳으로」가 떠오르네요.

낮은 곳으로

이정하

낮은 곳에 있고 싶었다

낮은 곳이라면 지상의
그 어디라도 좋다

찰랑찰랑 물처럼 고여들 네 사랑을
온몸으로 받아들일 수만 있다면
한 방울도 헛되이
새어 나가지 않게 할 수만 있다면

그래, 내가 낮은 곳에 있겠다는 건
너를 위해 나는
온전히 비우겠다는 뜻이다

잠겨 죽어도 좋으니
너는
물처럼 내게 밀려오라

교사는 정신을 똑바로 차리지 않으면 학생들 위에 서기가 아주 쉽습니다. 그렇지만 아무리 돌아가도 물은 위에서 아래로 흘러요. 우리도 위에서 명령하고 휘두르는 히틀러와 같은 자아를 버리고 우리를 바라보는 학생들에게 내려가는 것이 현명한 방법이라고 생각해요. 교사로서의 저도 학생과 같은 눈높이에 서고 싶고요.

**정:** 아주 좋아요. 홍 샘이 저보다 훨씬 잘하고 있는 거랍니다. 끝까지 아이를 감싸 안는 포용력, 단호하고 일관된 지도, 지난한 시간들을 견디는 끈기……. 홍 샘이 교실에서 하고 있는 것 모두가 인내의 다른 언어들입니다.

늘 교실에서 학생들과 함께 호흡해야 하는 우리 교사의 삶을 보다 장기적으로 바라보고 지금처럼 낮은 곳으로 아이들의 목소리를 들어준다면 분명 희망이 있을 거예요. 낮은 곳에 고여 드는 아이들의 사랑을 이제 함께 받아요. 보세요! 홍 샘 덕분에 교실이 더욱 환해지고 있잖아요.

## 정샘! Talk Talk

「교사를 위한 아들러 심리학」(유리향, 오익수 | 학지사)

"인간은 사회적 존재이며 사회에 소속되고 그 사회에서 자신의 위치를 찾는 것을 최우선 목적으로 두고 있다." - 알프레드 아들러

아들러의 개인심리학이 조명받은 이후 후학들에 의해 '용기'를 부여하는 심리학이 점점 발전해왔습니다. 그중 에이미 류(Amy Lew)와 베티 베트너(Betty Lou Bettner)가 정리한 'Crucial Cs'를 통해 아들러식 학급 세우기 방법을 알아보려고 합니다. Crucial Cs는 '결정적인 C들'이라는 의미로 Connect(관계), Capable(능력), Count(중요), Courage(용기)로 이루어져 있습니다.

각각의 개념을 조금 더 자세히 알아보면 다음과 같습니다. 먼저 Connect(관계)는 단어 그대로 사회적 동물인 사람이 타인과 관계를 맺는 것이 무척 중요하다는 의미를 담고 있습니다. 즉, 아들러 심리학에서는 모든 사람이 다른 사람과 긍정적인 관계를 맺고, 공동체에 소속되기를 원한다고 봅니다. 다음, Capable(능력)은 자기 자신이 무엇인가를 할 수 있는 능력을 갖추고 있다는 믿음이 전제되어 있습니다. 즉, 아들러 심리학에서는 모든 사람이 자신에게 스스로 할 수 있는 힘과 능력이 있다고 믿는 것이 중요하다고 봅니다. 그리고 Count(중요)는 자기 자신이 중요한 존재라는 믿음이 필요하다는 것입니다. 즉, 아들러 심리학에서는 모든 사람들이 자신의 존재 가치를 증명해 보이기를 원한다고 봅니다. 마지막 Courage(용기)는 자신에게 주어진 문제를 감당해내고 결국 해결할 수 있을 거라는 믿음이 중요하다는 뜻입니다. 즉, 아들러 심리학에서는 역경과 실패를 딛고 일어나 한 명의 인간으로서 성장해나가는 데 용기가 무척 중요하다고 봅니다.

### 학생들은 왜 이런 반응을 하는 걸까요?

교실에서 학생들과 생활하다 보면 참 다양한 반응을 만나게 됩니다. 학생들은 왜 이런 반응을 보이는 걸까요? 그리고 그런 학생들의 반응을 구분해서 정리하면 어떻게 할 수 있을까요? 위에서 언급했던 Crucial Cs와 관련지어 학생들의 반응을 이렇게 구분하여 살펴볼 수 있을 것 같습니다.

### 첫째, 관계가 부족할 때 드러나는 '귀찮음'

"나는 주목받을 때 내가 살아 있음을 느껴."

저학년 학생들 중에는 어린아이처럼 선생님의 주변을 맴돌다가 작은 상처에도 크게 울어버리는 친구들이 있습니다. 심지어 교실 바닥에 누워 있는 등 특이한 행동을 하기도 하고, 독특한 옷을 입거나 괴상한 동작을 하기도 합니다. 또한 과장된 이야기나 거짓 이야기를 꾸며서 하기도 합니다. 이런 반응을 보이는 이유 중 하나는 교사의 관심을 끌기 위한 것입니다. 만일 교사의 관심을 끄는 욕구가 채워지지 않는다면 쉬는 시간마다 와서 시시콜콜한 이야기를 늘어놓기도 하고, 친구들의 잘못을 모두 고자질하는 모습을 보이기도 합니다.

이렇게 관계 설정이 적절하지 못한 친구들에게는 친구들과 좋은 관계를 맺어나갈 수 있도록 협력과 협동활동을 많이 제공해주는 것이 좋은 방법이 될 수 있습니다. 친구들과 함께 어울려 노는 협동학습방법을 잘 활용하면 좋겠습니다.

### 둘째, 능력이 부족할 때 드러나는 '무시 받음'

"나를 좀 봐! 내가 얼마나 능력이 많은지 자세히 보라고!"

혹시 교실에 말을 함부로 하는 친구가 있나요? 보통 자신이 무시당했다고 생각할 때 자신의 능력을 과시하려다가 교사나 다른 친구들을 무시하는 부정적인 방법으로 표현하는 친구들이 있습니다. 이런 친구들은 자신이 만든 것 등의 결과물에 대한 피드백을 자꾸 요청하기도 하고, 친구들과 힘겨루기를 하기도 합니다.

이런 학생들에게 전체 앞에서 화를 내는 것은 매우 좋지 않은 대처방식입니다. 이들은 친구들의 눈을 의식하며 힘 겨루기를 하고 있기 때문에, 다른 이들 앞에서는 교사의 지도를 거부하는 경우가 많습니다. 설령 자신이 틀렸더라도 자신의 무능력함을 모두에게 보이는 것을 매우 싫어하기 때문입니다. 만일 교실에서 이런 친구들의 반응을 직면한다면 가급적 그 상황에서 벗어나 장소를 옮겨서 지도하는 것이 중요합니다. 단 둘이 있는 상황으로 바뀌는 순간 행동의 동력을 잃기 때문입니다. 이런 친구들에게는 '난 언제나 너의 편이야, 네가 더 좋은 사람으로 성장하길 바란단다.' 등의 우호적 태도로 차분하게 대화를 이어가는 것이 중요합니다. 아마도 교사가 감정을 잘 절제하면 학생도 금방 안정을 찾을 것입니다. 또 그 학생이 강점을 발휘할 수 있는 과제를 수업 중에 제공하여 능력을 발휘할 수 있도록 하면, 비로소 자신도 학급에 공헌한다는 안도감을 갖게 될 것입니다.

#### 셋째, 중요하다는 인식이 부족할 때 드러나는 '의도적인 괴롭힘'

"왜 다들 나만 못살게 하는 거야?"

아예 의도적으로 타인도 힘들기를 바라는 마음으로 주변 사람들을 괴롭히는 친구들도 있습니다. 때론 정말 악의적이기까지 합니다. 그런데 이런 학생들에게 잘못을 하나씩 따져가며 모든 치부를 드러내는 것은 매우 좋지 않은 대처방식이라고 합니다. 사실 본인 스스로도 매우 지친 상태라, 자신의 잘못을 뉘우치기보다 오히려 복수심을 더 부추기는 역효과를 낼 수 있습니다. 다소 어렵겠지만 이런 학생에게는 마음을 보듬어주고 자신의 존재가치를 느낄 수 있도록 하는 것이 더 빠른 해결책이 될 수 있습니다. 이런 경우 학생과 먼저 라포를 형성하고 편안한 분위기에서 학생의 마음을 먼저 알아주고 공감해준다면 해결의 실마리를 더 빨리 찾을 수 있습니다. 궁극적으로 학생에게 역할을 부여해 능력을 발휘하게 하고, 자신의 힘이 선한 영향력을 미칠 수 있음을 알려주며 스스로 중요한 존재임을 부각시켜주는 전략이 더 효과적입니다. 만일 자신의 좋은 행동이 학급과 교실 친구들에게 긍정적인 영향을 주고 있음을 깨닫게 된다면 스스로 행동을 조심하게 될 것입니다.

넷째, 용기가 부족할 때 드러나는 '답답함'

"나는 어차피 해도 안 될 게 뻔해요."

교실에서 학생들과 함께 지내다 보면 의외로 너무나 쉽게 자신의 모든 것을 포기해버리는 친구를 만나곤 합니다. 특히 학습에 있어서 조금만 어려운 느낌이 드는 과제가 부여되었다고 생각하면 너무나도 쉽게 "어려워요. 저는 못해요."와 같은 말을 반복하는 모습을 볼 수 있습니다. 이런 학생들은 아마도 용기를 배운 적이 없거나 주변 사람들로부터 지나치게 무시를 받은 경험이 누적되었을지도 모릅니다. 이런 자포자기 상태에서 벗어나도록 하기 위해서는 다소 어렵지만 끊임없이 응원하고 지지하고 보듬어주어야 할 것입니다. 이런 학생들이 도전에 회피하는 태도를 고수하면 더 이상 성장할 수 없기 때문에, 교사는 보다 적극적으로 개입해서 지지하고 도와주어야 합니다. 그래서 옆에서 지지하는 교사와 친구들이 있음을 알게 해주고, 절대 포기하지 않을 거라는 안도감을 안겨주어야 합니다. 성공의 경험을 통해 자존감을 회복할 수 있도록 쉬운 과제부터 제공하고, 과제를 단계적으로 나누어 제공하여 조금씩 용기를 키워가도록 이끌어주는 것이 좋습니다.

# 3 유대관계:
# 교사와 아이들에게도 밀당이 필요하다

케이스 스토리 05

## 학생 개인의 특성과 욕구를 얼마나 이해하고 있습니까?

**홍:** 처음 아이들을 마주할 때 저는 '나는 네가 좋아, 널 좋게 보고 있어'를 온몸으로 전달하려고 애써요. 사람과 친해지려면 먼저 다가가서 사탕을 쥐어주든, 눈을 보며 인사를 하든 내 쪽에서 먼저 시작해야 하니까요. 그러고 나서 '너는 어떤 아이니? 무엇을 원하니? 도움이 필요한 부분이 있니?'를 수시로 묻지요. 생활지도든 학습지도든 학생을 파악하고 이해하는 것이 우선이라는 사실을 알게 되면서, 학생과 학부모가 무엇을 필요로 하는지 파악하고, 그들의 이야기를 잘 듣기 위해 노력하고 있습니다.

그렇지만 학생 개개인에 대한 정보를 파악하기가 어려워서 아쉬울 때도 많아요. 아이들은 상처도 많고, 비밀도 많으니까 절대 한 번에 되지는 않고요. 적어도 한 학기에 한 번은 학생들과 개인상담 시간을 마련하고, 상담 결과를 참고하여 학부모 상담을 하고 있습니다. 또래 상담이나 방과 후 상담도 하고, 아무튼 뭔가를 계속, 쉬지 않고 수시로 하면서 귀를 기울이려고 하는 편이에요.

**정:** 아주 잘하고 있어요. 일단 귀를 기울이는 것이 관계 맺기의 첫 단추이니까요. 신기한 것은 아이에게 말을 걸면 자기에게 정말 관심이 있어서 물어보는 건지, 아니면 그냥 형식적인 질문인지를 쉽게 알아챈다는 것입니다. 정말 인간은 영적인 동물인가 봅니다. 아무리 어린 아이라도 자신에게 애정을 가지고 따뜻하게 보살피면 자기 스스로 소중한 존재라는 인식을 갖고 성장하는 모습을 보게 됩니다. 그러니 어느 누구도 함부로 대할 수가 없지요.

문제는 선생님의 진심 어린 눈빛에도 불구하고 여전히 차가운 시선을 보내는 아이들이 있다는 것입니다. 그런데 역설적이게도 미숙한 아이들의 경우 그 차가운 시선이 선생님에게 보내는 SOS 신호일 때가 많아요. 그걸 알면서도 교실에서 하루 종일 함께하다 보면 정말 속이 터질 때도 많지 않나요? 홍 샘은 어떤가요?

**홍:** 솔직히 정말 복잡한 감정이 들어요. 학생이 원망스러웠다가도 안쓰러워지고, 답답하고 싫다가도 다시 기대를 하게 되죠.

혹시 《툴리》라는 영화를 보신 적이 있으신가요? 포스터 속 샤를리즈 테론의 눈빛과 표정이 압권이에요. 아이와 만나 부대끼는 사람이라면 누구나 이해할 수 있을 거예요. 정말 딱 미치기 일보직전일 때의 표정이거든요.

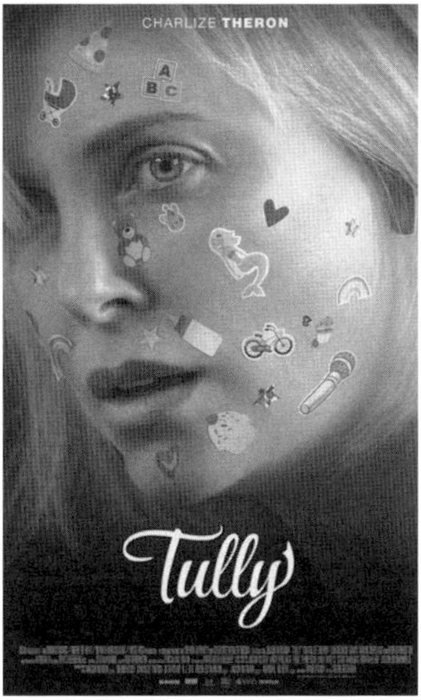

영화 《툴리》 포스터

영화는 아이를 낳고 키우며 고군분투하는 주인공 마를로의 모습을 현실적으로 그립니다. 제가 인상 깊었던 부분은 아들인 조나의 학교에 찾아간 마를로가 유치원 교장 선생님과 상담하는 장면입니다. 마를로의 둘째 아이인 조나는 여섯 살인데 소리에 예민하고 감정을 조절하지 못해요. 소위 말하는 '힘든 아이'죠. 선생님은 조나를 이렇게 표현합니다.

"He is a kind of out of box kid."

직역하면 '상자 밖에 있는 학생, 튀어나와 있는 아이' 정도가 되겠네요. 자막에는 "아시다시피 좀 별나잖아요."라고 나오더군요. 선생님이 조심스럽게 조나를 위한 조치를 권유하지만 그 말을 듣고 엄마인 마를로는 폭발하고 말죠. 뒤에도 재미있는 스토리가 이어지는데, 한창 학생 때문에 머리를 싸매던 때라 스치듯 나온 이 대사가 참 오래 떠오르더군요. 학생을 볼 때 저도 그런 생각을 많이 했거든요.

‘재는 왜 저럴까? 대체 뭐 때문에 저럴까? 정말 이해가 안 된다.’

어른들이 하라는 대로 얌전히 상자 안으로 들어갔던 저에게는 제각각인 학생들이 밖으로 튀어 나가다 못해 상자를 걷어차는 것처럼 느껴졌어요.

‘방법이 없다. 얘는 그냥 포기하자. 욕심을 내려놓자.’ 그렇게 다짐해도 그게 어디 쉬운가요.

**정:** 별난 아이=상자 밖에 있는 학생이라니, 참 재미있는 표현이에요. 그런데 『상자 밖에 있는 사람들』이라는 책에서는 성숙한 성인의 경우 상자 밖에 있는 사람을 ‘자기기만’이 없는 사람으로 표현해요. 자신을 속이지 않는 사람, 즉 자신의 모습대로 사는 사람을 의미합니다.

상자 안에만 갇혀 있다면 그 어떤 노력도 소용이 없습니다. 한마디로 어떤 변화도 일어나지 않는 거죠. 상자 안에서는 누군가를 바꾸려 하거나, 맞춰주거나, 도망가거나, 의사소통하고, 내가 행동을 변화하려 해도 소용이 없을 수 있다는 의미겠지요. 오직 상자 밖에서 자기기만을 하지 않고 깨어 있는 상태에서 상황을 좀 더 효과적으로 바꿀 수 있을 겁니다.

하지만 미숙한 아이들의 경우에는 상황이 다를 수 있어요. 아직은 상자 밖이 아니라 자기만의 상자를 찾아야 할 때이니까요. 아직 자기 상자도 완벽하지 않은데 상자 밖으로 나오려는 아이들의 미숙함이 별나게 보일 수밖에 없는 거지요. 참 재미있는 영화예요.

그러고 보니 영화에는 재미있는 표현들이 많이 나오는 것 같아요.

『상자 밖에 있는 사람들』(아빈저연구소 | 위즈덤아카데미)

또 생각나는 표현이 있을까요?

**홍:** 비슷한 표현이 하나 더 생각나요. 'Go out of one's way'라는 표현이에요. 그대로 풀어내면 '길 밖으로 나온다'는 뜻인데, 잘 가던 길에서 갑자기 빠져나와야 하니 얼마나 힘이 들겠어요. 그래서 생활에서는 이 어구가 '~하려고 애쓰다, 노력하다'라는 의미로 쓰인다고 해요. 그래서 "I went out of my way for you!"라고 말하면 "내가 널 위해 얼마나 애썼는데!"라는 뜻이 됩니다. 멀쩡한 길을 잘 따라오기만 하면 좋을 텐데 왜 학생들은 그렇지 않을까요? 갑자기 교실에서 수많은 길 밖의 아이들을 상대해야 하는 제 모습이 떠올랐어요.

그래도 선생님은 전력을 다해 길 안팎을 동분서주할 준비가 되어 있어야 한다고 생각합니다. 아웃사이더라고 여겨지는 아이에게 다가가려면 저도 틀 안에서 나와야 하니까요. 항상 그게 잘 되지 않아서 참 힘들지만, 제 방식을 고집하면서 아이를 억지로 끌고 가는 것이 결코 지름길이 아니라는 생각이 들었어요. 나와 다른 세상을 보고, 다른 생각을 하는 학생들이니까요. 상자 바깥으로 내쫓거나 무리하게 안으로 끌고 들어오지 않는 것, 정해진 길을 벗어나 있는 아이 곁에 있어주는 것, 강요하지 않고 관심을 기울이되 원한다면 언제든 돌아올 자리가 있다고 일러주는 것이 제가 할 일이고 또 앞으로 가야 할 길이라는 생각이 듭니다.

> "신이시여, 제가 바꿀 수 없는 것들은 받아들이는 평온함을,
> 바꿀 수 있는 것들은 바꿀 수 있는 용기를,
> 그리고 이 두 가지를 구별할 줄 아는 지혜를 주소서."
>
> - 라인홀트 니버

**정:** 돌아올 자리가 있다고 알려주는 교육, 정말 중요한 지점이에요. 특히 이렇게 아직 준비가 덜 되었는데도 서둘러 상자 밖으로 나오려는 친구들의 경우에는 다시 돌아올 구멍이 있어야 하지요. 참 재미있네요. 하지만 그 모습을 계속 봐야 하는 교사라면 무척이나 힘들겠지요. 아마 장기전으로 갈수록 열어두었던 구멍도 다시 닫고 싶을지도 모릅니다. 더군다나 교실 수업을 진행할 때 이런 미숙한 아이들을 여럿 만난다면 번아웃 증후군에 빠질 수도 있어요. 혹시 그런 경험은 없었나요?

피구 시간, 공을 피하지 않고 여유롭게 관전하는 아이

**홍:** 다행히 저는 아직 번아웃까지는 아닌 것 같아요. 그런데 고민이 되는 건 분명해요. 교사는 한 명이고 학생은 여러 명이죠. 근대적 교육이 시작되면서 수십 명에 이르는 학생들이 교실에 몰리기 시작했잖아요. 교육사를 배울 때, 좁은 교실에 다닥다닥 붙어 앉은 채 목각인형처럼 허리를 세우고 앞을 보는 똑같은 뒤통수의 학생들이 담긴 흑백사진을 본 것이 기억에 남습니다. 시간이 지나며 사회도, 교실도 천지개벽이라고 할 만큼 변했지만, 교사가 학급 학생들을 골고루 살피기는 여전히 힘든 것 같아요.

종일 아이들의 이름 한 번도 제대로 못 불러주는 경우가 있어 너무 미안하다고 동료 선생님들과 이야기할 때도 있어요. 어떤 선생님은 그래서 매일 한 명씩 정해놓고 오늘만큼은 이 학생에게 말도 걸고, 눈도 맞추며 관심을 기울여야겠다 다짐한다고 하시더라고요. 그렇게 존중을 뿌리에 두고 관심과 애정이라는 가지를 뻗어 학생이 편히 쉴 수 있는 그늘이 되어주어야겠다는 생각이 듭니다. 교사로서 제각기 다른 모습을 한 학생들을 이해하기 위해서죠.

**정:** 아주 좋아요. 역시 홍 샘은 티칭(teaching)이 아니라 코칭(coaching)이 잘 어울리는 것 같아요. 코칭이란 학생들이 스스로 답을 찾아갈 수 있도록 '경청과 질문'을 효과적으로 사용하는 대화법이거든요. 그러려면 일방향으로 가르치기보다 홍 샘처럼 그늘이 되어주려는 마음이 중요한 것 같습니다.

우리 사회가 위계적인 문화이다 보니 학교와 교실에서조차 은근히 권위주의를 강조할 때가 많잖아요. 그런 권위주의는 당연히 상자 밖에 있는 친구들과 자주 부딪칠 수밖에 없고요. 안타까운 상황이지요. 하지만 홍 샘처럼 돌아올 자리를 넌지시 알려준다면 그런 친구들도 못 이기는 척하며 다시 제자리를 찾아갈 거예요. 참 지혜로운 밀당 같아요.

케이스 스토리 06

## 단호함과 친절함의 정도는 어떻게 조절합니까?

**홍:** 제가 생각하는 밀당의 핵심은 이것입니다. 당겨야 할 때 당기

고, 밀어야 할 때 미는 것. 그런데 이토록 간단한 것이 실은 세상에서 제일 어렵습니다. 써놓고 보니 만점의 비결이 교과서였다는 수능 만점자의 인터뷰가 생각나네요. 그저 웃지요.

**질문자:** 밀당은 어떻게 합니까?

**선생님:** 당겨야 할 땐 당기고, 밀어야 할 때는 밀면 됩니다!

먼저 학기 초에는 당기기에 힘을 씁니다. 저는 아직 저경력 교사이다 보니 학생들이 친근하게 다가오는 편이에요. 사실 끌어당기지 않아도 자석처럼 아이들이 붙어요. 신규의 특권이자, 치트 키라고 할 수 있죠. 개인적으로도 허물없이 학생들을 대하고, 허용적인 성격이다 보니 친해지는 건 어렵지 않고요. 개방적이고 공감을 잘하는 건 저의 강점이에요.

문제는 학생들을 단호하게 지도하는 것이 힘들다는 것입니다. 허용적인 편이다 보니 학생들이 도를 지나치거나 선을 넘는 경우가 많아집니다. 여러 번 설명하는 데도 학생이 가볍게 행동하며 똑같은 잘못을 반복하면, 참아왔던 화가 폭발하고요. 그래서 마구 잘못을 지적하고 몰아붙이면 아이들은 또 금방 돌아서버리지요. 매일 해도, 매번 어렵습니다. 이렇게 생각하면 될까요?

기억하자. 30명 중 못해도 20명은 '나쁘지 않네' 상태이다. 5명은 '광팬'이고, 나머지 5명은 '안티팬'이다. 어디에 집중할 것인가?

**정:** 치트 키요? 홍 샘 덕에 요즘 제가 게임 용어를 공부하고 있어요. 그런데 치트 키가 나쁜 어감으로는 속임수겠지만 교사들만 알고 있는 비밀 키라고 하면 그것도 의미가 있을 것 같아요. 요즘 교사들이 단호함과 친절함의 중간지대를 오가며 아이들과 밀당하는 모습을 보면 가끔 안쓰러울 때가 있거든요. 작은 사회를 형성하는 교실에서 아이들과 친밀한 관계를 맺기 위해 선택한 어쩔 수 없는 상황이지만, 아이의 특성을 알면 조금 더 여유롭고 편해지지 않을까 싶습니다. 물론 처음엔 누구나 어색한 동거를 해야 하겠지만 개별 학생의 학습특성을 이해한다면 학생과 어떻게 유대관계를 맺어갈 수 있을지 보다 쉽게 접근할 수 있을 것입니다.

분명한 건 태풍이 올 때 작은 나무가 더 심하게 요동치듯이 성장기 학생들은 심리적 불안감이 크다는 것입니다. 그 마음을 어떻게 읽어주고 포용할 수 있을지, 성찰이 필요한 순간입니다.

**홍:** 학생들과 줄다리기를 하면서 정말 중요한 것은 선을 긋는 일 같아요. 다른 말로 하면 지혜롭게 화를 내는 일이라고도 할 수 있고요. 그리고 여기가 선이야, 이 선은 넘으면 안 돼, 밖으로 나가면 어떤 일이 생길까? 하면서 잘 설명해줘야 하죠. 예를 들어 슈퍼맨 놀이를 한다고 보자기를 두르고 책상 위에서 점프하는 학생이 있어요. 제가 "책상 위에서 뛰지 마!"라고 하면 어떤 학생들은 "올라가는 건 돼요?" 라고 물어봐요. "앉는 건요? 이것도 뛰는 거예요? 그럼 의자 위에서는 뛰어도 돼요? 체육 시간에도 안 돼요?" 하고 계속 물음표가 날아

오고요. 어른들이 상식이라고 부르면서 넘어가는 것들도 학생들 입장에서는 당연하지 않으니까 궁금해하죠. 세세하게 설명이 필요할 때는 친절해져야 합니다.

**학생이 선생님에게 말하는 것**

"선생님, 저 일요일에 짜장라면 먹었어요."

"어제 집에 가다 강아지 똥 봤어요!"

"쉬는 시간에 친구 보러 가도 돼요?"

"물 마셔도 돼요?"

"화장실 가도 돼요?"

**학생이 선생님에게 말하지 않는 것**

단짝이랑 절교하겠다고 싸운 이야기

계단에서 점프해도 되는지

학교 가기 싫다고 집에서 운 것

그렇지만 단호함도 매우 중요합니다. 교실에는 크고 작은 위기들이 존재하고, 교사가 그 순간에 기준을 제시하지 않거나 방향을 잡아주지 못하면 학생들은 헤매게 되지요. 그 방황이 좋은 결말로 끝난다면 다행이지만, 대부분 서로 상처 입으며 문제가 방치됩니다. 그 상처가 더 큰 문제를 불러오기도 하고요. 특히 또래 관계나 가정의 문제들이 그렇죠. 정말 섬세하게 접근해야 해요.

약속을 지키지 않았을 때나 폭력적인 언행을 했을 때는 그 자리에서 단호하게 처리해야 하고요. "너 장애인이냐?"라고 차별적인 말을 했는데 별다른 제재가 없으면, 학생 입장에서는 그런 표현도 허락을 받았다고 생각하게 되지요. 그 순간 아무런 피드백 없이 넘어가는 것은 곧 묵인이나 마찬가지니까요.

교사나 보호자가 문제 상황에 어디까지 개입해야 하느냐는 매우 어려운 문제예요. 선의로 주는 도움이 너무 커도 문제가 생깁니다. 어른들이 다 처리해주면 학생은 스스로 책임질 기회를 잃습니다. 예를 들어, 아이가 장난을 치다가 친구의 물건을 망가뜨렸어요. 그러면 사과를 해야 하는데, 학생들은 "다시 사줄게!"하고 휙 가버려요. 정작 중요한 말은 생략하고 바로 보호자의 그늘로 숨는 거죠. 불러다가 "친구한테 다시 사준다는 말 말고 무슨 말을 먼저 해야 할까?" 하고 타이를 시간이 있으면 다행이지만, 저도 "미안하다고 해야지!" 하고 곧바로 지시할 때가 많아요. 그마저도 힘들면 "선생님이 대신 사과할게. 쟤는 원래 저러니까 네가 참아." 하며 대강 무마하기도 하고요. 이런 대처가 성장의 기회를 뺏는다는 생각이 듭니다. 적절한 피드백이 필요한 순간을 알아채고 개입할 수 있는 기민함과, 원칙을 지키는 일관성이 중요한데 아무리 해도 너무 헷갈리고 어렵습니다.

**정:** 학생들에게 성장의 기회를 뺏지 않는다는 홍 샘의 생각이 참 멋집니다. 그런데 아무리 노련한 교사라도 늘 일관성을 가지고 학생들에게 다가서기는 무척 어렵습니다. 게다가 시의적절한 피드백 순간을 알아차리고 개입하기란 더 어렵고요. 그럼에도 학생의 상태를 지

속하여 관찰한다면 학생지도의 원칙을 조금씩 세워가며 기민하게 대처할 수 있을 거예요.

아들러 심리학에서는 학생들이 Connect(관계), Capable(능력), Count(중요), Courage(용기)를 충족하고 있는지 면밀히 살펴보면서 겉으로 드러나는 문제행동에 숨겨진 목적을 발견해야 한다고 말합니다. 이 역시 좋은 방법이 될 것입니다.

**The Crucial 'C's**

| | |
|---|---|
| Connection 관계 | Capability능력 |
| Counting 중요 | Courage 용기 |

조금 자세히 이야기해볼까요? 교실에 있는 학생들을 한번 둘러보세요. 학생들 모두 다른 친구들과 긍정적인 관계(connect)를 맺고 공동체에 소속되기를 얼마나 간절히 원하고 있는지 쉽게 알 수 있을 거예요. 또한 학생들 스스로 자신이 무엇인가를 할 수 있는 능력(capable)을 드러내기 위해 얼마나 노력하고 있는지도 쉽게 관찰할 수 있지요. 그래서 학생들 스스로 자신이 중요(count)한 존재라는 믿음이 필요하고요. 결국 그런 믿음에 기반하여 자신에게 주어진 문제를 감당해내고 역경과 실패를 딛고 일어나 해낼 수 있다는 용기(courage)를 가질 때, 우리는 한 인간으로서 조금씩 성장해가게 되지요. 한마디로 아들러는 인간을 통합적인 관점으로 바라보고 학생에게 현재 무엇이 부족한지 세심하게 관찰할 때 어떻게 시의적절한 피드백을 할 수 있을지 알게

된다고 말하고 있는 거랍니다.

**홍:** 국내에서도 장기간 베스트셀러였던 『미움받을 용기』를 흥미롭게 읽었는데, 아들러의 심리학을 교육현장에도 활용할 수 있다니 신선하네요. 그중에서 저는 긍정적인 관계(connect)가 제일 흥미로워요. 아이를 대하며 관계에서 제가 깨달았던 점을 물 주기에 비유할 수 있을 것 같아요. 교사생활을 하다 보면 학생들과 식물을 키울 일이 종종 생기죠. 식물을 너무 사랑해서 무턱대고 물을 주면 뿌리부터 썩어버립니다. 반면에 신경쓰지 않고 물을 안 주면 말라 죽어버리지요.

학생들도 마찬가지라고 봅니다. 관심과 애정을 바탕으로 관계를 이어가야겠지만 도가 지나쳐 뭐든 대신 해주고, 잘못해도 대충 넘기면 아이는 자립하지 못하고 그 자리에 주저앉아버려요. 조그만 일에도 소스라치게 징징대고, 스스로 책임져야 하는 일까지 어른들 몫으로 떠넘기려고 하죠. 물이 흘러넘쳐서 감사할 줄도, 미안해할 줄도 모릅니다.

반면에 따뜻한 진심과 사랑이 없으면 학교생활이 제대로 안 되니 계속해서 구조신호를 보낼 수밖에 없어요. 일부러 문제행동을 하며 주의를 끌고, 세상에 분노를 표출하죠. 자신감이 부족해 소극적이고, 아예 교실에서 숨죽이며 관계 맺기를 거부하는 방식으로 위축되기도 하고요. 사람은 식물과는 또 달라서 정말 답이 없는 것 같습니다. 그냥 이렇게 말하고 싶네요. 답이 없는 게 답이다.

너무 지칠 때는 그냥 포기하고 싶다는 생각도 들더군요. '지금 내

교실에서 아이들과 함께 키웠던 강낭콩

가 이 아이랑 씨름한다고 뭐가 바뀔까?' 하는 비관적인 생각이 들기도 하고요. 하지만 달리 생각해보면 정해진 답이 없다는 건 여러 가지 답이 있다는 것과 같아요. 그래서 다양한 수단을 시도해봐야 합니다. 식물이 죽는 게 꼭 물이 부족해서만은 아니잖아요. 햇빛을 못 봐서일 수도 있고, 뿌리내린 토양이 척박해서일 수도 있죠.

저는 글이라는 통로를 자주 활용합니다. 저희 반 친구들에게 일주일에 1~2가지의 주제를 주고 한 주 동안 생각해서 금요일에 글을 써내라고 하거든요. 아이들 글을 읽어보면 재미있기도 하지만, 이를 계기로 소통할 수도 있습니다. 말로 나누지 못하는 마음을 글에는 솔직하게 털어놓는 학생들도 있으니까요. 어떤 주제를 줘도 결국 아이들은 자기 이야기를 해요. 저도 글쓰기 공책에 댓글을 달면서 제 이야기

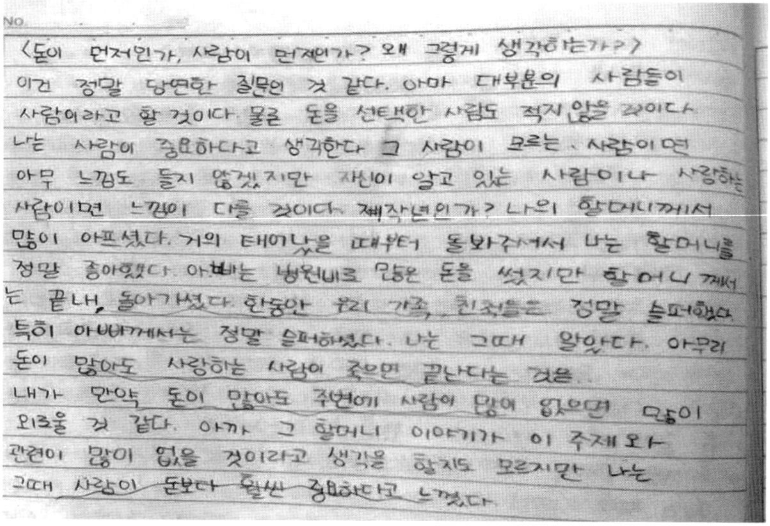

NO.

<돈이 먼저인가, 사람이 먼저인가? 왜 그렇게 생각하는가?>
이건 정말 당연한 질문인 것 같다. 아마 대부분의 사람들이
사람이라고 할 것이다. 물론 돈을 선택한 사람도 적지 않을 것이다.
나는 사람이 중요하다고 생각한다. 그 사람이 모르는 사람이면
아무 느낌도 들지 않겠지만 자신이 알고 있는 사람이나 사랑하는
사람이면 느낌이 다를 것이다. 재작년인가? 나의 할머니께서
많이 아프셨다. 거의 태어났을 때부터 돌봐주셔서 나는 할머니를
정말 좋아했다. 아빠는 병원비로 많은 돈을 썼지만 할머니께서
는 끝내, 돌아가셨다. 한동안 우리 가족, 친척들은 정말 슬퍼했다.
특히 아빠께서는 정말 슬퍼하셨다. 나는 그때 알았다. 아무리
돈이 많아도 사랑하는 사람이 죽으면 끝난다는 것을.
내가 만약 돈이 많아도 주변에 사람이 많이 없으면 많이
외로울 것 같다. 아까 그 할머니 이야기가 이 주제와
관련이 많이 없을 것이라고 생각을 할지도 모르지만 나는
그때 사람이 돈보다 훨씬 중요하다고 느꼈다.

아이들의 글쓰기 공책

영화 《배심원들》 포스터

를 해주고요. 비밀창구가 생기는 셈이죠. 영화 《배심원들》의 한 장면이 떠오르네요. "미로도 다 길이야."

**정:** '미로도 다 길이야.' 늘 긍정적으로 성찰하는 홍 샘이 그래서 더 기대가 됩니다. 또 학생들과 공책 속 비밀창구를 만들어 긍정적인 관계를 만들어가는 과정도 정말 보기 좋아요. 특히 관계가 결핍된 친구들에게

건네는 그런 비밀창구는 안정감을 갖게 해줄 것 같아요. 아마도 홍 샘이 먼저 내민 그 손을 붙잡고 교실의 또 다른 친구들과 소통하는 기회까지 얻게 될 거라 확신합니다. 긍정적인 관계가 조금씩 회복될수록 소통능력이 생기거든요. 그럼 정말로 미로 속에 감춰진 관계의 길을 찾아가지 않을까요?

## 홍샘! Talk Talk

**참고하면 좋은 책!**

**『자존감, 효능감을 만드는 버츄 프로젝트 수업』**(권영애 | 아름다운사람들)

미덕(virtue, 버츄) 교육의 전문가 권영애 수석 선생님이 쓰신 책입니다. 아이들을 바라보는 선생님의 따뜻한 시각과 생생한 경험담이 담겨 있어 감동적이었습니다.

"3월 첫날 아이들을 만나자마자 칠판에 내 이름 석 자를 적은 후 말없이 규칙 열 가지를 적었다. 그리고 그 규칙을 어기면 따르는 벌칙을 조목조목 알려주었다. 아이들은 얼어붙었고, 난 잔뜩 굳은 아이들의 모습에 오히려 평온했다. 마치 내가 아이들을 잘 이끌고 있는 것처럼 느껴지기까지 했다. 2학기가 되면 결국 아이들의 억눌렸던 분노가 꼭 이런저런 문제로 터져 나왔다. 아이들이 치고받으며 싸우거나 화가 난 부모님이 학교로 달려오기 일쑤였다. 교사로서 나는 점점 지쳐갔다."

교사 생활을 하다 보면 아이의 잘못을 찾아 지적하고, 부족한 부분을 바꾸기 위해 잔소리할 때가 많아집니다. 혼내는 저도, 혼나는 아이도 점점 지쳐가기 쉽지요. 우리 반 아이들을 어떤 눈으로 바라보고 어떤 방식으로 대할지 책을 읽고 스스로를 되돌아보게 됐습니다. 모든 아이를 보석과 같은 소중한 존재로 대하자고 다짐하게 만들어주는 책입니다.

"어떤 순간에도 한 아이가 미덕의 원석을 이미 가지고 있는 아이이고, 나는 그것을 깨울 수 있는 교사라 믿는다면 모든 것이 달라진다."

인간다운 인간이 사라진 시대, 안정과 평화를 위해 모든 것이 통제되는 유토피아. 조너스는 세상에서 사라져버린 과거의 기억을 보유할 유일한 사람으로 선택받습니다. 모두가 똑같이 반복되는 일상을 살아가지만 조너스는 기억 속에서 무언가 다른 것을 보지요. 앞으로 미래 사회를 살아갈 아이들과 함께 읽고 싶은 책입니다.

**『기억전달자』**(로이스 로리 | 비룡소)

"저는 사랑이라는 느낌을 좋아하게 되었어요."

"우리에게 아직 사랑이 있었으면 해요."

「잠깐 애덤 스미스 씨, 저녁은 누가 차려줬어요?」(카트리네 마르살 | 부키)

우리는 세상을 살아가면서 독립적이고 합리적인 개인을 상상하는 데 너무나도 익숙해져 있어요. 그런데 교실 문을 열고 들어가면 저의 손길이 필요한 존재들이 와글댑니다. 계속되는 요구에 피곤하고 지칠 때, 기존의 관점을 완전히 엎어버린 새로운 경제학 책을 읽어보도록 추천하고 싶습니다.

"우리는 누구도 섬처럼 홀로 존재하지 않는다. 우리는 다른 사람의 요구와 기대에 둘러싸여 태어난다. 어린이는 거의 전적으로 다른 사람들에게 의존하며 살아간다. 아이를 돌본다는 것은 누군가의 필요를 끊임없이 충족시킨다는 의미이고, 이 친밀함 안에서 아이는 한 걸음 한 걸음 독립하는 법을 배운다. 페미니즘 이론가 버지니아 헬드가 지적했듯 인간의 자연스러운 상태는 타인에 대한 의존이다."

사실 아이들이 교사에게 기대는 것처럼 교사도 아이들에 기대어 배우고 성장하는 존재입니다. 학교는 타인을 수용하며 함께 사는 법을 실습하는 공간이고요. 저자는 우리의 삶을 장악한 경제학적 오류를 되짚고, 새롭게 세상을 이해하는 방법을 알려줍니다. 인간은 혼자서는 살아갈 수 없는 운명인가 봅니다.

# 4 한해살이: 교사의 '새로운 1년'

케이스 스토리 07

## 학급살이를 위한 1년 계획을 세울 수 있습니까?

**홍:** 발령을 막 받고 나서는 하루를 무사히 보내는 데 온 에너지를 다 쏟았던 것 같아요. 말 그대로 큰 사고 없이 하루가 지나가기만을 바랐죠. 학생들을 보내고 나면 업무 포털에 들어가 공문을 보고, 업무를 처리하고, 마감기한이 닥쳐온 자료를 제출하고, 안내장을 수합하고, 회의에 참석하죠. 다음 날 가르쳐야 하는 과목의 지도서를 잠깐 폈다가 메신저를 훑으며 혹시 빠뜨린 게 있나 보고요. 그렇게 닥치는 대로 하루하루를 살아내면 어느새 시간이 훌쩍 흘러요. 조금 더 길게, 멀리 보고 싶은데 어떻게 해야 할지 모르겠습니다.

**정:** 아, 저도 그 기분 알아요. 마치 하루살이처럼 살아가는 것 같달까요? 하지만 너무 염려하지는 마세요. 지금은 하루살이 교사로 머무는 것 같지만 시간이 조금만 흐르면 어느덧 홍 샘도 한해살이 교사 그 이상을 바라보게 될 테니까요.

과수원의 과일나무를 생각해보면 좋을 것 같아요. 과일나무를 가꾸다 보면 각 나무의 한살이와 한해살이의 특징에 따라 가꾸는 이가 무엇을 해야 할지 꼼꼼하게 챙겨야 한다는 것을 알게 됩니다. 예를 들어 겨울에서 서서히 벗어나는 2월에는 수액이 오르기 전에 거름을 주어야 하고, 꽃이 피고 잎이 나는 4월에는 꽃 따기를 해야 하며, 양분이 꽃에서 열매로 전환하는 5월에는 새순 지르기를 해야 한답니다. 학급살이에는 이보다 더 궂은 일들이 많아 매월, 아니 매일 성장하는 아이들을 관찰하고 보살펴주어야 합니다. 그러니 매일 반복되는 학급살이가 힘들 수밖에 없습니다. 그러나 그 학급살이의 1년 과정을 알게 된다면 조금씩 여유가 생길 것입니다.

**홍:** 내일이 무서운 기분, 아마 많은 선생님들이 느낄 거예요. 선생님도 학교에 가기 싫을 때가 있지요?

저는 아이들에게서 받는 질문 중 제일 난감한 것이 "선생님, 우리 내일은 뭐해요?"였어요. 아니, 당장 오늘 하루를 무사히 끝내기에도 멀었는데 내일은 뭘 하는지, 모레는 뭘 할지 질문을 받을 때마다 앞이 캄캄하더라고요. 아무렇지 않게 웃으며 "그건 내일 알려줄게, 기대해 봐!"라고 대답했지만 실은 저에게도 별다른 계획이 없었기 때문에 대답을 못한 적도 많았고요. 반짝이는 눈빛으로 물어보는 학생들을 보면 도망 다니는 빚쟁이가 된 기분이었죠. 영화 《기생충》에도 이런 말이 나오잖아요.

"아들아, 너는 계획이 다 있구나!"

주인집에 들러붙겠다는 아들 기우(최우식)의 계획이 실패하고 나서 기택(송강호)은 씁쓸하게 덧붙이죠.

"너, 절대 실패하지 않는 계획이 뭔 줄 아니? 무계획이야, 무계획."

계획을 해도 실패하고, 계획을 안 하면 당연히 실패하고. 그렇게 스스로에게 채무자 꼬리표를 붙이다 보니 수업을 망쳤다는 생각이 들 때마다 자괴감이 굉장했어요. 학생들에게 1년이라는 시간을 저당잡혔다고 전제했으니 당연한 결과였을까요. 내가 빌린 시간들이 의미 있고 소중한 기억으로 남기를, 그게 아니라면 적어도 뭔가 배운 것이 있기를 바랐는데 지루해하거나 공허하게 방황하는 눈빛을 보면 아이들의 시간이 쓰레기처럼 버려졌구나, 낭비했구나 싶었죠. 그래서 교사는 하루보다는 일주일을, 또 한 달을, 나아가 1년을 두루 살피는 안목을 가져야 한다고 생각해요.

그런데 그 안목은 대체 어떻게 가질 수 있을까요?

**정:** 안목이요? 사실 경력이 많이 쌓인 선배 교사들도 가지기 힘든 것이 그 안목이에요. 그러니 매년 학기가 시작될 때마다 모든 선생님들이 긴장하며 교실에 들어가는 게 아닐까요? 여전히 그 안목이 부

족한 상태인 거죠. 더군다나 초등과정은 6년이라는 갭이 있잖아요. 정말 눈 깜박할 사이에 성장하는 아이들의 발달단계를 따라가기 벅찰 때가 많아요.

그런데 다른 한편으로 바라보면 그 성장의 모습을 바라볼 수 있다는 것 자체가 참 행복한 일이에요. 홍 샘의 표현을 다른 각도로 빌리자면 '행복한 채무자'라고 할 수 있을 것 같아요. 어때요? 홍 샘은 지금 행복한 채무자 아닌가요? 내일이 무섭다고 표현했지만 제가 보기에 한 교실 안에서 아이들과 함께 숨 쉬고 있는 홍 샘을 보면 정말 행복해 보이거든요. 이보다 더 행복한 채무자가 있을까 싶을 정도로요. 그러니 때론 자괴감이 들면서도 또 그 자리를 지키고 있는 것 같아요. 아마 자리를 지켜주는 것, 아이들 앞에 당당히 선생님으로 서 있는 것만으로도 조금씩 안목이 생길 것이라고 확신합니다. 조금만 더 힘을 내자구요~!

케이스 스토리 08

## 1년 후 학생들이 어떤 모습이길 원합니까?

**홍:** 야망이 가득했던 청소년기에, 저에게는 선생님이라는 직업이 충분치 않아 보였습니다. '부조리한 세상을 바꾸고, 약자들을 구원하려면 조금 더 멋지고 영향력 있는 일을 해야지!' 하는 생각이었기 때문입니다. 그렇게 이상에 취해 있다가 시시해 보이는 아이들의 세계

로 들어와보니, 이건 그야말로 '사랑과 전쟁'이더군요. 하루에도 수천 번씩, '그래서, 너 지금 나랑 사랑을 하자는 거냐 아님 전쟁을 하자는 거냐?' 하는 기분으로 실랑이를 했습니다. 변하겠지, 달라지겠지 하고 애정과 희망을 담아 기대를 걸다가도 또다시 제자리로 돌아가는 게 답답하고 서운해서 몰래 숨어 운 적도 많았습니다.

지금은 그런 아이들에게 좋은 어른이 되어주는 것이 저의 제일 큰 야망입니다. 그리고 우리 학생들이 어제보다 조금이라도 발전하도록 하는 것이 목표죠. 특히 '열심히 노력하면 할 수 있다.'라는 믿음을 갖고 긍정적으로 자신을 바라봤으면 좋겠어요. 세상을 바꾸기 위해서는 사람을 바꿔야 하고, 제일 먼저 스스로를 변화시켜야 하기 때문이죠. 저의 제자들이 더 나은 사회를 만드는 멋진 어른으로 자라길 바랍니다. 궁극적으로는 그들이 저보다 훨씬 나은 어른이 되었으면 좋겠고요. 청출어람(靑出於藍), 얼마나 멋진 말입니까.

**정:** 청출어람. 정말 멋진 말이지요. 우리 홍 샘을 보면 저는 한겨울의 대나무가 생각납니다. 살을 에는 듯한 혹한에도 얼어 죽지 않고 흰 눈을 즐기듯 푸르름을 뽐내는 대나무 말이에요. 사실 제가 신규 교사일 때는 더 엉망이었어요. 저 역시 정말 어리숙하게 학급운영과 수업지도를 했던 것 같아요. 그런데 막상 제가 선배가 되어 홍 샘과 같은 샛별교사를 바라보게 되니, 볼 때마다 얼마나 기특하고 용한지 몰라요. 그만큼 정말 잘하고 있다는 뜻이랍니다.

그럼에도 지금의 홍 샘은 혹한의 개구리가 몸서리치는 겨울을 보내느라 있는 힘을 다하는 것처럼, 교실에서 막막한 시간을 보낸다고 느끼겠지요? 그런데 그건 처음 교단에 서는 교사라면 누구나 겪는 일일 거예요.

그럼 어떻게 이런 혹한을 견딜 수 있을까요? 그 힘은 어디에서 나올까요? 아마도 엄동설한이 지나면 곧 따스한 봄이 온다는 자연의 이치를 알기 때문이 아닐까요? 어쩌면 머리는 힘들어도 우리 몸은 그런 변화를 이미 감지하고 있는지도 모릅니다. 왜냐하면 홍 샘은 이미 성숙한 상태이니까요. 하지만 성장기 아이들은 조금 달라요. 아직 미숙한 상태라 여전히 좌충우돌하고 있지요. 적어도 홍 샘보다는 더 그러지 않을까요? 그러니 지금처럼 당당히 아이들 곁에 있어주세요. 차디찬 겨울을 머금을수록 봄 매화의 향이 짙어지는 것처럼, 1년 후 우리 아이들도 조금씩 자기만의 향이 짙어질 거랍니다. 아이들뿐 아니라 홍 샘도 그럴 거고요.

**홍:** 갑자기 봄 매화의 짙은 향을 맡고 싶네요. 제가 자주 하는 상상이 있어요. 유난히 힘들거나 마음이 싱숭생숭할 때면 한 해가 다 끝나고 아이들을 보내는 마지막 날을 머릿속으로 떠올려요. 그날은 1년의 활동을 마무리하며 한 명씩 이름을 불러 편지와 선물을 주고, 악수를 하죠. 학급활동을 하며 찍었던 사진을 쭉 보면서 즐거웠던 순간들을 되새기고요. 마지막으로 한 명씩 주인공이 되어 가운데에서 포즈를 취하고, 폴라로이드 사진을 찍어 인화해줍니다. 그리고 학생들을 떠나보내며 저는 웃고, 아이들은 아쉬워서 우는 장면으로 막을 내리죠.

이걸 반복 재생합니다. 그러면 기분이 나아져요.

저는 처음 문을 열고 들어올 때보다 몸도 마음도 머리도 훌쩍 자란 상태로 학생들을 보낼 수 있기에 후련하고 뿌듯한 마음이 되어 웃음이 나옵니다. 아이들은 1년을 돌아보며 함께했던 시간을 소중한 기억으로 저장하고, 다시는 올 수 없는 교실에서 서운함에 눈물을 흘리고요. 저와 함께한 시간이 학생에게 어떤 기억으로 재생될지는 영원히 알 수 없겠지요. 그러나 같이 노력하며 쌓았던 하루들이 훗날 멋진 영화로 편집되어 남기를 바랍니다. 그래서 매년 제가 세우는 1년 목표 중 하나는 '아이들 웃긴 다음 울리기'예요, 하하! 지금까지는 매번 성공했어요!

**정:** 그것 봐요. 역시 끝그림을 그리며 이겨내고 있었군요. 그게 바로 그 안목이랍니다. 지금의 미숙한 상태에만 머무는 것이 아니라 언젠가 성숙해질 그 상태를 머릿속에 그리는 거 말이에요. 더군다나 홍 샘의 끝그림은 정말 아름다워요. 영화의 한 장면이라니……. 그런 아름다운 끝그림을 계속 그리는 선생님은 의외로 많지 않아요. 정말 좋은 방법인데도 말이에요. 아마도 미래의 성숙한 모습을 그리기에는 현재의 미숙한 상태가 너무 절망적이기에 더 그렇겠지요.

하지만 분명한 것은 성장기 아이들은 현재 시점에만 머무르지 않는다는 점이에요. 그래서 홍 샘처럼 미래 시점의 성숙한 모습을 자주 그리는 것이 무척이나 중요해요. 오히려 그렇게 끝그림을 자주 그릴수록 현재의 난관을 보다 쉽게 극복하는 데 도움이 될 거예요. 뿐만 아니라 끝그림을 그리면 현재가 아무리 절망적이라도 인내심을 갖게 되고, 넓은 도량으로 아이들을 따뜻하게 품어주는 데 매우 효과적이죠. 그러니 그 안목을 갖기 위해 계속 노력해야겠지요. 잘 안 될때마다 저와 같이 해봐요. 우선 홍 샘이 가장 먼저 품고 싶은 한 학생에게 집중해서 끝그림을 그린다면 더 잘할 수 있을 거예요.

## 정샘! Talk Talk

### 긍정적인 성장을 모색하는 Crucial Cs

[아들러 심리학 기반 학급 만들기]에서는 오늘날의 사회적 위험으로부터 학생들을 보호하는 핵심적인 요인으로 관계(connect), 능력

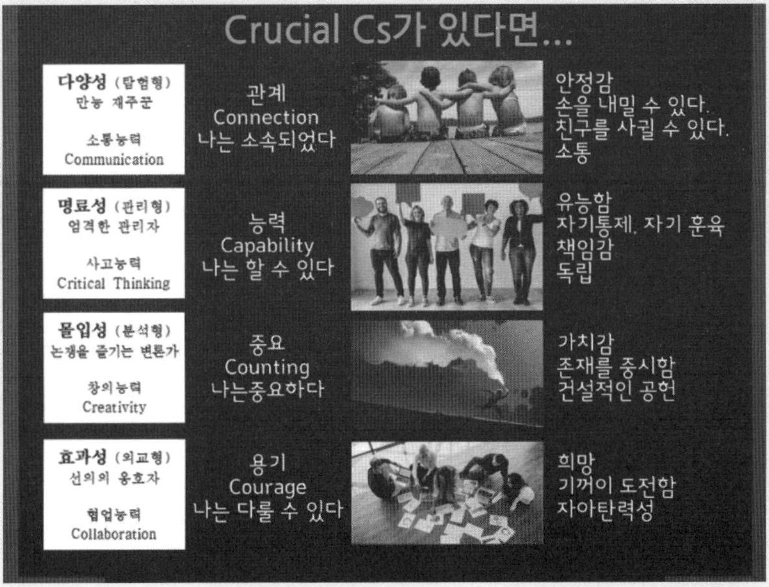

(capable), 중요(count), 용기(courage)라는 The Crucial Cs를 제안합니다. The Crucial Cs란 인생을 살아가는 동안 경험하는 어려움을 해결하는 과정에서 우리 자신에게 꼭 필요한 요인이자, 사회적 위험으로부터 우리를 보호하는 기능을 하는 네 가지 요인입니다. 이 네 가지 요구를 잘 충족한다면 학생들은 협력, 자기신뢰, 공헌, 적응유연성을 발휘하며 잘 성장해갈 수 있을 것입니다. 그 네 가지 요인이 갖추어졌을 때와 갖추어지지 않았을 때 어떻게 달라지는지 알아보도록 하겠습니다.

먼저, 관계(connect)를 갖추고 있다면 자기 스스로 가족, 학교, 사회의 일원으로 다른 사람과 연결되어 있다는 내적 확신을 갖게 됩니다. 그러나 소속감을 느끼지 못한다면 불안정과 고립감에 빠져 예민하고 부정적인 방법으로 관심 끌기에만 빠질 수 있습니다. 따라서 관계를 갖추기 위해서는 경청하고 존중하는 법을 배우고 의사소통 기술을 익히는 것이 중요합니다.

다음으로 능력(capable)을 갖추고 있다면 자기 자신을 돌볼 수 있는 능력이 있다는 내적 확신을 갖게 됩니다. 그러나 스스로 자신의 능력을 깨닫지 못한다면 부적절감에 빠져 타인을 통제하려 들거나 반항과 의존 등 힘겨루기에 머물게 됩니다. 따라서 가급적 규칙과 결정에 모두 참여해서 모두가 자신의 행동결과를 경험하게 하는 자기 훈육 방법을 익혀가는 것이 중요합니다.

또한 중요(count)를 갖추고 있다면 자신도 중요하며 다른 사람도 그렇다는 내적 확신을 갖게 됩니다. 그러나 자신이 중요하다고 믿지 못하는 순간 스스로 자신을 하찮게 여기고 상처를 받아 자신의 고통을 보여주고 상처를 되갚는 등 복수와 보복이라는 잘못된 행동에 빠지게 됩니다. 따라서 공동체에 공헌할 기회를 조금씩 열어주어 책임감을 받아들이도록 만들어야 합니다.

마지막으로 용기(courage)를 갖추고 있다면 무엇이든 도전할 수 있다는 내적 확신을 갖게 됩니다. 그러나 용기가 없을 때에는 열등감, 패배감, 절망감 등에 빠져 스스로 포기하고 회피하는 등 무기력증에 머물게 됩니다. 따라서 공동체의 문제를 확인하고 분석해서 다양한 해결책을 시도하여 좋은 판단을 할 수 있도록 도와주어야 합니다.

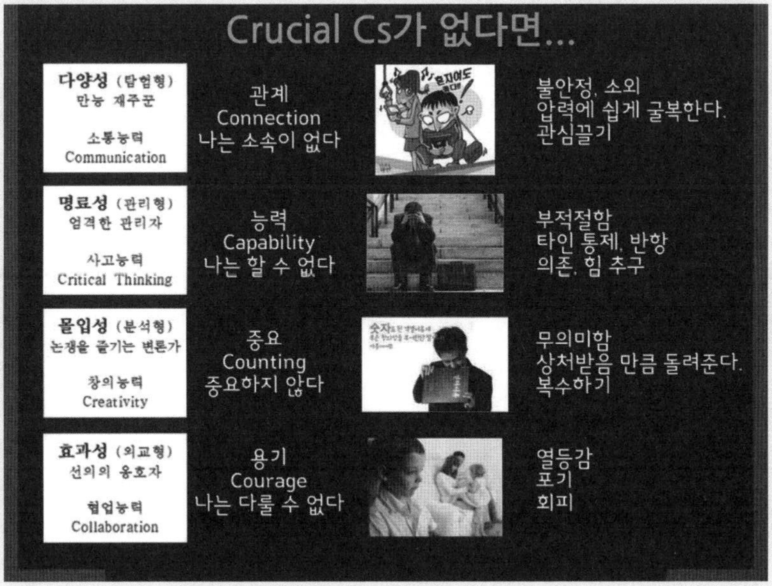

| | | | |
|---|---|---|---|
| **효과성-다양성**<br>재기발랄한 활동가<br><br>의사소통역량 | **다양성-명료성-몰입성**<br>창의적인 통솔자<br><br>위기관리역량<br>창의융합사고역량<br>지식정보처리역량 | **다양성-명료성-효과성**<br>더불어 사는 사회운동가<br><br>위기관리역량<br>공동체역량<br>심미적감성역량 | **다양성-효과성-다양성**<br>교양이 가득한 외교관<br><br>공동체역량<br>의사소통역량<br>위기관리역량 |
| **다양성-몰입성-효과성**<br>열정이 넘치는 중재자<br><br>창의융합사고역량<br>자기관리역량<br>심미적감성역량 | **다양성(탐험형)**<br>만능 재주꾼<br><br>소통역량<br>Communication | **명료성(관리형)**<br>엄격한 관리자<br><br>사고역량<br>Critical Thinking | **더영송-명료성**<br>모험을 즐기는 사업가<br><br>위기관리역량 |
| **명료성-몰입성-효과성**<br>자주적인 논리주의자<br><br>지식정보처리역량<br>자기관리역량<br>공동체역량 | **몰입성(분석형)**<br>논쟁을 즐기는 변론가<br><br>창의역량<br>Creativity | **효과성(외교형)**<br>선의의 옹호자<br><br>협업역량<br>Collaboration | **몰입성-효과성**<br>논리적인 사색가<br><br>자기관리역량 |
| **명료성-몰입성**<br>용의주도한 전략가<br><br>지식정보처리역량 | **다양성-몰입성**<br>호기심 많은 예술가<br><br>창이융합사고역량 | **명료성-효과성**<br>용감한 수호자<br><br>공동체역량 | **다양성-효과성**<br>자유로운 연예인<br><br>심미적감성역량 |

| 수업다양성 | 수업명료성 | 수업몰입성 | 수업효과성 | 수업성공률 |
|---|---|---|---|---|
| 다양한 방법을 적용하는 힘 | 쉽고 명확하게 전달하는 힘 | 흥미롭게 집중하는 힘 | 효과적으로 이끌어주는 힘 | 배움으로 연결시키는 정도 |

학교의 핵심 구성원은 당연히 선생님과 아이들입니다. 그런데 그 선생님과 아이들조차 학교라는 교육공동체에 적응하지 못하는 경우가 많습니다. 이들은 학교의 엄격한 규칙이나 질서에 적응하는 데 어려움을 겪는 기질을 타고난 경우가 대부분이며, 전통과 관습을 중시하는 학교 문화에 알레르기 반응을 보입니다. 그러나 학교라는 작은

사회에 들어온 이상 최소한의 규범을 지켜야 한다고 강요받고 있는지도 모릅니다. 특히 한국, 중국, 일본처럼 보수 성향이 강한 나라에서는 개성이나 창의성보다 전통적인 표준화교육의 중요성을 더 강조하는 경향이 짙습니다. 다른 관점에서 보면 상대적으로 관리 성향이 부족한 이들이 피해를 보는 구조라고 할 수 있습니다.

교사는 교육과정의 성취기준을 ‘수업’이라는 형태로
학생들에게 전달합니다.

그런데 이게 말처럼 쉽지만은 않습니다. 교사와 학생이 좋은 팀이 되어 함께 상호작용하고, 학습 목표에 도달해 멋진 결과물을 내기까지 수많은 요소들이 작동하기 때문이지요. 재구성, 혁신, 프로젝트, 거꾸로, 창의력, 주제통합 등 다양한 수식어가 붙어도, 수업은 여전히 수업입니다. 그래서 오늘도 교사는 수업을 고민합니다.

| 2부 |

# 수업을 고민하고 배움을 담다

# 1 수업 고민:
# 수업과 흥미, 두 마리 토끼를 잡다

케이스 스토리 09

## 선생님의 수업에 얼마나 만족합니까?

**홍:** 선생님, 수업에 만족하세요?

누군가 저에게 이렇게 묻는다면, 저는 "아뇨, 그럴 리가 있나요." 라고 답할 거예요. 만일 객관식이어서 '매우 그렇다, 조금 그렇다, 보통이다, 아니다, 매우 아니다' 중에서 하나만 골라야 한다면 '조금 그렇다'와 '보통이다' 사이를 왔다 갔다 할 거고요. 만족도를 점수로 매긴다면…… 10점 만점에 5점?

사실 수업을 만족과 불만족이라는 단순한 척도로 나누는 건 세상 모든 사물의 빛깔을 흑백으로 나타내는 것과 같아요. 불가능한 것은 아니지만 그렇게 분류하면 본래의 색깔이 사라져버립니다. 좋음 또는 나쁨, 성공 또는 실패로 나누기에는 수업이 너무나 복합적인 성격을 띠고 있기 때문입니다.

개인적으로 기억에 남는 수업을 꺼내볼까 합니다. 4학년 친구들과 국어시간에 문장의 짜임을 배우고 나서, 짝꿍의 칭찬할 점을 적어보라고 한 적이 있어요. 누가 어떠하다, 어찌하다, 무엇이다, 세 종류의 서술어를 배웠으니 문장에 골고루 들어가면 좋겠다고 했죠. 물론 아이들은 듣자마자 서로 칭찬할 게 없다고 불평하거나, 토하는 시늉을 하면서 장난을 쳤지만요. 이러다가는 죽도 밥도 안 되겠다는 생각이 들어서 "선생님이 지금까지 잊지 못하는 칭찬이 있는데 말야……." 하면서 운을 뗐습니다. 그러자 아이들은 금방 눈을 반짝이며 예상 답안을 한 가지씩 던지더라고요.

"선생님, 최고다?"

"아니야. 선생님, 감사합니다, 일 거야."

"선생님, 예뻐요!"

"선생님, 너무 좋아요! 이거 맞죠?"

저마다 뿌듯한 얼굴로 외치는 모습이 귀여웠어요. 다른 친구들도 집중하기 시작했습니다. 저는 말했어요.

"다 틀렸어. 선생님이 초등학생이었을 때, 나를 너무 힘들게 하던 짝꿍이 있었거든. 맨날 선생님 머리 꽁지를 잡아당기면서 괴롭혀서, 울면서 일기장에 그 애가 너무 싫다고 쓴 적도 있었단다."

아이들이 이해한다는 눈빛으로 쿡쿡 웃었습니다. 손으로 머리를 잡고 빙빙 돌리는 시늉도 했죠.

"그런데 학급회의 시간에 그 아이가 갑자기 손을 들더니 '근하는 성격은 좀 더럽지만 친구를 잘 도와줍니다'라고 말하고 앉았어."

"성격이 더럽다고 했어요?"

"우리 홍 샘 성격 안 더러운데!"

아이들이 놀리더라고요.

"그래. 더럽다까지는 아니고, 아무튼 성격이 안 좋지만 친구를 잘 도와준다고 칭찬을 했었어. 선생님은 그 친구한테 평생 칭찬 들을 일이 없을 거라고 생각했는데 지금까지도 기억에 남더라."

"선생님, 그때 몇 학년이었는데요?"

"너희처럼 4학년이었지!"

선생님이 4학년이었을 때를 가늠해보느라 고개를 갸웃하는 학생들도 있고, 교실은 기분 좋은 소란으로 부산해졌습니다.

"그 친구랑 아직도 연락해요?"

"그 이후로는 오래전에 연락처가 없어져서 선생님도 그 친구가 어떻게 사는지 몰라. 하지만 얘들아, 어떤 말은 그 사람의 기억 속에 아주 오랫동안 저장될 수 있어. 지금 너희도 짝꿍에게 좋은 기억으로 남을 만한 칭찬을 해볼 수 있을까?"

아이들에게 추억팔이가 통했을까요? 쓰기를 싫어해서 맨날 도망다니던 재범이도, 하루 종일 친구들을 건드리고 다녀서 원성을 듣는 연우도, 자존심이 세서 오글거리는 말은 절대 못 하는 예지도, 또박또박 메모지에 짝꿍의 칭찬을 쓰더라고요. 자리 바꾼 날 짝꿍이 싫다고 울었던 지수까지도요. 정말 감동의 도가니였어요. 이렇게 친구를 멋지게 칭찬할 수 있는 우리 반 아이들 덕분에 선생님은 너무 감동했다, 하고 폭풍 칭찬을 해줬죠. 정말 만족했던 수업이었어요.

**정:** 제가 들어도 감동인데요. 적어도 선생님의 4학년 때 추억이 아이들의 쓰기 감성을 자극한 것은 분명해 보여요. 홍 샘의 대화법을 보면 4학년 친구들의 발달단계에 맞춰 잘 리드하고 있는 것을 알 수 있어요. 아마 종일 4학년 친구들과 함께 생활하며 아이들에게 어떻게 다가갈지 쉽게 깨달은 것 같아요. 특히 4학년은 3학년에 비해 '말이 통하는 단계'라고 이야기하잖아요. 그러니 아이들 모두 선생님의 추억 이야기에 쏙 빠져들어간 것 같아요. 물론 홍 샘이 4학년 친구들과 잘 소통하고 있다는 뜻이겠지요.

그런데 이렇게 매번 감성교육을 수업에 적용하기는 쉽지 않을 거예요. 더군다나 교과시간에 도달해야 할 성취기준을 고려한다면 아이들이 제대로 수행활동에 참여했는지 깊이 있게 성찰할 필요가 있어요. 그렇지 않나요?

**홍:** 우선 '문장을 써서 긍정적으로 상대와 소통할 수 있느냐'로 판단하면, 딩동댕~ 우리 반 학생들 모두 통과죠. 제가 만족스러웠던 부분이고요. 수업이 학생을 바꿨잖아요. 아이가 안 했거나 못했던 것을 성공해내면 그만큼 짜릿한 게 없죠. 이렇게 오랫동안 부채질을 해서 변화의 불씨를 키우다가 불이 확 번지는 모습을 목격하면 정말 뿌듯

해요.

물론 '학생이 문장의 종류 세 가지를 잘 구분할 수 있느냐'로 평가하면 수업은 실패에 가깝습니다. 수업 후에 수행평가를 봤을 때 '어떠하다'가 쓰인 문장과 '어찌하다'가 들어간 문장을 헷갈려서 섞어 쓰는 친구들이 많았거든요. 다시 알려줘야 했죠. 삐-. 이 부분은 불만족이네요.

제가 수업에 얼마나 만족하는지 곰곰 생각하며 제가 했던 수업을 곱씹어보는 동안 "선생님, 수업이 재미있으세요?"하고 질문을 받는다면, 답이 달라질 거라는 생각이 들었습니다. 정말 재미있어요. 똑같은 수업은 하나도 없어요. 반드시 어떨 거라는 보장도 없고요. '랜덤 뽑기' 같습니다.

**정:** 수업의 랜덤 뽑기? 홍 샘 표현이 참 재미있네요. 그런데 이렇게 수업이 들쑥날쑥한 이유가 어디에 있을까요? 사실 이미 수많은 연구자들이 우리와 비슷한 고민을  했답니다. 그중 교육심리학 교수인 게리 보리크(Gary D. Borich)가 소개한 '효과적인 수업과 직결되는 다섯 가지 핵심행동'을 주목해볼까요? 저는 『수업성숙도, 교사의 강점을 담다』라는 책에서 이 다섯 가지 핵심행동을 다양성, 명료성, 몰입성, 효과성 그리고 성공률로 구분하여 제시하였어요. 수업성숙도 핵심행동 척도의 의미를 다음의 표에서 간단히 살펴볼까요?

이런 수업성숙도 검사가 흥미로운 점은 교사 스스로 자신의 수업 능력 대비 수업실행의 정도를 가늠할 수 있다는 거예요. 그래프에서

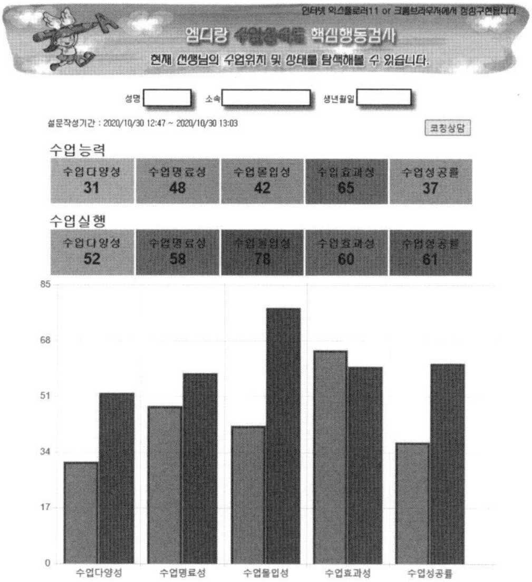


출처: 엠디랑 http://mdrang.net

| 핵심행동 | 척도의 의미 |
|---|---|
| 수업다양성 | 각양각색의 아이들을 수업에 참여시키기 위해 다양한 교수방법을 모색하여 적용하는 힘 |
| 수업명료성 | 수업의 내용을 단계적으로 구성하여 아이들이 이해하도록 쉽고 명확하게 전달하는 힘 |
| 수업몰입성 | 자신의 아이디어와 타인의 생각을 정반합의 변증법으로 흥미롭게 집중시키는 힘 |
| 수업효과성 | 아이들과 친밀한 상호작용을 통해 수업목표에 효과적으로 도달하도록 이끌어주는 힘 |
| 수업성공률 | 수업의 특징에 맞게 교사의 가르침을 학생의 배움으로 만족스럽게 연결시키는 정도 |

파랑색으로 표현된 수업능력은 아이들이 배움의 과정에 이르도록 창의적인 수업을 전개하는 교사의 내적 역량을 의미해요. 또 빨강색 부

분의 수업실행은 아이들이 성취기준에 도달하도록 실제 교실 수업에 나타나는 외적 역량을 뜻하고요.

**홍:** 그러고 보니 저도 좋은 수업을 판가름하는 기준이 사람마다 다르다고 느꼈어요. 지난번에 수석 선생님 안내로 해보았던 수업성숙도 검사를 다시 살펴봐야겠는데요.

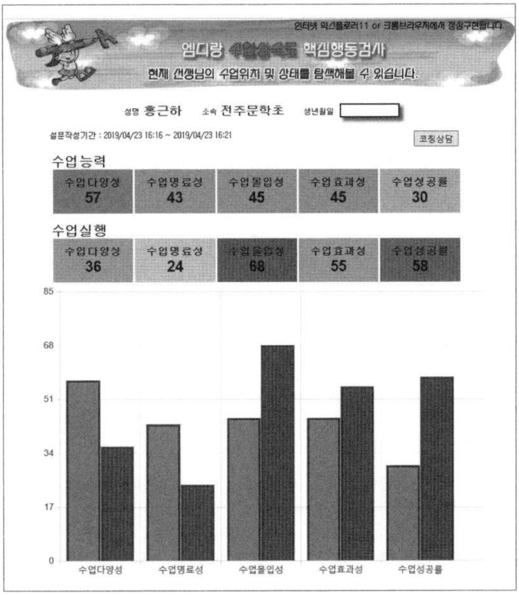


수업 성숙도 검사결과 그래프
출처: 엠디랑

저는 평소 다양한 방식으로 동기와 흥미를 유발하고 몰입을 이끌어내려고 애쓰는 편이었던 것 같아요. 그렇다 보니 신선한 방법으로 가르치고, 학생들을 몰입시켜 재미있기는 하지만 효과성이나 명료성은 부족하다는 생각이 듭니다. 학생들이 즐겁게 참여하면서도 성취해야 할 목표에 확실히 도달하도록 수업을 개선해야겠어요.

수업성숙도 그래프를 다시 살펴보니 참 재미있네요. 제 수업이 들쑥날쑥한 이유도 알 것 같고요.

**정:** 맞아요. 수업이 흥미로운 건 이렇게 선생님들마다 수업의 색깔이 모두 다르기 때문이 아닐까요? 모두가 자기 수업이 부족하다며 고민하지만, 학교 전체를 놓고 보면 다양한 수업이 전개되기에 그 수업을 받는 학생들 모두 신바람이 난답니다. 예를 들어 명료성과 효과성이 높은 학교에 다양성과 몰입성이 높은 선생님들이 함께 어우러지는 경우, 조화가 잘 이루어진다고 볼 수 있어요. 하지만 교사로서 성장하려는 교사 개인으로 볼 때에는 수업이 여전히 고민이지요.

그 수업 고민을 어떻게 도와주어야 할까요? 어떻게 하면 자기 수업의 위치와 상태를 직면하고 제대로 성찰과 협력을 할 수 있을까요? 그 방법 중 하나가 바로 이런 수업성숙도 검사에 참여하는 것이겠지요. 조금 더 구체적으로 알아볼까요? 최근에 홍 샘이 했던 수업 장면 하나만 소개해주실래요?

**홍:** 오늘은 예절을 공부하면서 연극을 해봤습니다.

도덕 교과서에서는 짧은 이야기를 읽고 판단해본 후 나라면 어떻게 할지를 쓰게 되어 있어요. 그런데 너무 뻔한 상황이라 재미가 없다는 생각이 들어서, 얼른 방식을 바꾸어보았습니다.

교실에서 "너희는 이런 일 없었니?" 하고 물으니 그런 일이 딱히 없었다고 하더라고요. "맨날 체육시간 끝나고 문 벌컥 열고 들어와 싸운 아이들은 누구였을까? 고자질하는 걸 내가 한두 번 본 게 아닌데……?" 했더니 아이들은 웃으며 순순히 인정했지요. 그래서 상황에 빠져들어 즉석에서 학생들과 대본을 쓰기 시작했지요.

"그때 선생님은 어떻게 하니?"

"한숨을 쉬고, 한 명씩 말해보라고 해요."

"맞네. 그다음에는 너희가 막 웅성대면서 자초지종을 말하지?"

"네 맞아요! 재랑 얘랑 피구하다가, 반칙했다고 싸웠어요. 제가 봤는데 금을 밟았는데 안 나갔어요. 막 이렇게요!"

곧바로 아이들이 재잘대기 시작했어요. 즉석에서 손을 든 친구들의 대사를 받아 적어 대본을 완성하고 연극을 시작했죠. 매일 봤던 익숙한 장면이 눈앞에 그대로 펼쳐지니 다들 웃더라고요. 선생님 역할을 맡은 친구는 귀가 아프다며, 선생님 너무 힘들겠다고 제 고충에 공감하기도 했고요. 그리고 관객이었던 학생들에게 "내가 감독이라면 해피엔딩을 만들기 위해 어떻게 할지 생각해보자"고 했죠. "잠깐!"을 외치고, 주문을 하는 거예요. 앉아 있던 친구들이 감독이 되어 포즈와 대사를 바꾸면서 학생들의 몰입도도 높아졌습니다.

마무리가 그리 잘 되지는 않았어요. 학생들이 즐겁게 상황극을 하느라 시간이 다 갔고, 종이 쳐서 저는 마지막 학습목표를 강조할 타이밍을 놓쳐버렸죠. 쉬는 시간으로 넘어가 엉덩이를 떼는 아이들에게 급하게 "그러니까 예절을 잘 지켜야겠지? 그게 중요한 거야!" 하고 외치고 끝났으니까요.

상황극에서 선생님 역할을 맡은 아이에게로 달려오는 아이들

**정:** 그랬군요. 사실 전투적으로 엉덩이를 떼는 아이들이 바로 다양성이 높은 친구들이랍니다. 이런 친구들에게 상황극은 정말 재미있는 수업도구였을 거예요. 그런가 하면 홍 샘의 수업성숙도가 말해주듯이 학생들에게 호기심을 자극해서 수업에 쏙 빨려들도록 만들었을 것 같아요. 그게 바로 수업몰입성으로 드러난 것 같고요. 수업능력의 수업다양성 척도가 높은 것을 보면 오히려 홍 샘과 다양성이 높은 친구들이 기질적으로 더 잘 어울리는 것 같아요. 다만 수업명료성 척도는 한 번 정도 성찰해보면 좋을 것 같아요. 신나게 아이들과 호흡하는 수업에 몰입하다 보면 수업의 체계성과 질서가 다소 무너지기도 하잖아요. 호기심과 동기유발은 성공했는데, 마지막 정리가 약해지는 경우가 생기는 거죠. 모든 경우의 수를 한 번에 다 만족하기란 의외로 쉽지 않으니까요. 차차 좋은 수업을 만들어가려는 도전의식이 더 값져

보입니다.

**홍:** 그런 것 같네요. 제가 만약 도덕책을 읽고, 정해진 물음을 던지고, 어떻게 할지 써보라고 했으면 학생들은 집중하지 않고 방황하거나 뻔한 답을 내놓았겠지요. 저 또한 '몇 명은 썼으니 이 정도면 되겠지.' 하는 생각으로 양심의 가책을 덜고, 죽어버린 수업에 면죄부를 받았을 테고요.

하고 나서 뿌듯할 정도의 수업은 사실 손에 꼽습니다. '2퍼센트 부족하네?' 정도의 수업이면 그것만으로도 다행이죠.

저는 살아있는 수업, 학생의 삶에 파고들 수 있는 수업에 만점을 주고 싶어요. 아직 멀었지만, 천천히 점수를 높여갈 수 있을 거라 생각합니다.

케이스 스토리 10

## 학부모와 학생은 얼마나 만족합니까?

**홍:** 수업의 만족도를 어떻게 판단해야 할까요. 활동중심 수업 후에 학생들이 쓴 글을 들여다보면 70퍼센트의 학생들은 '힘들었지만 재밌었다. 배운 것이 많았다.'고 답하고, 나머지 30퍼센트의 학생들은 '너무 좋다, 또 하고 싶다, 재미없었다, 싫다, 어려웠다.'는 등 다양한 반응을 보였습니다.

5학년 학생들을 지도하면서 기상현상을 배운 뒤 모둠별로 날씨뉴스를 방송하는 활동을 했던 것이 기억에 남아요. 머리를 맞대고 헤드라인을 구상하고, 날씨의 특성에 맞게끔 우비와 우산, 물뿌리개, 눈 스프레이 등을 가져오며 열정적으로 준비하는 학생들의 모습이 보였죠. 말하지 않았는데도 스스로 열심히 준비하고, 배우는 과정 자체를 신나게 즐기는 모습이 참 좋았어요.

또 학생들이 즐겁게 참여하는 수업의 경우 부모님들의 만족도도 높았습니다. 부모님들께서 학생의 이야기를 듣고 수업에 관심을 갖고 궁금해하실 때나 학습 후 아이의 변화된 모습을 말씀해주실 때, 가장

모둠별 날씨뉴스 활동 모습

기분이 좋고 보람차지요. 누구보다 아이의 성장을 바라는 분들이지만 사실 학교생활을 가장 모르는 분이기도 하니까요. 평소에는 학교 이야기를 전혀 하지 않던 아이가 공부시간에 뭘 배웠는지, 무슨 일이 있었는지 집에 와 이야기하기 시작해서 신기하다고 말씀하신 경우도 있었어요. 삶과 직접 연결되고 학생에게 의미 있는 배움은 가정에까지 긍정적인 영향을 준다는 것을 여러 번 느끼게 됩니다.

**정:** 수업성숙도 그래프를 보면 자기 수업의 만족도가 수업성공률로 표현되는 것을 알 수 있습니다. 마찬가지로 학생이 응답하는 학습성숙도에는 학습성공률을 통해 자기 학습의 만족도를 가늠할 수 있습니다. 문제는 수업성공률과 학습성공률의 일치율이 낮을 때입니다. 즉 교사의 가르침이 학생의 배움으로 연결되지 못하고 수업 속 동일한 공간에서 서로 만나지 못하고 따로 떨어져 있는 상태입니다. 이 경우 교사와 학생은 물론이고, 가정에서 이를 지켜보는 학부모까지 무언가 막혀 있는 답답한 상태에 빠지게 됩니다. 이런 수업에는 상처와 스트레스가 쌓여갈 수밖에 없고요. 만일 그런 상황이라면 도움이 절실하지요.

조금 더 자세히 살펴볼까요? 다음 A교사의 수업성숙도를 한번 살펴보세요. 수업효과성의 수업능력에 비해 수업실행이 현저히 떨어지는 것을 확인할 수 있어요. 수업효과성은 학생들과 상호작용을 통해 관계를 회복하는 힘으로 잘 드러난답니다. 그런데 실행이 전혀 안 되는 것으로 보아 현재 학생들과의 관계 형성에 문제가 있어 보여요. 수업성공률도 무척 낮은 상태이고요.

한편 B학생의 학습성숙도를 살펴보면, 이 학생은 학습실행 측면에서 학습다양성, 학습몰입성, 학습효과성의 자기 색깔을 뚜렷하게 드러내고 있어요. 하지만 그런 뚜렷한 캐릭터에 비해 학습성공률이 무너져 있어 무언가 불만족 상태인 것을 알 수 있습니다. 대표적으로 학습명료성과 학습효과성에서 학습능력과 학습실행이 불균형을 이루고 있는 모습이 보이네요.

구체적인 이유를 알려면 A선생님과 B학생의 이야기를 면밀히 들어봐야겠지만, 우선 선생님의 상호작용 방법이 학생과 어긋나 있는 것을 짐작할 수 있습니다. 이러니 전체적인 성공률에 있어서 서로가 불만족 상황에 빠져 있는 것이 아닌가 싶어요. 즉, 상호작용에 대한 서로의 눈높이가 다른 것 같아요.

그러면 어떻게 그 눈높이를 맞춰갈 수 있을까요? 물론 상황과 맥락을 정확히 살펴봐야 되겠지만, 우선은 학생이 현재 시도하려는 도

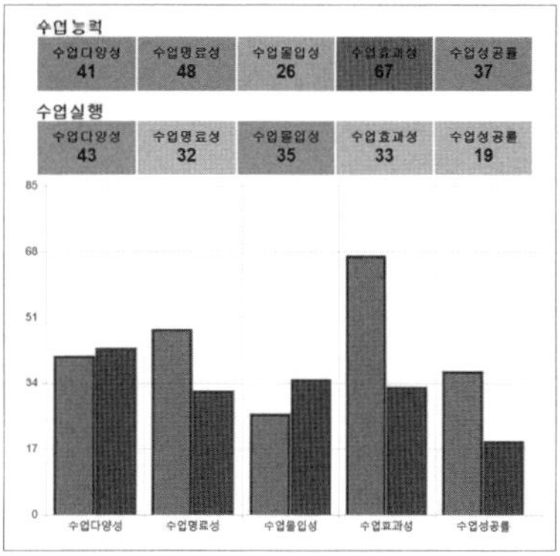


A교사의 수업성숙도

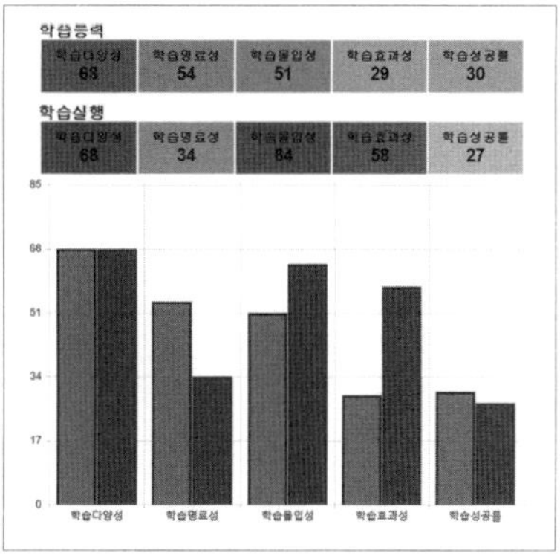


B학생의 학습성숙도

전이 어떤 방향을 향해 있는지 살펴보면 좋겠어요. 그나마 B학생의 경우 학습효과성의 학습실행이 높이 올라온 것으로 보아 친구관계 형성을 위해 상당히 많은 공을 들이고 있는 것 같아요. 이 부분을 교사가 읽어주고 지도한다면 상황이 조금씩 개선될 수 있을 것입니다.

**홍:** 수석 선생님 말씀을 듣고 보니 학생의 불만족 상태를 개선하기 위해서는 학생의 상황과 맥락을 긴밀하게 살펴볼 필요가 있다는 생각이 드네요. 평소에 학생들의 수업 만족도는 대부분 다음의 세 글자로 알 수 있습니다.

"또.해.요."

아이들은 저보다 훨씬 더 직관적으로 수업을 느낀다는 생각이 들어요. 답이 간단하죠. Yes or No. 재미있는 수업과 재미없는 수업. 또 하고 싶은 수업과 그냥 하니까 듣는 수업.

작년 겨울에 학생들에게 평가지를 나눠주었습니다. 1년간 배우면서 어떤 활동이 제일 재미있고 기억에 남았는지를 적어내는 선생님 평가지였죠. 많은 친구들이 한 달여에 걸쳐 진행했던 경제 프로젝트 학습을 적어냈고, 창체시간에 했던 죽음체험이나 공동체 놀이, 실과시간의 음식 만들기나 물총 놀이, 눈싸움을 썼습니다. 교사로서 받아 든 연말 성적표는 나름대로 흐뭇한 느낌과 함께 뿌듯한 기억으로 남아 있습니다.

그런데 그 이상으로는 자세하게 물어본 적이 없었어요. 당장 수업이라는 난관을 어떻게 헤쳐나갈지에 신경을 쓰느라, 정작 학생들이 바라는 수업에는 귀 기울이지 못했습니다. 재밌다고 하면 잘하고 있구나, 괜찮구나 싶고, 아이들이 동태 눈이 되거나 집중하지 못하면 '얘들이 왜 이러나, 뭘 잘못 먹었나' 하고 넘겨짚었죠.

우리 학생들은 어떤 수업을 원할까요? 그들의 목소리를 어떻게 해야 잘 들을 수 있을까요? 무엇보다 지금 제가 이들과 아름다운 화음을 만들고 있는 게 맞을까요?

**정:** 적어도 불협화음이 아니라는 것은 홍 샘도 느낄 거예요. 아니, 제가 보기에는 정말 멋진 하모니가 만들어지고 있답니다.

이 사진 기억나시죠? 일단 아이들의 눈빛이 살아 있잖아요. 아마도 이 친구들은 이때의 추억을 절대 잊지 못할 거예요.

처음 저와 함께 경제 프로젝트에 대해 이야기하던 때가 생각나네요. 저 역시 이렇게 큰 프로젝트를 과연 홍 샘이 소화할 수 있을지 걱

경제 프로젝트 활동을 하는 아이들

정이 많았답니다. 함께했던 동학년 선생님들도 아무래도 학급에 당장 적용하기는 시기상조라고 하면서 한 분씩 포기하셨잖아요. 그땐 저도 정말 포기하고 싶었어요. 학급담임 경험이 부족한 홍 샘이 과연 감당할 수 있을지 솔직히 확신이 없었거든요. 아마 처음 수업협의회 때 홍 샘이 힘들 것 같다고 했으면 저 역시 그냥 손을 놓아버렸을지도 몰라요. 하지만 홍 샘은 "그래도 한번 해보죠!"라며 도전했었지요. 앞으로 어떻게 전개될지도 모르는데, 저를 의지하고 따라오는 홍 샘에게 얼마나 감사했는지 모른답니다.

학생들의 목소리를 어떻게 해야 잘 들을 수 있느냐고요? 당연히 친구들의 목소리에 귀를 기울여야만 잘 들을 수 있겠지요. 하지만 마음을 사로잡는 경청의 힘은 어떤 전략이나 기술에서 오지는 않는 것 같아요. 오히려 그런 화려한 테크닉보다는 학생들 무리에 직접 들어가 함께 고민하고 부딪혀보며 실수와 실패를 통해서 더 많은 것을 배울 수 있는 것 같습니다. 아이들도 그걸 알기에, 때론 힘들고 귀찮아도 끝까지 선생님을 따라 자기만의 작품을 완성할 수 있었던 것 같고요.

**홍:** 그럴 줄 알고 제가 사진을 열심히 찍어두었어요. 그때의 자료를 다시 읽어보니 프로젝트 활동을 진행하는 1분 1초가 얼마나 숨 가쁘게 돌아갔었는지 생생하게 기억나네요. 저 스스로도 참 고민이 많았죠. 수석 선생님 앞에서는 호언장담하면서 자신감을 보였지만, 막상 교실에서 갈등하고 혼란스러워하는 아이들의 모습을 볼 때마다 '내가 쉽고 분명한 길을 두고 괜히 가시밭길을 자초하고 있지는 않나, 이

게 과연 아이들한테 의미가 있기는 할까' 하고 매일 머리를 싸맬 수밖에 없었어요.

그런데 아이들은 매 순간 제게 답을 주더라고요. 원하는 기업에 취업이 안 되어 좌절했다는 아이, 너무 지원자가 많아서 누굴 뽑아야 할지 고민된다는 아이, 다른 사람과 함께 일하는 건 정말 힘들다는 아이, 처음에는 성과가 낮았다가 하나로 뭉쳐서 좋은 결과를 내게 되어 뿌듯하다는 아이……. 그런 아이들의 모습이 실시간으로 전달되는 수

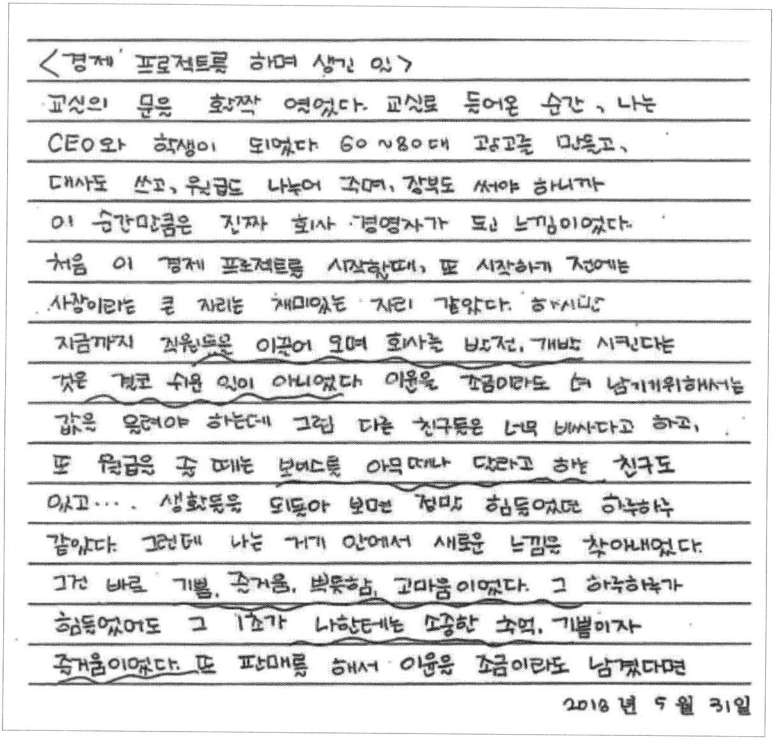
<경제 프로젝트를 하며 생긴 일>
교실의 문을 활짝 열었다. 교실로 들어온 순간, 나는
CEO와 학생이 되었다 60~80대 광고를 만들고,
대사도 쓰고, 월급도 나눠 주며, 장부도 써야 하니까
이 순간만큼은 진짜 회사 경영자가 된 느낌이었다.
처음 이 경제 프로젝트를 시작할때, 또 시작하기 전에는
사장이라는 큰 자리는 재미있는 자리 같았다. 하지만
지금까지 직원들을 이끌어 오며 회사를 발전, 개발 시킨다는
것은 결코 쉬운 일이 아니었다 이윤을 조금이라도 더 남기기위해서는
값을 올려야 하는데 그럼 다른 친구들은 너무 비싸다고 하고,
또 월급을 줄 때는 보너스를 아무때나 달라고 하는 친구도
있고…. 생활들을 되돌아 보면 정말 힘들었던 하루하루
같았다. 그런데 나는 거기 안에서 새로운 느낌을 찾아내었다.
그건 바로 기쁨, 즐거움, 뿌듯함, 고마움이었다. 그 하루하루가
힘들었어도 그 1초가 나한테는 소중한 추억, 기쁨이자
즐거움이었다. 또 판매를 해서 이윤을 조금이라도 남겼다면
2018년 5월 31일

경제 프로젝트를 하면서 일어난 일 실감나게 쓰기

업성적표나 마찬가지였죠. 모든 활동을 마치고 주제 글쓰기를 통해 소감을 읽어본 순간, '아, 이 아이들은 사회 3단원을 세상 어떤 5학년보다 더 생생하게 배웠겠구나!' 하는 생각이 들었어요. 또 교사가 배움의 과정을 따라가면서 피드백을 받는 것도 학생에게 적절한 피드백을 주는 것 못지않게 중요하다는 걸 깨닫게 됐습니다.

## 프로젝트 활동 후 학생들의 소감

**지○:** 의견이 같은 때도 있고, 아닌 때도 있다. 그러면서 회사를 꾸리고 친구들과 같이 탑 꼭대기 위로 올라가는 것처럼, 나와 동료들은 한 칸씩 조심조심 걸어가는 것 같다.

**현○:** 나는 우리 기업이 존중하는 마음을 길러야겠다고 생각했다. 또 등수가 중요한 게 아니라 협동심이 중요하다고 생각한다.

**무○:** 우리가 가발회사를 할 때, 가볍다고 (광고를) 했다. 그런데 영*가 "바람이 조금만 불어도 가발이 날아가면 어떡해?" 하고 물어봐서 너무 웃겼다. 결국 우리는 가발이 조금 달라붙는다는 것으로 마무리지었다.

**채○:** 실제로 회사에 들어가기 위해 쓰는 이력서와 자기소개서는 매우 까다로울 것 같다. 광고지와 간판을 만드는 데 생각보다 많은 시간이 걸렸다. 이 광고지를 보고 다른 친구들이 우리 회사의 제품을 많이 사주었으면 좋겠다.

**연○:** 오늘은 회사를 세우는 날이다. 이름은 '대한식품'이다. 역시 식품

# 사회과 교수.학습 과정안

<table>
<tr><td>일 시</td><td>2018.6.5.3교시</td><td>대상</td><td>5학년</td><td>수업자</td><td>홍근하</td></tr>
<tr><td>주 제</td><td>우리나라 산업 발달 과정</td><td>교과서</td><td colspan="3">사회 5-1 3단원. 우리 경제의 성장과 발전</td></tr>
<tr><td>단 원<br>개 관</td><td colspan="5">이 단원은 우리 경제의 성장과 발전을 다루고 있다. 긴 흐름으로 '경제'라는 복합적 주제를 다루는 만큼 활동을 중심으로 한 프로젝트 학습이 적합하다고 판단하여 5차시에 걸친 학습활동을 계획하였다. 이 단원에서 학생들은 회사를 설립·경영하고, 직접 경제주체가 되어 회사를 발전시키며, 우리 경제의 특징인 '자유와 경쟁'의 의미를 깨닫게 된다. 또한 시대에 적합한 산업을 선택하고, 다른 회사와 경쟁하며 이윤을 얻으며 산업 발달의 과정을 자연스럽게 배울 수 있다. 후시 학습에서는 직접 활동하며 나타난 경제 성장과정에서의 문제점을 정리하며, 더 나은 경제 성장의 방향을 모색하는 것을 목표로 하였다.</td></tr>
<tr><td>학 습<br>목 표</td><td colspan="5">우리나라 산업발달 과정에 대해 안다.</td></tr>
<tr><td rowspan="5">단원의<br>구성</td><td>차시</td><td colspan="4">주제 및 내용</td></tr>
<tr><td>1~2</td><td colspan="4">- 회사 설립 및 노동 계약하기</td></tr>
<tr><td>3</td><td colspan="4">- 60-70년대 산업발달 과정 및 경제활동 체험하기</td></tr>
<tr><td>4</td><td colspan="4">- 80-90년대 산업발달 과정 및 경제활동 체험하기</td></tr>
<tr><td>5(본시)</td><td colspan="4">- 2000년대 이후 미래 산업 소개하기</td></tr>
<tr><td rowspan="6">수업<br>흐름</td><td colspan="3">내 용</td><td colspan="2">활동형태</td></tr>
<tr><td>전시학습 상기: 우리 경제의 특징<br>동기유발: 투자자 소개</td><td colspan="2">▷ 우리 경제를 설명할 수 있는 두 가지 키워드 되새기기<br>▷ 해외 투자자를 대상으로 미래 산업발표 준비하기</td><td colspan="2">전체</td></tr>
<tr><td>[활동1] 1분 인터뷰</td><td colspan="2">▷ 회사의 발자취와 연혁 소개하기<br>- 회사의 대표 역할을 맡은 사업주들이 나와 회사의 역사를 간단히 소개한다.<br>- 회사의 발전과정을 통해 우리나라 산업발달과정을 살펴본다.</td><td colspan="2">모둠</td></tr>
<tr><td>[활동2] 투자 설명회</td><td colspan="2">▷ 미래 산업 설명하기<br>- 해외 투자자(부모님)을 대상으로 회사의 미래 산업을 설명한다.<br>- 미래에 어떤 제품을 만들어 세계 시장을 공략할 것인지 사업 전략을 소개하며 투자자들을 설득한다.<br>- 투자자(부모님)들은 기업의 소개를 듣고, 투자하고 싶은 기업에 투표한다.</td><td colspan="2">모둠</td></tr>
<tr><td>[활동3] 우리나라 산업발달과정</td><td colspan="2">▷ 핵심내용 정리하기 및 소감 발표<br>- 그림을 보며 우리나라 산업발달과정을 정리한다.<br>- 떠오르는 미래 산업을 이야기한다.</td><td colspan="2">전체</td></tr>
<tr><td>차시예고: 산업발달 과정에서의 문제점</td><td colspan="2">▷ 차시예고<br>- 경제발전과정에서 어떤 문제점이 있는지 알아본다.</td><td colspan="2">전체</td></tr>
<tr><td>수업자<br>의도</td><td colspan="5">이 차시는 경제 프로젝트 학습의 마지막 차시이다. 먼저 학생들은 우리나라의 시장경제 체제 하에서 사업주와 노동자가 되어 고용계약을 맺고 회사를 설립한다. 다음으로, 토의와 자료 조사를 통해 시대의 흐름에 맞는 업종을 선택하고, 제품을 개발·홍보하며, 크게 1960, 70-80년대, 90년대-현재의 세 단계를 거쳐 회사를 성장시키는 것을 목표로 한다. 이 과정에서 경제 주체로서 경제활동을 간접 체험하며, 기업윤리와 노동자의 권리, 우리 경제의 특징을 알 수 있다.<br>본 수업에서는 투자자들을 대상으로 한 기업 박람회를 모티브로 하며, 각 회사가 새로운 제품을 소개하게 된다. 학생들은 회사가 어떻게 시작되어 성장해왔는지를 알리며, 환경과 시대에 따라 산업의 형태가 어떻게 발전해왔는지를 정리할 수 있다. 또 미래 산업을 예측하고 홍보할 수 있다.<br>무엇보다도 직접 참여하는 활동 중심의 수업으로 경제를 즐겁게 공부하도록 하는 데 수업의 초점을 맞추었다. 또한 이 프로젝트는 경제발전과정에서의 문제점과 해결책에 연계하여 지도할 수 있다.</td></tr>
</table>

학습과정안 예시

인지 사람이 많이 모였다. 물론 경쟁회사인 국미 식품도 많이 모였다. 그래서 누굴 뽑을지 결정하기 어려웠다.

**태○:** 나는 처음에 식품회사의 광고부에 들어가려고 했다. 하지만 남녀의 수가 맞지 않았다. 그래서 남자 한 명이 나가야 했다. 내 발로 포기한 것이지만 뭔가 슬프고 안타까웠다. 그렇게 나는 시멘트 회사에 취직하게 되었다. 처음에는 아이디어 내는 것이 어려웠지만 계속하니 즐거웠다. 일이 끝나고 월급을 받아 기분이 좋았다. 잘했다며 사장님이 보너스로 한 장을 더 주었다. 기분이 매우 좋았다.

**수○:** 나는 평화 시멘트 광고지 만드는 부다. 개인적으로 디자인 같은 것을 잘할 자신이 있기 때문이다. 그런데 우리 회사는 네 일, 내 일 상관없이 협동해서 일을 한다. 그게 내가 이 회사를 좋아하는 이유다. 가끔씩 쉬는 시간이나 점심시간에 하는 회의도 재미있다. 학급회의는 약간 어려운데, 회사 회의는 내 의견도 자유롭게 내고 친구들하고 개인적으로 회의하는 것은 재미있다. 나는 이 활동이 무지 재미있다. 마치 직업체험센터에서 사회생활을 하는 것 같다. 그리고 내가 직장생활을 하고 있다는 사실이 뿌듯하다.

**정:** 그래도 마음을 사로잡는 경청의 힘을 조금 더 깊이 있게 고민해보려면 이 책을 읽어보면 좋겠어요. 세계적인 커뮤니케이션 전문가 키티 왓슨과 래리 바커가 쓴 책인데요. 인간이 네 가지 듣기 유형을 갖고 있으며 '말을 하는 입이 아니라 말을 듣는 귀'가 모든 대화의 성패를 좌우한다는 사실을 밝힌 책이랍니다. 특히 일반적으로 대부분의

사람들이 행동지향, 시간중심, 내용선호, 관계집착이라는 네 가지 유형을 보여준다는 듣기성향 이론은 교실에서도 한번 적용해볼 만해요.

듣기성향 이론은 제가 앞에서 설명한 '수업성숙도'와 아주 밀접한 관련이 있어요. 예를 들어 수업다양성이 높은 선생님은 듣기성향에서 행동을 지향하는 특징을 보인답니다. 일단 행동으로 옮기려는 탐험형의 모습이 많이 보이기 때문이에요. 당연히 수업에서도 본인이 옳다고 판단이 서면 직접 행동으로 옮기고 실천하려는 경향이 뚜렷하게 나타나지요. 그런가 하면 수업명료성이 높은 선생님은 듣기성향에서 시간중심의 모습을 많이 보여요. 왜냐하면 수업명료성이 높으면 정해진 목표에 체계적으로 접근하려는 관리형의 특징을 보이기 때문이에요. 실제 교실 수업을 진행할 때에도 사전에 충분히 계획을 세워 접근하는 준비된 수업을 선호하는 편이랍니다. 듣기성향 이론을 수업성숙도와 관련지어 성찰해보니 재미있지요?

또 있어요. 수업몰입성이 높은 선생님은 듣기성향에서 자신이 집중하고 있는 특정 분야를 중심으로만 경청하곤 합니다. 너무 한 분야에만 몰입하다 보니 세상만사가 자신이 선호하는 특정 내용과 잘 연결이 된다고 생각하기 때문이에요. 자연스럽게 자신이 이미 잘 알고 있는 내용을 변론가처럼 조리 있게 설명하는 전문가다운 모습을 많이 보여요. 뿐만 아니라 수업효과

『마음을 사로잡는 경청의 힘』
(래리 바커, 키티 왓슨 | 이아소)

성이 높은 선생님은 듣기성향에서 관계에 집착하는 모습을 많이 보이게 됩니다. 왜냐하면 수업효과성이 높으면 경청의 목적도 궁극적으로 타인을 배려하고 존중하는 데 있다고 생각하기 때문이에요. 이 경우 수업 역시 조금 여유 있게 가더라도 관계맺기를 충분히 이룬 다음 학습목표를 성취하는 것이 더욱 안정적인 접근 방법이라고 생각합니다.

그러면, 이제 홍 샘만의 마음을 사로잡는 경청의 힘을 발휘해보세요.

**홍:** 경청을 말씀하시니 저는 『말센스』라는 책이 떠올라요. 제대로 말하는 법을 담은 책인데, 저자의 말센스 비법 중 하나가 '선생님이 되

『말센스』 (셀레스트 헤들리 | 스몰빅라이프)

려고 하지 말아라!'였거든요. 내용을 안 읽어도 무슨 뜻인지 대강 짐작이 가서 제목을 보고 쿡쿡 웃었죠.

좋은 수업은 경청과 닮아 있는 것 같아요. 저도 욕심을 내려놓고 학생들의 이야기에 조금 더 귀를 기울여봐야겠습니다.

# 2 수업유형: 교사의 지도방식 vs 학생의 학습방식

케이스 스토리 11

## 선생님은 어떤 지도방식을 선호합니까?

**홍:** 교사들의 불치병, 지도서 의존증을 아시나요? 교과서와 지도서를 성역으로 여기며 진도를 신성시하는 것이 주요 증세입니다. 저는 좀 반항적인 타입이라 교과서가 재미없으면 과감하게 생략하고, 학습지나 활동에 집착하는 편이었어요. 그러면서도 '교과서가 중요한데 이렇게 내 마음대로 해도 되나?' 하는 걱정이 들었죠. 처음에는 멋모르고 가르쳤는데 점점 더 괴리감이 커졌고요. 지금은 과목이나 내용에 따라 교과서의 활용도를 조절하며 지도하고 있습니다.

기본적인 학습 방침은 크게 두 가지예요. 먼저 직접교수법으로 교과서와 공책 정리를 강조하면서 연습시키고, 재구성을 통해 재미있게 가르칠 수 있는 부분은 학생중심, 활동중심의 수업으로 꾸려가고 있습니다.

**정:** 누구나 자기만의 수업습관을 가지고 있습니다. 수업습관이란 교실에서 자동화된 수업행동을 의미합니다. 그런데 한번 형성된 수업습관을 바꾸기란 여간 어려운 일이 아니에요. 그럼에도 새로운 수업습관을 들이기 위해 도전하는 선생님들이 상당히 많이 계시답니다. 그야말로 아널드 토인비가 말한 "도전과 응전의 역사"이지요.

무슨 말이냐고요? 잘 생각해보세요. 특히 교실에서 수업을 제대로 하려고 하면 끊임없이 문제에 봉착하잖아요. 어찌되었든 아널드 토인비의 역사관처럼 교사의 수업성장도 결국 도전과 응전에 어떻게 대응하느냐에 따라 그 운명이 갈리게 되거든요.

너무 거창하게 이야기했나요? 아무튼 새로운 수업도전은 주위를 환기시키고 수업에 참여하는 아이들에게 활력을 불어넣지요. 하지만 준비가 덜 되었거나 교실 상황에 맞지 않는 수업도전은 오히려 새로운 수업습관을 형성하는 데 방해가 됩니다. 자기만의 멋진 수업 스타일을 가져야 하겠지만, 자기 능력과 교실 상황에 맞는 적절한 수업도전을 하고 있는지 성찰하는 것이 중요합니다.

**홍:** 맞아요, 교실에서의 매일은 그야말로 도전이에요. 얼마 전 학습유형 검사를 했는데, 저를 이해하는 데 참 도움이 되더군요. 이 검

사에서는 행동, 규범, 탐구, 이상이라는 네 가지 기준을 바탕으로 성격을 14개의 유형으로 분류합니다.

저는 이상 점수가 가장 높았고, 규범과 행동 부문에서도 높은 수치가 나왔어요. 한마디로 이타적이고 돕기를 좋아하면서, 리더십으로 다른 이들과 함께하는 것이 이상형의 특징입니다. 거기에 열정과 활발함, 도전적인 행동형의 특성과 합의된 규칙을 존중하고 질서를 지키는 규범형의 특성이 섞여 있지요.

신기한 점은 저의 이런 성향이 수업에도 그대로 반영된다는 거였어요. 저는 기본적으로 아이들이 움직이고 소리를 내는 데에 큰 거부감이 없어요. 활동이나 게임, 연극적인 요소를 넣은 수업을 즐겨 하지요. 거기다가 혼자 하는 것보다는 여럿이서 힘을 합쳐서 함께하는 모습을 보는 게 너무 좋아요. 사회가 변화하고 나은 모습으로 발전하기를 원하니, 수업 내용에 곁가지를 뻗어 곧잘 설교 아닌 설교를 하기도 하고요.

예를 들어 국어시간에 인물의 삶을 그려낸 전기문에 대해 학습하는 수업이 있다고 합시다.

헬렌 켈러의 전기문을 그냥 읽히는 건 선호하지 않아요. 글을 읽고 힘을 합쳐 헬렌 켈러의 본받을 점을 써내도록 하지요. 모둠별로 1번부터 4번까지 순서를 정한 다음, 함께 이야기한 답안을 번호대로 나와서 릴레이로 쓰는 거예요. 개인별 참여와 협동학습의 모델이 함께 적용되어 있는 활동이죠. 위대한 인물들은 반드시 고난과 어려움을 겪으며 그것을 극복하고, 결국에는 다른 사람을 돕는 삶을 택한다, 우리도 어떻게 살지를 늘 생각해야 한다고 이야기했죠. 헬렌 켈러라는 위인 뒤의 설리번 선생님에 대해서도 말했고요.

신기한 건 수업에 교사가 묻어난다는 점이에요. 같은 내용이어도 그려내는 방식이 다르고, 그것이 일관된 수업습관으로 형성됩니다. 그러한 습관이 곧 교사를 보여주지요. 학생들과 함께 쓰는 자기소개서 같은 느낌이기도 하고요. 그래서 '나는 어떤 인간인가'를 알면 '나는 어떻게 수업을 하는가'가 보이고, 그다음 단계를 구체적으로 생각할 수 있는 것 같아요.

**정:** 홍 샘의 학습유형을 제대로 성찰했군요. 학습유형 검사는 말 그대로 학습자로서의 내 모습이 어떠했는지 되돌아보는 검사랍니다. 아마도 학습자로서의 홍 샘은 이상과 규범, 행동까지 실행하는 도전적인 학생이었을 것 같아요. 홍 샘이 말한 것처럼 그런 모습이 다분히 보입니다.

하지만 지금은 선생님이 되었잖아요. 학생 때에 비해 지금은 훨씬 더 성숙한 입장에서 교사로서의 페르소나를 쓰고 있지요. 언제 페르소나를 썼냐고요? 누구나 교사가 되면서 나에게 없던 페르소나를 쓴답니다. 물론 본래 자신이 가지고 있던 기질대로 학생들 앞에 서 있는 선생님도 계시지만, 대부분의 선생님들은 교사로서 보다 성숙된 페르소나를 찾아요. 그런 도전이 있기에 교사 역시 조금씩 성장해가는 것이겠죠. 특히 홍 샘은 수업시간에는 학습유형 검사에서 드러나지 않았던 탐구활동을 더 노력하고 있는 것 같아요. 이건 지난번에 홍 샘이 했던 수업성숙도 검사에서도 보였던 모습입니다. 수업몰입성의 수업 능력에 비해 수업실행이 꽤 높이 치솟아 있었지요? 그러니 헬렌 켈러의 전기문을 그냥 읽히기보다 본받을 점을 찾아 더 몰입할 수 있도록 이끌어가는 것 같아요. 거기에 홍 샘의 강점인 이상형 기질도 있으니, 설리번 선생님의 가르침을 연결하는 수업효과성까지 잘 드러나고 있습니다. 어쨌든, 홍 샘이 가지고 있는 본래 기질을 넘어 수업성숙도를 높이려는 모습이 얼마나 보기 좋은지 모릅니다. 계속 정진하세요. 저도 옆에서 함께 도와줄게요.

케이스 스토리 12

## 학생들은 어떤 학습방식을 선호합니까?

**홍:** 제가 처음 만난 학생들은 이미 학원에서 선행학습을 하며 흥미가 다소 저하된 상태였습니다. 말을 꺼내면 이미 안다는 얼굴을 하지만 막상 뜯어보면 제대로 알지는 못하는 친구들이 많았어요. 또 글을 읽고 쓰는 것보다 영상을 듣고 보는 것에 익숙한 세대라 영상자료에 집중도가 높았죠. 같은 맥락으로 수수께끼, 퀴즈나 퍼즐을 푸는 것, 친구들과 같이 하는 것, 게임을 통해 익히는 것을 좋아하는 학생들이 많았어요. 대부분의 초등학생들이 그렇듯 경험을 나누며 자기 이야기를 하거나 학습내용을 실생활과 관련지을 때 몰입하는 모습이 많이 보였죠.

어린 학생들이 읽고, 쓰고, 듣고, 말하는 것에 미숙할 수밖에 없는 것은 당연하지만, 학습에서의 빈익빈 부익부 현상이 요즘에는 더 적나라하게 드러난다고 생각합니다. 세상을 입체적으로 경험하는 3D 세대, 정보는 풍부하지만 지혜는 빈곤한 세대라는 모순적인 말로 요약할 수 있겠네요.

**정:** 태어날 때부터 각종 디지털 기기에 노출된 요즘 아이들을 보면 분명 우리 때와 다릅니다. 하지만 탐험형, 관리형, 분석형, 외교형의 네 기질로 유형을 분류해보면 학생들에 대한 이해도 조금 더 쉬워집니다. 학습방법 역시 조금 더 단순하게 학습다양성, 학습명료성, 학습몰입성, 학습효과성이 어느 정도인지 구분하는 것으로부터 시작할 수 있어요. 물론 복잡한 아이들의 학습 뇌를 단순화해서 접근하기에는 무리가 있겠지만, 미숙에서 성숙으로 조금 더 쉽게 달려가도록 지도할 수 있답니다.

**홍:** 평소에 상담을 할 때 자주 듣는 걱정 중 하나는 아이가 글쓰기를 너무 어려워한다는 것입니다. 글로 써보라고 하면 단번에 인상을 찌푸리는 학생들도 많아요. 급변하는 시대적 환경과 학습 발달수준을 고려한다면 당연한 일일지도 몰라요. 4학년인 우리 반 친구들은 우표를 잘 모르더라고요. 편지를 써서 우체국에 가본 적도 없었죠. 또 주제를 갖고 의견을 발전시키고, 근거를 정리하고, 읽는 이를 고려해 맞춤법에 맞게 쓰는 일은 품이 많이 드는 고도의 작업이기 때문에 귀찮

을 수밖에 없고요.

좀 더 상세하게 접근해 글쓰기를 싫어하는 이유를 들여다보면 학생을 다음과 같이 나눌 수 있습니다.

먼저 WHAT, 내용 부족입니다. 그냥 뭘 써야 할지 모르는 학생들이 있어요. 이 단계에 서툰 아이들은 콘텐츠가 없어요. 그래서 쓴 말을 조금 바꿔 반복하거나 주야장천(晝夜長川) 한 가지 내용만 돌려 막기를 합니다. 머릿속에 관련된 지식이 부재하니 생각도 없어요. 그래서 이런 경우에는 흥미를 가질 수 있는 신선하고 재밌는 주제를 주는 것으로 시작해요. 예를 들어 이스터 섬과 모아이를 다룬 영상을 보고 내가 이스터 섬 마지막 주민이라면 어떻게 생존할지 생각하게 합니다. 또 학생들이 좋아하는 똥, 투명인간, 타임머신 등을 활용하죠.

다음은 HOW, 방법 부족입니다. 어떻게 쓰는지를 모르는 단계입니다. 이 친구들은 내용은 있어요. 나름대로 이야깃거리는 갖췄는데 문장 쓰기부터 버벅대니 글이 짧고 부실하죠. 분량 지적, 맞춤법 지적도 자꾸 받다 보니 자신감도 없어지고, 쓰기도 싫어지고요. 이 단계에서는 사실 반복훈련이 가장 도움이 된다고 생각합니다. 많이 써보고, 많이 틀려보고, 많이 고쳐봐야 해요. 그럼 늘게 됩니다.

그리고 WHY, 의지 부족. 한마디로 '이걸 왜 해요?'입니다. 이런 학생들은 대체 글을 왜 써야 하는지 모릅니다. 시키니까 억지로 하고, 그마저도 꾸역꾸역 온갖 핑계를 대며 피하죠. 글이 곧 소통의 창구고 자기표현의 수단이라는 사실을 이해하지 못하고 있어서 글쓰기도 아무런 의미가 없는 거예요. 못해도 "히히, 뭐 어때요~" 하며 넉살 좋게 선생님을 뒷목 잡게 하는 친구들이 많죠. 이런 학생들에게는 글의 의미를 설명해주고, 글로 소통하고 표현하는 맛을 알려주려고 애씁니다.

마지막으로 보스 몹, 총체적 난국으로 이 모든 원인을 복합적으로 가진 친구들이 있습니다.

학생들과 살아보면 이런 학습문제의 유형이 꼭 글쓰기에만 해당되는 게 아니란 걸 알 수 있습니다. 공부 자체와 연결지어 생각해도 들어맞는 부분이 많죠. 학습내용을 모르는 아이, 학습방법을 모르는 아이, 배움의 가치와 필요성을 모르는 아이, 마지막으로 학습이 문제가 아니라 다른 문제가 더 갈급한 아이. 그래서 교사는 우리 반 학생들이 어디에 해당하는지, 무엇을 어려워하는지 수업에 앞서 꼭 알아야 할 것 같아요.

**정:** 아주 정확합니다. 실제 수업에서도 WHAT에 집중하는 선생님은 내용을 보고, HOW를 중시하는 선생님은 보다 나은 교수법을 찾아 나서죠. 또 WHY에 치중하는 선생님은 수업철학을 먼저 세우는 것이 중요하다고 역설하고요. 물론 모두 중요합니다. 그런데 한 가지 빠진 게 있어요. 바로 WHO, 그 아이 자체를 바라보는 눈이랍니다. 홍샘이 말한 것처럼 수업의 보스 몹은 결국 우리가 수업을 통해 만나야 할 그 학생이니까요. 다만 우리가 가르쳐야 할 대상이 보스 몹처럼 게임에서 제거해야 할 대상이 아니라 배움의 세계로 이끌 주인공이라는 인식이 더 중요한 것 같아요. 그럼 총체적 난국에 빠지더라도 교실에

서 어떻게 가르침을 세워나갈지 방향이 보이기 시작할 거예요.

한번 생각해보세요. 지금까지 우리는 교원양성대학에서 WHAT과 HOW, 그리고 WHY를 배워왔습니다. 하지만 우리가 간과했던 WHO는 어디에서 배우죠? 결국 교사가 주목해야 할 WHO는 교실 현장에서 찾을 수 있어요. 홍 샘이 매일 만나 치열하게 직면하는 교실 속 아이 한 명을 통해 WHO를 배우고 참 가르침을 어떻게 세워갈지 깨닫게 되는 것 같아요.

문제는 이 WHO를 익히는 방식이 다른 것들과 차원이 다르다는 데 있어요. WHAT이나 HOW, WHY는 열심히 노력해서 지식의 지평을 열면 되지만 WHO는 그 아이와 함께 교실이라는 공간에서 같이 호흡하고 함께 뒹굴어야 얻을 수 있거든요.

처음은 힘들 수도 있어요. 솔직히 때로는 도망가고 싶을 때도 있답니다. 하지만 인고의 시간이 지나면 어느덧 홍 샘이 그 WHO 속에 녹아져 있다는 것을 알 수 있을 거예요. 마치 강아지 똥처럼요. 그때는 비로소 민들레 꽃이 보이지 않을까요? 그러니 끝까지 포기하지 말고 WHO에 열중해보자고요. 강아지 똥이 얻은 감동을 WHO를 통해 얻게 될 테니까요.

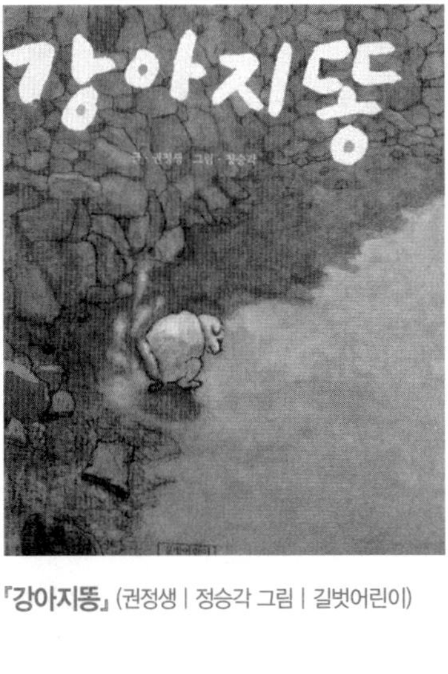


**『강아지똥』**(권정생 | 정승각 그림 | 길벗어린이)

홍: 선생님이 『강아지똥』을 말씀하시니 저도 얼마 전에 『90년생이 온다』라는 책을 읽은 기억이 나요. 책 속의 새로운 세대, 90년대생이 바로 저였죠.

책을 읽고 나니 저는 90년대생보다는 오히려 제가 마주하는 2000년대생 학생들이 어떤 친구들일지 정말 궁금해지더라고요. 물론 세대를 집단으로 구분해 범주화시키기 위해서는 상당한 노력이 필요하겠지만 분명 변화된 세계를 경험한 우리 학생들은 저와는 다른 특징이 있을 거라는 생각이 들었어요. 앞으로 저와 많은 날들을 함께할 WHO, 우리 반 친구들이 더 궁금해지네요!

## 홍샘! Talk Talk

**참고하면 좋은 책!**

「10대의 뇌」(프랜시스 젠슨, 에이미 엘리스 넛 | 웅진지식하우스)

우리가 매일 보는 아이들의 머릿속에서는 어떤 일이 일어나고 있을까요? 인간의 뇌는 어떤 과정을 거쳐 성장할까요? 딱히 뭘 하지도 않았는데 어느새 저는 어른이 되어 아이들을 만나고 있습니다. 교실의 아이들은 '수많은 어린 나, 또 다른 나' 같기도 합니다.

"이 시기가 삶에서 최고의 10년이다. 어른들의 사려 깊은 노력에 이처럼 열렬하게 호응하는 연령대는 없다. 다른 어떤 정신적 토양에서도 씨앗이 그렇게 깊이 뿌리를 내리고, 그렇게 무성하게 가지를 뻗고, 그렇게 빠르고 확실하게 열매를 맺지는 못한다. 그 씨앗이 좋은 것이든 나쁜 것이든 말이다.

절대로 하지 말아야 할 행동이 있다. 비웃거나, 비판적으로 말하거나, 못마땅해하거나, 무시하는 등의 태도를 보이는 것이다. 대신 아이의 머릿속으로 들어가야만 한다. 아이들은 누구나 고민거리가 있기 마련이고, 그중에는 당신이 도울 수 있는 고민이 있다."

이 책을 통해 뇌의 구조와 성장과정을 이해하고 10대의 특징을 알 수 있었어요. 저 자신뿐만 아니라 앞으로 제가 만날 아이들에게도 조금 더 너그러워지는 좋은 계기가 될 것 같습니다.

# 3 수업 재구성: 배움의 점프가 필요한 순간

케이스 스토리 13

## 수업 재구성이 필요하다고 생각하십니까?

**홍:** 수업 재구성, 정말 필요할까요? 저는 수업이 잘되면 굳이 재구성을 하지 않아도 된다고 생각합니다. 솔직하게 이유를 밝히자면 제가 수업을 어떤 식으로든 바꿔야겠다고 생각한 건, 더 이상 이대로는 안 되겠다는 다소 비관적인 현실인식 때문이었습니다.

신규교사였던 저는 학생들을 보는 게 힘들었습니다. 쉬는 시간에는 팔딱대다가 수업만 시작하면 영혼을 팔고 온 것마냥 멍해지는 학생, 선생님 눈치 보며 몰래 딴짓하는 걸로 권태를 견디는 학생, 열심히는 하는데 열심히만 해서 아무것도 못 알아듣는 학생……. 교과서와 공책, 학습지나 게임으로는 해결되지 않는 사태들이 속출하는 현장 속에 있었기 때문이죠.

매일 안 되는 수업을 맞닥뜨리는 기분, 아실까요? 그물망에 대고 말하는 느낌이에요. 걸리는 것 없이 들어갔다 나가버리죠. 경험담 끼워팔기나 '나중에 뭐 될래' 류의 협박하기, 어르고 달래기도 하루이틀이고 쓸 만한 레파토리도 떨어져갔죠. 노련함도, 경험치도 부족한 상태였고요. 한마디로 교사로서의 성적표가 심란한 수준이었습니다.

수업에서 쌓인 이 스트레스가 어디로 갈까요? 당연히 아이들에게 갑니다. 인성지도도, 생활지도도 잘될 리 없고요. 일타강사 뺨치는 일타교사가 되어 직접교수법으로 설명해도, 교과서를 읽히며 문제풀이로 진행해도, 제대로 수업이 되고 학생들이 학습목표를 성취하면 그것이야말로 정말 대단한 일이죠. 왕초보교사인 제게는 교과서만 갖고 수업하는 게 간 떨어지듯 대담한 일이고요. 〈연극이 끝난 후〉라는 노래의 가사가 절절하게 와 닿을 때가 많았습니다. 꼭 재미없는 연극의 배우마냥 쇼를 펼치다가 학생들이 빠져나간 교실에 혼자 남겨진 기분 같았죠. 그래서 제가 도망쳐 간 도피처가 수업 재구성이었습니다. 거창한 재구성 말고, 일단 뭐든 해보자 하는 생각이었죠.

**정:** 오늘은 홍 샘이 수업 고민이 많군요. 수업 재구성의 종착역은 교사 수준의 교육과정을 만드는 거랍니다. 교사들은 재구성 역량에 따라 교과서 따라 하기, 성취기준 구성하기, 교육과정 재구성하기, 핵심역량 반영하기, 교사교육과정 만들기를 실행하고 있습니다. 물론

처음부터 교육과정 재구성 수준 이상의 안목을 가지면 좋겠지만, 교육과정 문해력이 부족한 상황에서는 쉽지 않은 일입니다. 더욱이 초보교사 수준에서는 교과서 따라 하기도 바쁜 상황이므로 교육과정 성취기준을 수업으로 구성하는 것부터 차근차근 도전해보려는 자세가 중요합니다. 또한 수업재구성의 의미가 무엇인지, 우리 교실에서는 정말 효과적인지, 나아가 동료 교사들과 협력하여 학년공동체 또는 학년군 형태로 확장할 필요가 있는지 등등 복잡하게 얽혀 있는 문제들도 계속 성찰해야 하고요. 왜냐하면 수업 재구성 역시 첫술에 배부르기보다 첫술을 어떻게 떠야 할지가 더 중요하기 때문이에요. 홍 샘이 생각하는 재구성의 고민이 무엇인지 한번 정리해보시겠어요?

**홍:** 재구성에 대한 저의 고민은 크게 두 가지예요.

첫째, 수업 재구성이 정말 필요한가? 앞에서 생명력을 잃어가는 수업 때문에 재구성을 시도하기 시작했다고 이야기했는데요. 수업을 하면 할수록 교과서를 그대로 전달하는 것이 과연 가능한 일일지 의문이 들었어요. 교과서는 국가가 권장하는 표준적, 중립적인 가르침을 담은 교재입니다. 상상의 나래를 펼쳐 전국의 5학년 교실에 들어가 본다면, 30명이 꽉 찬 계획도시의 사회수업과 전교생이 5명인 농촌 분교의 사회수업은 절대 같지 않을 거예요. 교과서는 같아도 그것을 소화하는 주체, 시간, 공간은 달라질 수밖에 없기 때문이죠. 너무 비약적인 이야기라면 하나의 교실을 들여다봐도 좋겠네요. '조선시대에는 양반과 중인, 천민이 있었다는 사실'을 교사가 그대로 지도한다고 가정했을 때에도 학생들은 완전히 다른 것을 학습합니다. 이를테면 진영이는 사극을 열심히 보고 나서 귀족과 양반의 생활에 감탄하는 반면, 연수는 노비의 비참한 생활을 보며 신분제의 불공평함을 느끼는 식이죠.

결국 교과서는 가르침과 배움을 하나에 고정시키지 못한다는 생각이 들었어요. 교과서와 지도서에 기대는 수업은 한계가 있다는 결론을 내렸죠. 그래서 저는 의미 있고 효과적인 수업을 위해서는 교과서를 넘나드는 재구성이 필요하다고 생각합니다. 그래야 우리 학생들에게 와닿는 실제적인 수업을 할 수 있기 때문이지요. 그러나 그 필요성이 절실한데도, 쉽게 엄두가 나지 않아요. 이렇게 손에 잡히지 않는 재구성의 명확한 개념을 알고 싶습니다.

**정:** 벌써 재구성의 필요성을 깨달았군요. 그만큼 홍 샘이 교실 수업의 실제 맥락에서 수업 고민이 깊어졌다는 뜻일 겁니다.

교과서를 그대로 전달하려는 노력은 흔히 저경력 선생님들께 많이 보이는 현상이에요. 왜 그럴까요? 아마도 교원양성대학에서 교과서 중심의 마이크로 티칭을 연습하다 보니 자연스럽게 교과내용 자체에 의존하는 것이 마음이 편해서 그럴 것 같아요. 우리도 그랬답니다. 하지만 홍 샘이 말한 것처럼 교실현장에 들어오면 상황이 달라지잖아요. 바로 교과서 외 지역, 학교, 학생, 학부모 등 교실 수업에 영향을 미치는 변수가 상당히 많아져요. 그러니 이런 변수를 고려하지 않고 교과서에만 의존하는 수업을 진행하다 보면, 가르치는 교사 스스로

'이건 아닌데' 하고 고개를 갸웃거리게 되는 거죠.

**홍:** 맞아요. 막상 교실에 떨어지니 제가 상대해야 할 건 교과내용이 아니라 아이들이더군요. 생각지도 못한 변수가 떡하니 등장한 거죠.

**정:** 또 하나 더 생각할 것이 있어요. 바로 재구성의 방식인데요. 교실 수업을 진행하다 보면 교과 내 재구성, 교과 간 재구성, 탈교과 재구성 등 여러 가지 방식을 적용할 수 있어요. 특히 개정교육과정이 적용되면서 학년별 주제 중심의 교과서 내용구성이 활발해졌어요. 아마 수업을 하다 보면 동일학년 내 교과 간에 같은 주제가 많다는 것을 쉽게 발견할 수 있을 거예요. 그러니 문제기반학습(Problem Based Learning), 프로젝트학습(Project Based Learning), 현상기반학습(Phenomenon Based Learning) 등 다양한 교수방법을 활용해 교실 수업을 재구성하는 것이 오히려 더 효과적이라고 느낄 거예요.

그럼에도 불구하고 홍 샘이 말한 것처럼 처음에는 어떻게 접근할지 엄두가 나지 않을 거예요. 사실 이건 경력이 많아진다고 해결되는 문제는 아니랍니다. 일단 이런 개정교육과정의 특성을 이해하고 교실 수업에서 직접 부딪쳐보며 몸으로 익히는 것이 가장 중요해요.

**홍:** 그런데 부딪히며 시작하고 보니 또 다른 의문이 들더라고요. 수업을 재구성하는 게 정말 효과적인가? 보통 수업 재구성은 교과서

재구성을 일컫잖아요. 또는 범위를 확장하여 교육과정을 재구성하는 것도 포함하고요. 어떤 것을 뜻하든 수업 재구성은 늘 '그것이 효과가 있느냐'는 미심쩍은 시선을 꼬리표처럼 달고 다니는 것 같아요. "그렇게 가르치면 재미있긴 하겠지만 애들이 하나도 아는 게 없던데? 활동만 하다 끝나니 제대로 배울 수 있겠어?"와 같은 말을 하시는 분들도 많고요. 재구성에 관심을 갖고 시간을 쏟기 시작하면서 저도 정말 궁금해졌어요. 모든 학생이 몰입해 참여하면서도 충분히 목표를 달성할 수 있는 효과적인 수업은 좀처럼 닿지 않는 신기루 같습니다.

**정:** 맞아요. 교과서 재구성 이야기가 나왔으니 교과서를 잠시 들여다볼까요? 여기 초등학교 6학년 수학책을 한번 보세요. 교과서 집필진은 도대체 무엇을 강조하고 싶었을까요? 우리는 이런 교과서 내용을 학생들에게 어떻게 가르쳐야 할까요?

교과서에 문제가 있냐고요? 아니요. 교과서 자체에 문제가 있는 것은 아니랍니다. 다만 수학교과 지도서에 나와 있는 설명처럼 학생들이 정말 분모가 같은 (분수)÷(분수)의 계산 원리를 이해하고 계산 방법을 잘 찾을 수 있을까요? 더군다나 지도서에서 안내된 것처럼 수학교과 역량이 각 문항을 하나씩 해결할 때마다 얻어지는 걸까요? 한발 더 나아가 과정중심평가의 예시로 제시된 것처럼 계산 원리를 이해하지 못한 친구들에게 색종이나 구체물을 사용하여 직접 나누어 보는 활동을 지도하면 더 효과적일까요?

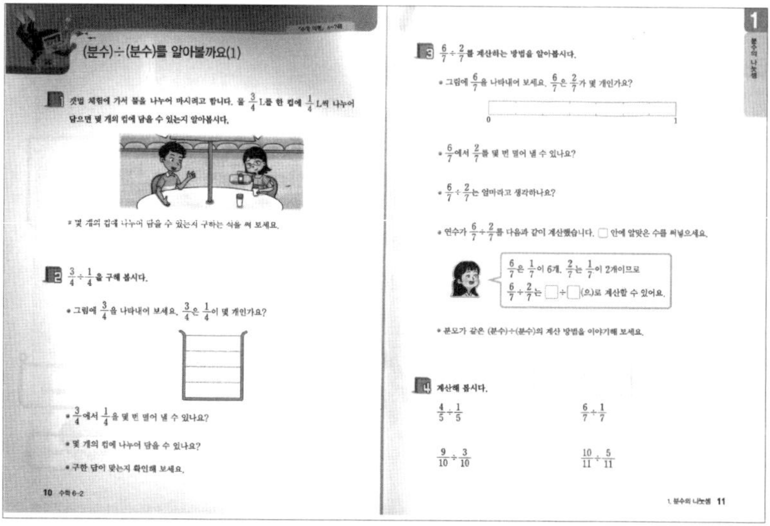
(분수)÷(분수)를 알아볼까요(1)

1 갯벌 체험에 가서 물을 나누어 마시려고 합니다. 물 $\frac{3}{4}$L를 한 컵에 $\frac{1}{4}$L씩 나누어 담으면 몇 개의 컵에 담을 수 있는지 알아봅시다.

• 몇 개의 컵에 나누어 담을 수 있는지 구하는 식을 써 보세요.

2 $\frac{3}{4} \div \frac{1}{4}$을 구해 봅시다.

• 그림에 $\frac{3}{4}$을 나타내어 보세요. $\frac{3}{4}$은 $\frac{1}{4}$이 몇 개인가요?

• $\frac{3}{4}$에서 $\frac{1}{4}$을 몇 번 덜어 낼 수 있나요?

• 몇 개의 컵에 나누어 담을 수 있나요?

• 구한 답이 맞는지 확인해 보세요.

10 수학 6-2

3 $\frac{6}{7} \div \frac{2}{7}$를 계산하는 방법을 알아봅시다.

• 그림에 $\frac{6}{7}$을 나타내어 보세요. $\frac{6}{7}$은 $\frac{2}{7}$가 몇 개인가요?

0 1

• $\frac{6}{7}$에서 $\frac{2}{7}$를 몇 번 덜어 낼 수 있나요?

• $\frac{6}{7} \div \frac{2}{7}$는 얼마라고 생각하나요?

• 연수가 $\frac{6}{7} \div \frac{2}{7}$를 다음과 같이 계산했습니다. □ 안에 알맞은 수를 써넣으세요.

$\frac{6}{7}$은 $\frac{1}{7}$이 6개, $\frac{2}{7}$는 $\frac{1}{7}$이 2개이므로
$\frac{6}{7} \div \frac{2}{7}$는 □÷□(으)로 계산할 수 있어요.

• 분모가 같은 (분수)÷(분수)의 계산 방법을 이야기해 보세요.

4 계산해 봅시다.

$\frac{4}{5} \div \frac{1}{5}$ $\frac{6}{7} \div \frac{1}{7}$

$\frac{9}{10} \div \frac{3}{10}$ $\frac{10}{11} \div \frac{5}{11}$

1. 분수의 나눗셈 11

초등학교 6학년 2학기 수학 교과서 2차시

사실 일상적으로 하고 있는 수학수업인데 제가 너무 뻔한 질문을 한 건가요? 어쩌면 지도서에 안내된 것처럼 수업의 흐름을 도입-전개-정리로 진행한다면 1차시의 수업으로 제시된 학습목표에 도달할지도 모릅니다. 하지만 이렇게 문제풀이 중심으로 이루어진 수학 교과서가 다소 불편한 건 어쩔 수 없는 것 같아요.

| | |
|---|---|
| **도입** | 실생활에서 (분수)÷(분수) 알아보기 |
| **전개** | -분모가 같은 (분수)÷(단위분수)의 계산 원리 알아보기<br>-분자끼리 나누어 떨어지는 분모가 같은 (분수)÷(분수)의 계산 원리 알아보기 |
| **정리** | 분모가 같은 (분수)÷(분수) 계산하기 |

**홍:** 저는 이렇게 생각해요. 수업의 목적이 특정한 상태에 도달하는

데 있다면, 도전을 한답시고 시간과 노력을 들여 수업을 바꾸는 것은 헛수고나 다름없을 겁니다. 정해진 고속도로를 타서 모두 같은 목적지에, 낙오되지 않고 제시간에 도착하면 되는 일이니까요. 그래서 많은 교사들은 수업 재구성이라는 모험을 선택하지 않죠. 교과서와 교육과정을 따르는 것이 여러모로 안전하고 편리하다고 여겨지고요. 우리가 예로 든 6학년 2학기 분수의 나눗셈 내용을 40분 동안의 문제풀이만으로 완전히 이해하게 만든다는 전제가 통한다면요.

그런데 현실은 그렇게 낭만적이고 완전무결하지 않더라고요. "준비, 시작!"을 외치고 동시에 출발해서 다 같이 손잡고 도착하는 해피엔딩은 없어요. 어떤 학생은 걸어가고 싶어 하고, 어떤 학생은 뛰는 게 좋대요. 날아가고, 기어가고, 헤엄을 치는 아이들도 있죠. 제가 스물다섯 명의 아이들에게 똑같은 분수의 나눗셈을 가르쳐도 아이들은 천차만별로 다양한 걸 배우죠. 똑같은 목적지에 닿는 것이 1순위 목표라면 학생이 어디서 출발하는지, 정말 거기에 도착하고 싶은지는 우선순위가 아니에요. 교사는 그저 내비게이션을 따라 학생들을 태우고 달려갈 뿐이죠. 학생을 고려하지 않은 진도 빼기식 수업만으로는 목표에 도달하지 못하는 학생들이 많을 거예요.

**정:** 정확해요. 문제는 지난 학기에 공부한 (분수)÷(자연수)를 바탕으로 (분수)÷(분수)를 지도해야 하는데 전시학습 상기가 어려운 학생들이 교실에 존재한다는 데 있습니다. 뿐만 아니라 이전 학년에서 공부한 분수 개념과 자연수의 나눗셈, 분수의 곱셈 방법 등을 까마득

히 잊어버린 학생들도 존재하고요. 특히 분수 수업의 경우 분수로 다시 쓰거나 변환시키는 기술이 전혀 갖춰지지 않은 친구들이 의외로 많은 편입니다. 가분수를 대분수로 다시 쓰거나 최소공배수를 사용하여 진분수로 다시 쓸 수 있어야 합니다. 또한 같은 크기의 분수로 다시 쓸 줄 알아야 하며, 대분수를 가분수로 다시 쓸 수 있어야 합니다. 물론 위 수업에서는 동분모 분수의 나눗셈을 먼저 다루고 있지만 이 역시 분모가 같을 때에는 분자의 나눗셈으로 생각하거나 두 자연수의 나눗셈으로 이해하고 계산하도록 지도해야 합니다. 그런가 하면 분수의 나눗셈을 분수의 곱셈만큼 간단한 알고리즘으로 이미 해결한 친구들도 많이 있습니다. 물론 이 경우 그 알고리즘을 관계적으로 이해하고 있는지 꼼꼼하게 점검해봐야 됩니다. 이를 위해서는 분수의 나눗셈 지도의 각 단계에서 나눗셈의 의미와 분수의 개념, 그리고 자연수 나눗셈의 의미를 바탕으로 충분히 비형식적으로 계산하는 과정을 익히도록 지도해야 하고요.

그러니 단순하게 교과서에 나와 있는 몇 문제 해결했다고 수업의 목표에 도달했다고 섣불리 판단할 수 없는 거겠죠? 비록 차시 목표를 도달하기 위해서 교과서가 문제풀이 중심으로 구성되었다고 하더라도, 실제로 다양한 수준의 학생들을 가르쳐야 하는 교사의 성찰과 재구성이 필요한 이유입니다.

**홍:** 학생을 위한 성찰, 그게 재구성의 시작점이군요! 그렇다면 수업의 목적을 다시 설정하는 데서부터 나아가는 게 어떨까요. 같은 교

실에 앉아 있지만 아이들은 각자 다른 출발지에 있죠. 서로 다른 방식으로, 저마다의 목적지로 향하니까요. 먼저 현재 위치에 따라 수단과 경로를 가늠하고 각자 도착지를 정하는 거예요. 교사는 조수석에 앉아 있고, 학생들이 길을 찾고 지도를 그려나가도록 돕는 역할을 합니다. 수업의 목적은 헤매면서 나에게 맞는 학습목표를 성취하는 데 있고요. 이 경우라면 수업 재구성은 필수적이며, 효과적인 학습에 앞서 꼭 이뤄져야 합니다. 단체버스로 고속도로를 휘휙 통과하는 것이 아니라 개개인을 보다 세세히 살피며 새로운 지도를 만들도록 하기 때문입니다.

분수 개념과 분수의 곱셈을 잊어버린 학생들, 분수를 변환하는 데 익숙지 않은 학생들, 공식으로 문제를 푸는 데만 집중하는 학생들을 모두 고려해 수업을 재구성하는 것이 효과적인 수업을 위한 발판이라는 생각이 드네요. 교과서에 치중하거나 교과서를 버리지 않고 양극 사이에서 지혜롭게 줄타기를 한다면 그 가치는 더 커지겠지요?

케이스 스토리 14

## 수업의 재미와 의미를 어떻게 살릴 수 있습니까?

**홍:** 재미는 없지만 배움은 있는 수업. 배움은 없지만 재미는 있는 수업. 전자는 불가능하지만 후자는 있을 수 있다고 생각합니다. 학생이 재미를 느끼지 못하는데, 어떻게 의미 있고 기억에 남는 배움이 있

을 수 있겠어요. 억지로 하는 수업이라면 배우지 않고 시간을 흘려보낼 방법을 습득할 수는 있겠네요. 하지만 결국 두 마리 토끼를 잡으려면 학생이 재미를 느끼는 가운데 능동적으로 배움을 얻을 수 있도록 해야겠지요.

저는 재미는 있는데 배운 건 없는 수업을 한 적이 많아요. 신나게 잘 공부했다고 생각했는데 다음 시간에 물어보면 학생들이 전혀 모르는 상태로 있을 때가 그렇습니다. 그럴 때는 아이들이 놓친 핵심내용을 다시 설명하거나 충분한 시간을 주고 몰랐던 것을 알 수 있도록 합니다.

요약하자면 즐겁게 무언가를 하는 와중에 의미를 깨닫게 되는 수업이 제일 바람직하다고 생각합니다. 그런데 어려워요. 학생이 수업에 관심 있는 경우가 많지 않으니까요. 급식시간이라고 치면 이렇습니다. 브로콜리가 몸에 좋은 걸 누가 몰라요, 그런데 애들 입장에선 맛이 없는 거예요. 그럴 때 선생님이 초장이라도 뿌려줘야 하죠. "먹어, 먹어. 몸에 좋으니까 먹어." 해봤자 목에 칼이 들어와도 난 안 먹는다, 하는 애들은 힘들어지고요. 외적 보상도, 내적 보상도 안 통할 땐 입에 댄 것만으로도 폭풍 칭찬을 해주며 조금이라도 익숙해지길 기다리는 수밖에 없죠. 그러다 참맛을 알게 되면 더할 나위 없고요.

**정:** 교사교육과정을 완전하게 실행하지 않는 한 적어도 우리가 해야 하는 수업은 국가교육과정의 성취기준에 기반해야 합니다. 단순히 한 차시 수업의 성패를 논하기보다 성취기준에 얽혀 있는 수업주제에

어떻게 접근하는지 보다 거시적인 안목으로 수업을 바라봐야 합니다. 그런 수업 안에 흥미와 배움이 담겨 있다면 성취기준에 기반한 수업 주제에 다가서는 그 과정이 보다 유연해질 것입니다.

조금 더 구체적으로 이야기하자면 성취기준에 담겨 있는 인지적, 정의적, 심동적 요소가 교육과정으로 어떻게 풀어져 있는지, 혹은 풀릴 수 있는지를 성찰하고 구체적인 수업계획을 수립해야 합니다. 이 과정에 우리가 가르쳐야 할 지식과 배움 요소가 있으며 수업실행을 통해 때로는 흥미롭게, 때로는 진지하게 접근해야 해요. 그러니 수업 그 자체를 예술이라고 하는 것이 아닐까요?

**홍:** 수업을 예술에 비유하시니 저도 예술가가 된 기분이에요. 한 차시 수업보다 성취기준을 넓게 바라보는 안목은 나무 한 그루를 심으며 펼쳐질 숲을 가늠하는 것과 같죠. 아직 어렵지만 그래서 더 흥미롭습니다.

제 생각에 수업의 재미와 의미는 두 마리 토끼와 같아요. 아무리 중대한 학습내용이어도 재미가 없으면 집중도가 떨어집니다. 재미가 없다는 말은 곧 학생들과의 교집합이 적고 감흥이 없어 지루하다는 뜻이니까요. 당연히 수업을 통해 그들이 느끼는 의미가 옅어지고, 결국 배움의 효과가 낮아지지요. 그래서 저는 재미있는 수업을 위해 학생들의 삶과 연결되는 배움의 마디가 어디일지를 고민합니다. 천천히 학습내용을 더듬다가 아이들과 공통점이 있을 만한 굴곡을 찾으면 이거다! 싶죠. 예민한 촉각으로 학생보다 먼저 수업의 마디를 발견하고,

그쪽으로 학생을 이끄는 게 제 방법입니다. 만약 짚었는데 반응이 시원찮다 싶으면 얼른 다른 마디를 찾으면 됩니다. 걱정과는 달리 배움에는 무수히 많은 지점이 존재합니다. 또 교사는 그렇게 솎아낸 마디를 연결해 좋은 묶음을 만들 수 있습니다.

**정:** 배움의 마디를 연결해 수업의 묶음을 만든다! 정말 좋은 수업방법이에요. 특히 수업의 재미와 의미라는 두 마리 토끼를 잡고 싶을 때 쉽게 접근할 수 있는 방법이라는 생각이 들어요. 처음부터 큰 수업의 묶음을 만든다기보다 작은 배움의 마디를 연결해보려는 마음가짐이 필요할 거예요. 더군다나 아직 공감대 형성도 되지 않은 채 재미뿐 아니라 의미를 더하려 한다면 오히려 낭패를 볼 확률이 높아지죠. 그것보다 작은 배움의 마디를 찾는다는 심정으로 학습내용을 수업에 풀어간다면 배움중심 수업의 내공이 조금씩 쌓여갈 거예요. 혹시 또 다른 상황이 있을까요?

**홍:** 학습내용보다 학생들의 반응에만 신경 쓰는 수업을 생각해볼 수 있을 것 같아요. 의미가 없으면 지속성이 떨어져버리니까요. 시간과 노력을 들여 무언가를 하기는 했는데, 나중에 보니 아무것도 남지 않는 그런 수업 있잖아요. 무언가로 반짝 흥미를 유발해 참여하게 할 수는 있지만 학생의 삶에 깊숙이 파고들지 못하기 때문에 그렇게 배운 것들은 금방 휘발되지요. 그래서 최근에는 학생들의 생각과 느낌을 구체화하기 위해 애쓰고 있어요. 글로 쓰든, 말로 나누든, 그림으

로 그리든 일단 머릿속에서 지속시킬 무언가를 꺼내야 하니까요. 그 다음에 최대한 오래 자주 학생들이 만들어낸 작품을 상기시켜요. 귀찮고 번거롭지만 이 방법이 제일 오래가는 것 같아요. 예를 들어, 환경과 관련된 이슈에서 추출한 의미를 수업에 다음과 같이 활용해보았습니다.

| 배움의 마디 | 학생과의 연결점 | 수업과목 및 내용 | 학생 생각과 느낌 | 구현된 의미 | 의미 지속 방법 |
|---|---|---|---|---|---|
| 그레타 툰베리 | 학생이 자환경운동가, 동시대를 살고 있는 파급력 있는 청소년 활동가 | [국어] 본받고 싶은 인물 찾아 전기문 쓰기 / 의견과 까닭이 드러나게 주장하는 글쓰기<br>[과학] 화산과 지진(자연재해) / 물의 상태변화(빙하가 녹는 이유) / 물의 여행(물의 순환과 물 부족) | 감탄<br>부러움<br>경각심<br>반성 | 환경위기, 기후변화에 대한 책임감, 지구공동체에 대한 주인의식 | 아침마다 환경관련 뉴스 읽고 이야기하기, 실천방안 글로 쓰기, 표어 만들고 전시하기 |

국어시간에 전기문을 가르치는데, 한 친구가 "위인은 전부 옛날 사람이네요!"하고 이야기했죠. 우리와 같은 시대를 사는 사람들도 얼마든지 위인이 될 수 있다고 답했는데 잘 이해하지 못하더라고요. 그러고 보니 아이들이 어떤 사람을 위인이라고 생각하는지 한 번도 궁금해하지 않았구나 하는 생각이 들더라고요. 기후변화에 대한 경각심이 높아지면서 청소년들의 기후 시위가 뉴스에 자주 오르내릴 때였죠.

전기문을 배우고 나서 국어의 주장하는 글쓰기 단원을 연계해 환경 문제에 관해 주장하는 글을 써보도록 했어요. 과학시간에 배운 화산과 지진, 물의 순환과 연계하기도 했고요. 아이들의 삶과 관련되어 재미있으면서 배움의 의미가 풍성한 수업을 만들고 싶어서 고민했던 기억이 나네요.

**정:** 아주 좋아요. 먼저 배움의 마디 그레타 툰베리가 눈에 딱 들어옵니다. 그리고 학생과의 연결점이나 의미 지속 방법 등 모두 정말 좋네요. 수업의 내용이 어떻게 학생들의 생각과 느낌으로 녹아져 들어가는지 쉽게 읽힙니다. 또한 구현된 의미를 통해 학생들이 이번 수업을 통해 얻을 영속적 이해(enduring understandings) 가 구체화될 수 있을 것 같아요. 위긴스와 맥타이(Wiggins & McTighe)는 백워드 설계(Backward Design)에서 이해의 수준을 설명-해석-적용-관점-공감-자기지식으로 진술했는데, 상당히 높은 수준의 이해가 이루어졌을 것 같아요. 아마도 공감 이상의 이해가 이루어졌다면 수업이 배움을 넘어 또 다른 확장으로 이어졌을텐데요. 어떤가요?

**[이해의 6가지 측면]**

1.설명: 사건과 개념을 '왜, 어떻게'를 중심으로 서술하는 능력

2.해석: 의미를 제공하는 서술이나 번역으로 숨겨진 의미를 도출하는 능력

3.적용: 지식을 새로운 상황이나 다양한 맥락에 효과적으로 사용하는 능력

4.관점: 큰 그림으로 이해하는 비판적이고 통찰력 있는 견해

5.공감: 타인의 감정과 세계관을 수용할 수 있는 능력

6.자기지식: 무지를 깨닫고 자신의 사고와 행위를 반성할 수 있는 능력

홍: 맞아요. 수업의 마디를 짚고 함께 생성한 의미는 공부시간에 그치지 않고 다른 활동과 계속 연결됐어요. 특히 혁신학년 프로젝트를 통해 아이장터 가게놀이로 확장할 수 있었죠. 아이들 입에서 직접 쓰레기를 줄이고 일회용품을 덜 사용하면서 물건을 판매해보자는 의견이 나오더라고요. 각자 장바구니를 챙기고, 음료수를 팔 때는 종이 빨대를 주고, 그릇이나 텀블러를 가져오면 덤을 챙겨주기로 했습니다. 재사용할 수 있는 용기를 쓰기도 했죠.

정: 그야말로 수업의 재미와 의미를 동시에 잡았군요. 듣기만 해도 이렇게 재미있는데, 아이들은 오죽했을까요. 홍 샘도 수업을 진행하면서 쏙 빠져들었을 것 같은데요.

홍: 뒤돌아보니 참 재미있었던 수업 같아요. 저는 늘 학생들이 푹

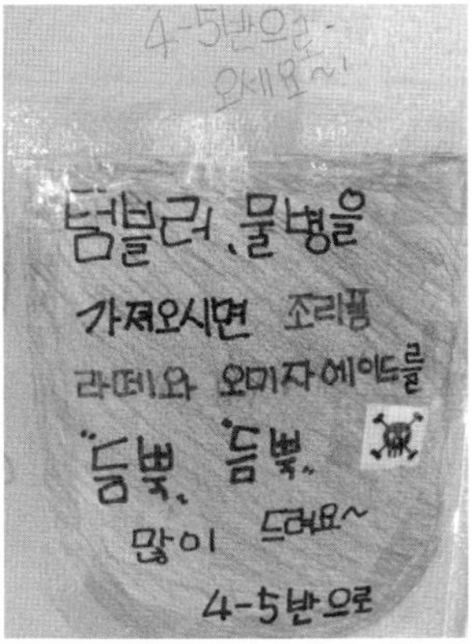


환경 수업이 아이장터 놀이로 확장되었다

빠져 몰입하는 수업을 만들고 싶었거든요. 시간 가는 줄 모르고 하되, 그 과정에서 오래가는 무언가를 깨닫는 것. 그것이 재미도 있고 의미도 있는 수업의 모습 같아요. 이런 수업이 계속되면 정말 좋겠습니다.

# 4 수업과 배움: 수업을 통해 배움을 그리다

케이스 스토리 15

## 평소에는 수업을 어떻게 준비하십니까?

**홍**: 수업 계획에는 크게 세 가지 층위가 있다고 생각해요.

먼저 수면 위에 떠 있는 단계. 준비를 못 하고 즉석에서 하면서 자료에 의존하는 수업이 이 단계에 해당합니다. 내용은 잘 모르고, 어떻게든 해야 하니까 낚시를 하는 것처럼 미끼를 던져서 수업을 하는 거죠. 업무가 밀려 있거나, 학급에 문제가 터지는 등 다양한 이유로 지도서를 볼 겨를조차 없으면 교과서나 학습지, PPT 위주로 수업을 진행할 수밖에 없습니다. 학생들이 지루해 한다 싶으면 다른 동영상을 보여주기도 하고요. 내가 뭘 하고 있나 생각하는 동안 말은 꼬이고,

학생들은 한 귀로 듣고, 한 귀로 흘리게 되지요.

**정:** 사실 미끼를 던지는 수업을 했다면 참 좋은 수업을 한 거지요. 다만 아이들이 한 귀로 듣고 한 귀로 흘려버렸다면 아이들에게 필요한 미끼를 잘못 선택했기 때문일 거예요. 아이들이 덥석 물 만큼 매력적이지 못했다고 봐야겠죠. 그럼 어떻게 해야 아이들의 눈높이에 맞는 매력적인 미끼를 준비할 수 있을까요? 아이들의 동기를 효과적으로 이끌어내기 위해서는 켈러(J.M.Keller)가 제안한 학습동기화 모형(ARCS)을 참고하면 좋을 것 같습니다. ARCS는 주의집중(attention), 관련성(relevance), 자신감(confidence), 만족감(satisfaction)을 말해요. 즉 학습자가 배울 내용에 대해 호기심을 품고, 배우는 이유에 대해 적절한 이해를 통해 기대를 품게 한다는 거죠. 결국 앞으로 배울 내용들이 가치 있는 것이라고 여기게 해 동기부여가 되는 과정입니다. 그러면 학습목표를 이루기 위해 ARCS 모형 중 주의집중 과정을 한번 살펴볼까요?

**Attention 주의집중**

주의집중은 '호기심'을 이끌어내는 과정이랍니다. 켈러는 호기심과 주의를 이끌어내기 위해 세 가지 방법을 추천하고 있어요.

첫째, 지각적 주의환기입니다. 관심을 끄는 단계로, 수업주제와 관련된 이미지나 영상 또는 최근 뉴스 등을 활용하는 시도를 해볼 수 있습니다.
둘째, 인식적 주의환기입니다. 호기심을 자극하는 단계로, 학생들에게 질문을 던져 궁금증을 유발하는 시도를 해볼 수 있습니다.

셋째, 다양성입니다. 수업방식을 다양하게 하는 것으로 학생들이 수업에 능동적으로 참여하도록 주도권을 넘겨줄 수 있어요. 최근에 주목받는 학생 참여형 수업이 여기에 해당된다고 할 수 있습니다.

**홍:** 동기유발 단계에서 선생님들이 많이 쓰는 방법들이네요. 단계적으로 주의집중을 확장해가면 좋겠군요.

낚시하듯 수업하는 단계, 수면에서 조금 더 들어간 다음은 수중(水中)에 있는 단계가 나와요. '내가 이걸 가르쳐야 되는구나, 책에 이런 게 나오는구나.' 하고 기본적인 내용을 파악하고, '그러면 이것을 목표로 잡고 이런저런 활동을 해야겠다.'라고 머릿속으로 어느 정도 계획을 세우게 되지요. 대강의 밑그림을 그린 것만으로도 이미 안심이 된 상태니까 교사로서는 마음이 편해져요. 조금 더 신경 쓴다면 섬세하게 활동을 구상하고, 발문을 어떻게 할지 생각해보고, 필요한 자료들을 채워 넣을 수 있습니다. 물론 예상한 것보다 상황이 어려울 수도 있기 때문에 모든 것은 실제로 수업에 들어가봐야 알게 됩니다.

바다 밑으로 더 깊게 들어가면 심해가 나오죠. 물 위에서는 잘 안 보이던 성취기준과 평가가 눈에 들어와요. 학생들이 학습을 통해 배워야 할 것이 무엇인지, 그것을 어떻게 확인할지가 새로운 압력으로 어깨를 짓누릅니다. 또 기초가 부진한 학생을 어떻게 지도할지, 오개념을 어떻게 바로잡을지 등도 고려하게 되지요. 시야가 넓어지는 만큼 여러 가지 요소가 보이지만, 그만큼 끝을 모르는 고민이 깊어지는 것 같아요. 느껴지는 무게만큼 수업을 준비하는 데 오랜 시간이 걸리고 조심스러워진다는 생각이 듭니다.

수업을 준비할 시간이 있을 때 저는 일단 교과서와 지도서를 훑어보며 중요한 내용을 파악합니다. 특히 학생들이 헷갈려 하거나 어려워할 만한 내용을 중심으로 어떻게 지도할지를 생각해요. 생략해도 되는 내용, 연결 지어 가르치면 좋겠다 싶은 내용을 중심으로 판단을 내립니다. 그렇게 밑그림이 완성되면, 간략히 활동을 구상하고 학습지나 수업자료를 찾지요. 같은 학년 선생님께 조언을 구하기도 하고, 학급일지에 설명할 내용이나 판서할 내용을 미리 써보기도 하고요.

**정:** 밑그림만 완성해도 아주 훌륭하답니다. 그러나 보다 양질의 수업을 모색하려면 당연히 좋은 수업자료를 구해야겠죠. 그렇다고 좋은 수업자료가 고스란히 좋은 수업으로 이어지는 것만은 아닙니다. 또 좋은 수업자료가 고스란히 학생들의 배움으로 녹아들어가는 것도 아니고요. 그렇지만 좋은 수업자료를 구하려고 발을 동동거리며 뛰어다니는 교사들을 손가락질해서도 안 되겠지요. 어찌되었든 교사는 좋은 수업자료를 보며 자기 수업을 성찰하게 되고, 이러한 성찰이 쌓여 자기만의 수업을 창작할 힘을 갖게 되는 것 같아요.

그러나 오로지 수업자료에만 의존하다 우리가 분석해야 할 성취기준을 놓치고 있다면 정말 중요한 가르침을 놓치고 있을 수도 있습니다. 지금 우리의 수업은 제대로 된 방향으로 가고 있는지 깊이 성찰할 필요가 있어요. 특히 우리가 준비한 학습내용이 정말 학생들에게 필요한 것인지 알아보기 위해서는 켈러가 언급한 '관련성(Relevance)'을 한 번 고민해보면 좋겠습니다.

**Relevance 관련성**

관련성은 학습내용이 정말 학생들에게 실제적인가 하는 부분입니다.

첫째, 관련성을 높이기 위해서는 학습목표가 학생들의 눈높이에 맞추어져 있는지 먼저 점검해야 합니다. 특히 교과서에 제시된 학습목표가 우리 교실의 수준에 적절한지 살펴보고, 때로는 재구성해서 제시해야 합니다.

둘째, 관련성을 높이기 위해서는 비경쟁적 학습상황과 협동적 학습 분위기를 조성해야 합니다. 그래야 학생 개개인의 '목표 지향성'을 높일 수 있고, 주어진 학습내용이 학생 스스로 관련이 있다고 접근하기 때문이지요.

**홍:** 지금까지 수업의 마디를 찾았던 건 학생과의 관련성을 높이기 위한 것이었네요! 그런데 비경쟁적 학습상황 만들기는 여전히 쉽지 않은 것 같아요. 협동적인 가운데 모든 학생이 집중하는 학습 분위기를 조성하려면 수업준비를 더 철저히 해야 하는데, 시간이 갈수록 오히려 소홀해지는 것 같아 반성도 되고요. 강약을 조절하게 되었다고 볼 수도 있겠지요. 처음 가르치거나 생소한 내용은 더 에너지를 쏟게 되지만 익숙하다 싶은 내용이면 고민을 덜 하죠. 한정된 에너지를 지혜롭게 쓰는 선생님이 되어가고 있구나, 힘을 빼고 아이들이 채울 공간을 주는 법도 배우고 있구나, 하고 긍정적으로 볼 수도 있겠네요.

**정:** 그럼요. 저는 홍 샘 교실에 들어가면서 아이들의 자신감과 만족감이 최고였다는 것을 늘 느꼈어요. 아마도 홍 샘이 아이들 눈높이에서 다양한 자료를 제시해주는 것뿐만 아니라, 개개인의 강점을 잘 지지해주고 약점을 보완하기 위해 늘 애쓰기 때문일 거예요. 켈러가 제시한 학습동기 모형에서도 학습자의 자신감과 만족감을 높여주는 것이 얼마나 중요한지 강조하고 있습니다.

**Confidence 자신감**

자신감은 노력만큼 성과가 만들어진다는 학습 성공에 대한 기대감입니다.

자신감을 높이기 위해서는 학습을 성공적으로 해낼 수 있는 능력이 있다는 것을 스스로 인지할 수 있도록 자기 효능감을 이끌어줘야 합니다.

**Satisfaction 만족감**

만족감은 내외적 보상을 통해 얻는 결과로 유발된 동기를 계속 유지시키는 역할을 합니다.

만족감을 높이기 위해서는 누군가의 의도에 따라 만족감이 주어지는 것이 아니라, 자연스러운 절차를 통해 얻어지도록 구성해야 합니다. 특히 객관적인 평가 기준을 제공하여 만족스러운 결과를 부여하는 과정이 중요합니다.

**홍:** 좋은 수업은 학생의 배움뿐만 아니라 학급 전체의 분위기를 환기시킬 수 있다는 생각이 들어요. 조약돌을 던지면 물결이 동심원을

그리며 호수 전체에 퍼져나가죠. 공들여 준비한 수업이 학생의 성장으로, 자기효능감과 만족감으로 연결되고, 반 전체에 긍정적인 물결로 연결되는 모습을 보면 저도 정말 뿌듯합니다.

케이스 스토리 16

## 나의 수업을 한마디로 표현한다면?

홍: 저의 수업은 슬라임입니다. 여러 가지 재료를 주고, 판을 깔아주는 것이 제 몫이죠. 그다음 직접 소매를 걷어붙이고 주무르며 재료를 다루는 것은 아이들이 할 일이고요. 학생들은 열심히 하기도 하고, 하기 싫다며 통을 엎어버리기도 하고, 마음처럼 안 되어서 실망스러워하기도 합니다.

저는 가끔씩 제가 준 것을 깜빡 잊습니다. 그리고 "이런 흐리멍텅한 것 말고 딱딱하고, 분명하고, 멋진 무언가를 만들란 말야!"라며 잔소리도 곁들이고, 협박 섞인 회유도 하죠. 매번 아이들과 씨름하다 끝날 때쯤 '내가 욕심이 컸구나' 하고 한 박자 늦게 깨닫기도 합니다.

저는 수업을 통해 아이들에게 기억에 남는 무언가를 선물하고 싶어요. 저와 함께 공부하며 학생들이 평생 동안 써먹을 수 있는 든든한 자산을 마련했으면 좋겠습니다. 그러니 순간의 시험을 모면하기 위한 단순지식이 아니라 학생의 뇌리에 박히는 의미 있는 배움을 이끌어내야 한다는 생각이 강합니다.

시대가 변하면서 학생들을 어떻게 키워낼 것인지를 더욱 고민하게 됩니다. 어떠한 상황에도 굴하지 않는 역량을 발견하고, 그것을 발전시킬 수 있도록 돕고 싶습니다.

**정:** 홍 샘의 슬라임 교육, 정말 재미있을 것 같은데요. 말랑말랑한 슬라임을 조물딱거리고, 바닥에 붙이고, 위로 당기는 등 창의적인 놀이 활동으로는 최고 아닌가요? 역설적이게도 어른들이 만들어놓은 '네모의 꿈'이 아니라 세상을 둥글게 살아가려는 우리 아이들에게 필요한 것은 바로 슬라임 같은 배움이 아닐까 싶어요.

아마도 아이들 모두 홍 샘을 잊지 못할 거예요. 완벽하게 짜인 수업은 아니더라도 죽기 전까지 기억에 남는 무언가를 선물해주려는 홍 샘의 열정이 배움을 더욱 탄탄하게 만들 것 같습니다. 때론 영롱한 오로라를 경험하게 하고, 때론 부수는 재미가 쏠쏠한 스펀지를 만들어주는 그런 마법이 수업시간에 이루어지지 않을까요?

**홍:** 그런 마법 같은 일이 일어나면 정말 좋겠네요.

제가 학생들에게 가르치고 싶은 건 구체적으로 좋은 질문을 던지는 자세입니다. 나, 타인, 삶에 관해 스스로 생각해보고 계속 자신에게 질문을 던지는 거죠.

슬라임은 계속 형태가 변하잖아요. 만드는 사람에 따라 재료도 모양도 달라지니까요. 인간도 마찬가지예요. 끊임없이 변하죠. 결국 사람은 평생 질문을 던지고, 나름대로의 답을 고민하며 살 수밖에 없는 존재라는 생각이 들어요. 제 수업이 아이들과 함께 멋진 질문을 던지고 실패와 성공을 경험하면서 삶을 실험하는 터전이 되었으면 좋겠어요.

**정:** 수업을 한마디로 표현하기가 참 어려운 것 같아요. 그만큼 수업이란 복잡하고 변화무쌍하다고 해야겠죠? 그래서 전 수업이 재미있답니다. 때론 물 한 바가지만 퍼 가지고 아이들 앞에 섰는데도, 한여름에 물총 놀이를 하듯 정말 신나는 교실 수업이 전개되기도 합니다. 그런가 하면 수업을 제대로 해보겠다고 다짐하며 수업자료를 한 보따리 바리바리 싸서 들어갔는데 아이들 반응이 영 시원치 않아 혼자 풀이 죽어 있을 때도 많고요. 이건 사실 교직경력과도 무관할 때가 많아요. 교감이 잘 안 이루어지면 눈높이를 낮추고 들어가야 할 때도 있거든요.

수업을 통해 꼭 가르치고 싶은 것을 정하라면 저는 '나눔과 성장'을 가르치고 싶어요. 어쩌면 죽을 때까지 우리 모두 나눔을 실천하고 보다 성숙된 인간으로 성장해가야 하니까요. 나눔과 성장에 대해서는 교실 수업에 대한 고민을 나누며 더 이야기해보지요.

## 정샘! Talk Talk

「교육평가 콘서트, 배움을 디자인하다」(부재율 · 정민수 | 행복한 미래)

"이승에서 인간이 얻는 가장 큰 행복은 사람들과의 융합과 일치이다."

- 톨스토이, 『인생의 길』 중에서

사람들과의 융합과 일치, 즉 사회의 한 구성원으로서 자기 위치를 찾고 공감을 이루려면 어떻게 지도해야 할까요? 고려대 석영중 교수는 러시아의 대문호 톨스토이의 작품을 읽어주며 그에게 성장이란 실존의 기본 조건이라고 말합니다. 즉, 톨스토이의 성장은 자기의식에 집중하는 몰입을 통해 자아를 해방함으로써 세상과 교감하는 지점을 만나는 삶의 과정 자체를 의미합니다. 그것이 바로 톨스토이가 말하는 진정한 성장이며, 어떻게 살아야 하는가에 대해 그가 발견한 답입니다. 한마디로 톨스토이에게 성장이란 일시적 만족감이 아니라 삶을 영위하며 누리는 지속적인 기쁨과 더없는 행복을 의미합니다.

그렇다면 우리가 교육에서 지향해야 할 성장점은 어디에 있을까요? 교육은 인간의 삶과 맞닿아 있다는 점에서 개인적 주체성과 사회적 구성성을 동시에 확립해가야 합니다. 그러나 우리가 지향해야 할 성장점을 분명히 인식하더라도 성장기에 있는 학습자들을 효과적으로 성장시키기에는 많은 시간과 노력이 수반됩니다. 특히 학교에서 이루어지는 교육의 형태가 수업으로 이루어진다는 점에서 우리는 교사의 수업성장에 주목할 필요가 있습니다.

그렇다면 교사의 수업성장은 어떻게 이루어질 수 있을까요? 적어도 교사의 수업성장은 자기 수업에 대한 깊이 있는 성찰로부터 시작된다고 할 수 있습니다. 또한 수업을 또 다른 각도로 바라봐주는 동료교사의 진솔한 수업코칭을 통해 수업전문성을 향상시키게 됩니다. 그런 점에서 수업자의 성찰과 참관자의 협력을 이끄는 성찰협력과정은 수업형성과 수업반영, 그리고 수업관찰의 단계를 반복하며 교사들의 수업성장을 효과적으로 모색한다고 할 수 있습니다(정민수, 2017).

성찰협력과정은 정민수(2015)가 제안한 성찰협력형 수업연구모형을 기반으로 교사의 자기성찰을 통해 수업전문성을 보다 효과적으로 지원하는 협력적 수업컨설팅 방법입니다. 또한 수업주체 간 상호 동료코칭 활동을 통해 수업을 협력적으로 설계하여 궁극적으로 교사의 수업성숙도를 향상하는 데 목표를 두고 있습니다.

이러한 성찰협력과정은 교사 자신의 자발적인 성찰과 분석, 동료

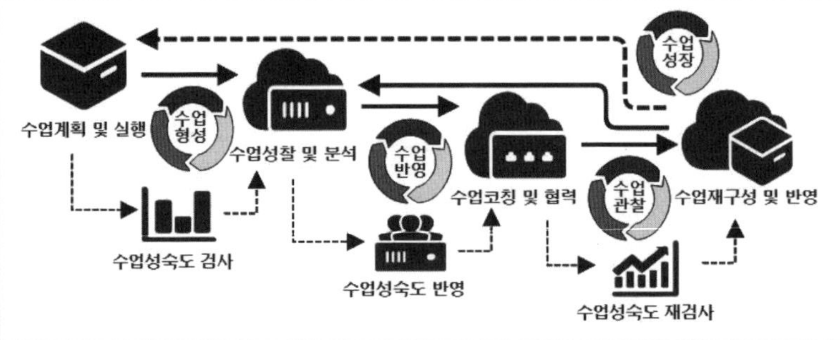


성찰협력과정의 순환 모형

교사의 상호보완적인 코칭과 협력을 통해 교사들의 협력적 수업전문성이 커질 수 있다는 점에서 그 실효성을 찾을 수 있습니다. 또한 수업계획 및 실행에서부터 수업 재구성 및 반영에 이르기까지 수업에 대한 성찰과 협력활동이 보다 유기적으로 이루어지도록 수업연구의 체계성을 확립했다는 데 의의가 있습니다.

## 수업과 평가에 피드백을 반영하라

교사의 전문성 향상을 위해 수업 및 평가개선 전략을 수립하는 일은 학교교육의 전반적인 질을 높이기 위한 핵심과업 중 하나입니다. 학교교육의 질은 학습자들의 다양한 특성에 반응하는 방식으로 수업을 통해 실행되어야 하며, 결국 학습의 수월성과 형평성을 높일 수 있는 양질의 교육과정 개발 및 적용이 그 질적 수준을 판가름하는 가늠자가 됩니다. 학교 현장에서는 2015 개정교육과정에서 언급한 교과별 핵심개념과 기능을 중심으로 총론의 핵심역량 구현을 목표로 하고 있습니다. 즉, 학생들이 교과의 핵심개념과 기능을 심층적으로 학습하여 개별 교과에서 추구하는 교과역량 도달을 통해 궁극적으로 총론에서 제시한 핵심역량 구현 방안을 모색하고 있습니다. 구체적으로 2015 개정교육과정에서는 지식보다 역량중심의 학습을 강조하기 위해 백워드 설계모형(backward design)을 새로운 교육과정 및 수업의 설계 전략으로 제시하고 있습니다(조현영, 2017).

| 교육과정 성취기준 | 듣기·말하기 6국01-02 의견을 제시하고 함께 조정하며 토의한다. | | |
|---|---|---|---|
| 수업단계 | 교수·학습내용 | 핵심질문 | 비계설정 계획 |
| ①뉴스 쏙 기사읽기   | ❶어린이 신문에서 아이들 눈높이에 맞는 기사를 준비한다.<br>❷기사를 읽고 주요내용을 하이라이트 하며 이해한다.<br>❸하이라이트 내용을 짝에게 소개하며 토의 주제를 생각해본다. | 뉴스 쏙 기사의 내용을 읽고 주요내용을 찾아 하이라이트하며 최근의 이슈에 대한 자기 생각을 친구들과 함께 잘 이야기하는가? | 뉴스 쏙 기사에 나오는 문장을 이해할 수 있도록 어휘 및 단어를 쉽게 설명해 주고 친구들의 도움을 받을 수 있도록 한다. |
| ②PSO 토의하기 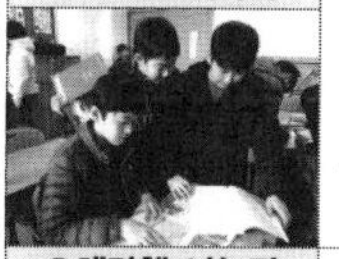 | ❶기사를 다시 읽고 문제상황(Problem)을 찾아본다.<br>❷문제상황에 대한 해결 방안(Solving)을 제시하여 본다.<br>❸해결책을 서로 나누며 하나의 의견(Opinion)을 모아간다. | 뉴스 쏙 기사에 대한 문제상황(P)-해결방안(S)-하나의 의견(O)을 친구들과 협력하여 찾아보고 토의활동을 통해 잘 정리하는가? | 문제상황-해결방안 토의단계를 먼저 진행한 후 해결방안-하나의 의견으로 발전되어가도록 점진적인 토의과정을 거쳐 진행하도록 한다. |
| ③해결책 나누기  | ❶모둠에서 결정한 하나의 의견(Opinion)을 다시 상기한다.<br>❷모둠에서 정리한 PSO 토의내용을 다른 친구에게 소개한다.<br>❸더 좋은 해결책(Solving)이 있는지 서로 이야기 나눈다. | 다른 모둠의 PSO 토의활동 내용을 듣고 더 좋은 해결책(Solving)이 있는지 고민하여 보고 친구에게 소개를 잘 하는가? | 모둠에서 먼저 하나의 의견을 모을 수 있도록 충분히 배려하되 부득이한 경우 다른 친구들과 해결책을 나누며 아이디어를 얻도록 한다. |
| ④토의질문 만들기  | ❶다른 모둠 친구들의 의견을 모아 PSO 내용을 보완한다.<br>❷PSO 내용에 대한 의미 있는 질문(Question)을 만든다.<br>❸지금까지 토의한 내용을 바탕으로 PSO-Q를 공책에 정리한다. | 친구들에게 피드백 받은 해결책(Solving)을 서로 공유하고 의미 있는 질문 만들기 활동을 통해 스스로 답을 찾고 있는가? | 스스로 예상하여 질문 만들기가 어려운 경우 다른 모둠 친구들 앞에서 발표하며 더 좋은 질문이 있을 수 있는지 점검하여 기록한다. |

핵심질문과 비계설정 계획을 담은 수업계획

백워드 설계모형은 교육과정의 성취기준을 중심으로 학생들의 이해력 향상을 위해 학습경험 및 내용보다 평가증거의 설계를 내세우는 교육과정 개발모형입니다(Wiggins & McTighe, 1998). 즉, 성취기준의 달성을 위해 목표와 평가를 중시하는 교육과정 설계모형으로, 수업 후 성취내용을 확인하는 기존의 방식이 아닌 학습내용을 거꾸로(backward) 설계하는 교육과정의 개발모형을 말합니다. 최근에는 2015 개정교육과정이 학교 현장에 전면적으로 적용되어 성취기준 진술방식이 수행을 중심으로 개선되고 있으며, 이해의 달성 여부를 판단하는 백워드 설계방식의 평가 개혁에 관심이 커지고 있습니다.

특히 백워드 설계방식이 수업과 평가에 교수적 비계설정(instructional scaffolding) 방식으로 피드백을 반영하고 있어 주목을 받고 있습니다. 먼저, 교실 수업계획에 핵심질문과 비계설정 계획을 담은 유형으로 수업지도를 어떻게 수행할지 각 활동별 계획을 수립하는 형태입니다. 이러한 접근은 교사의 수업계획이 각 활동단계별로 이루어진다는 점에서 비계설정 계획을 수립해야 하는 교사의 관점에서 볼 때 수업과 평가를 통합적으로 연계하는 데 도움을 줍니다. 뿐만 아니라 교사가 중점적으로 기르고자 하는 핵심역량을 각 활동단계에 따라 자연스럽게 질문할 수 있어 교수적 비계설정의 효과를 얻을 수 있습니다. 즉, 수업에 관한 비계설정 계획을 수립해봄으로써 교육과정의 성취기준을 보다 유연하게 반영할 수 있으며, 이러한 설계방식은 수업계획을 보다 짜임새 있게 구성하는 데 도움이 됩니다.

| 수업성찰<br>(교사 관점) | 문제상황에 대한 해결책을 토의하여 하나 된 의견으로 잘 제시하는가? | | |
|---|---|---|---|
| ①뉴스 쏙 기사읽기<br> | 문화향유역량<br>상 어린이 동아일보에 나오는 뉴스 쏙 기사의 내용을 하이라이트 하며 내용을 파악하여 토의주제를 상기하는 활동에 대부분의 친구들이 적극적으로 참여하였습니다. | ②PSO 토의하기<br> | 공동체-대인관계역량<br>중 문제상황(P)-해결방안(S)-의견 모으기(O) 토의활동에 대부분 잘 참여하였으나 친구의 생각을 경청하여 자신의 의견을 정리하는 훈련이 더 필요했습니다. |
| ③해결책 나누기<br> | 비판적-창의적사고역량<br>상 PSO 토의활동의 내용을 상기하여 다른 모둠 친구에게 잘 소개하였고, 더불어 더 좋은 해결책이 업는지 상호 보완하는 활동에 대부분의 친구들이 열심히 참여했습니다. | ④토의질문 만들기<br> | 자료-정보활용역량<br>하 PSO 토의활동 및 친구의 해결책 경청하기 활동 후 의미 있는 질문 만들기 활동에 잘 참여하였으나 질문의 수준이 낮아 향후 보완이 필요했습니다. |

교사중심 집단 관점의 단계별 수업성찰

다음, 교사 관점의 수업성찰 유형으로 교사 스스로 수업을 진행하며 수업단계별 자기 피드백을 실천하는 형태입니다. 이러한 접근은 교사의 자기성찰이 수업 중에 실시간으로 이루어지므로 교육과정의 성취기준과 과정중심평가의 설계를 수시로 점검할 수 있다는 점에서 의의가 있습니다. 특히 교사는 수업성찰을 통해 교육과정의 성취기준에서 도달하려는 지식과 기능을 섬세하게 점검할 수 있어 수업에 대한 교육과정 분석력을 성장시킬 수 있습니다. 또한 교사의 수업성찰은 결과보다 수업과정을 관찰한다는 측면에서 과정중심평가의 목적과 같은 맥락에 있다고 할 수 있습니다.

## 학생중심 개별관점의 사례별 학습성찰

마지막은 학생중심 개별관점의 학습성찰 유형으로 수업에 근거한 평가와 기록의 구체적 기술을 사례별로 구분하는 형태입니다. 이러한 접근은 학생 개별 피드백 활동이 각 수업단계에 따라 과정 중에 지속적으로 이루어졌는지 성찰할 수 있다는 점에서 평가활동을 보완하는 의미가 있습니다. 특별히 피드백이 적용되어야 할 학생에게 제대로 실행되었는지, 수업단계별로 학습성찰 관점에서 각각의 사례를 기록하고 있습니다. 또한 평가활동과 피드백을 사례 중심으로 기록한다는 점에서 수업과 평가의 통합적 연계를 보다 강화하는 데 도움을 주고

| 학습성찰 (학생 관점) | 수업에 근거한 평가-기록의 구체적 기술하기(사례중심) | |
|---|---|---|
| ①뉴스 쏙 기사읽기 문화향유역량 | 혜윤이는 교과서에 있는 지문보다 어린이 동아일보에 나오는 뉴스 쏙 기사에 더 흥미를 갖고 수업에 잘 참여하였습니다. 피드백 평소 도서관에서 어린이 동아일보를 꾸준히 읽은 혜윤이는 기사습득 능력이 빨라 다른 친구들을 더 적극적으로 도울 수 있도록 격려하였습니다. |  |
| ②PSO 토의하기 공동체·대인관계역량 | 범준이는 평소에도 경청의 자세가 많이 부족한 편입니다. 그럼에도 기사에 대한 의견나누기에는 잘 참여하려고 노력하였습니다. 피드백 토의활동의 가장 기본자세가 경청임을 활동 전에 안내하였습니다. 특히 범준이에게는 직접 찾아가 친구와 의견나누기 활동을 잘 할 수 있도록 도와주었습니다. |  |
| ③해결책 나누기 비판적·창의적사고역량 | 기휘는 칠판에 글쓰기를 좋아하는 친구입니다. PSO토의활동 후 해결책을 칠판에 쓰면서 열심히 활동하였습니다. 피드백 토의를 하면서 공책 또는 칠판에 정리가 잘 되는 기휘는 주변의 글쓰기 자체를 어려워하는 친구들을 도와 상호협력 할 수 있도록 격려하였습니다. |  |
| ④토의질문 만들기 자료·정보활용역량 | 민성이는 토의질문 만들기 전 PSO 토의활동을 상기하는 것부터 어려워하였습니다. 피드백 의미 있는 질문이 만들어지려면 그 전 단계의 내용숙지가 반드시 필요합니다. 그래서 민성이와 같이 어려움을 겪는 친구들을 모아 다시한번 PSO 토의활동에 대해 지도하였습니다. | 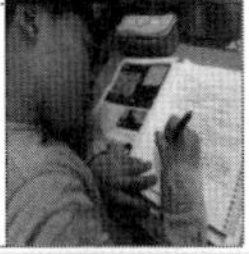 |

학생중심 개별관점의 사례별 학습성찰

있습니다. 구체적으로 위의 예시를 보면 학생에 대한 평가 후 개별 피드백에 머물지 않고 필요한 경우 집단 피드백이 이루어지는 것을 볼 수 있습니다.

개학부터 종업까지 선생님과 늘 함께하고,

때로는 연구 담당 선생님들의 두통을 유발하는 바로 그것,

교육과정!

교육과정은 학교와 학급의 1년을 아우르는 생활계획표라 할 수 있습니다. 그런데 저는 백지를 받은 1학년 같습니다. 제 교육과정을 무엇으로 채워야 할까요?

| 3부 |

# 교사, 교육과정을 디자인하다

# 1 교육과정: 교육과정은 수업을 담는 그릇이다

케이스 스토리 17

## 교육과정이 무엇이라고 생각합니까?

**홍:** 이 질문에 대한 답변을 고민하다가 교육과정의 의미를 자세히 알지 못하고 있다는 사실을 깨달았습니다. 학교교육과정, 학급교육과정, 교육과정 설명회 등 다양한 용어에서 교육과정을 들어보기는 했는데 두루뭉술한 이미지만 떠오를 뿐 정확한 개념을 설명하기 어렵네요.

저에게 교육과정은 학교 행사, 학사일정, 학급활동, 과목, 학습내용, 시수, 평가계획 등이 총망라된 '시험대비 핵심요약집'과 같은 느낌입니다. 1년 동안 어떻게 가르치고 배울 것인지가 교육과정 안에 모두

압축되어 있기 때문이죠.

신규교사는 대부분 다음의 절차를 거쳐 교육과정을 체득합니다.

먼저 새학기 시작 전 학교교육과정을 짜기 위해 연구선생님이 바쁘게 일하죠. 이러한 학교교육과정은 우리 학교의 교육활동을 모두 담고 있어요. 학교의 인재상, 교육목표, 특징적인 교육활동과 중점 사업을 포함하지만 제대로 들여다본 적이 없습니다. 그리고 이를 바탕으로 그 해의 학년교육과정이 만들어집니다. 여기에는 해당 학년의 교육활동이 더 자세히 드러나고요. 학기 초 동학년 회의에서 학년교육과정에 대한 간략한 설명을 듣는데, 체험학습이나 수영교육 일정 등 시수에 관련된 내용이 주를 이룹니다. 그리고 나면 학급교육과정을 제출해야 하는 시기가 다가오지요.

담임교사들은 학년교육과정을 기초로 학급교육과정을 만들죠. 보통 학급에 대한 기초적인 안내, 생활목표, 교수학습계획과 평가계획 등을 추가하여 더하는 식입니다. 국가교육과정과 지역교육과정은 위계상 더 상위수준에 해당하므로 교육과정에 지대한 관심이 있지 않은 이상 접하는 경우가 거의 없어요.

**정:** 교사가 교육현장에서 만나는 교육과정을 잘 표현해준 것 같아요. 우리가 알고 있는 교육과정은 여러 가지 이름을 가지고 있습니다. 단순히 국가교육과정으로부터 시작해서 교사교육과정에 이르는 교육과정의 종류를 나열한다고 해서 모두 이해하는 것은 아닌 것 같아요. 다만 의도된 교육과정, 전개된 교육과정, 실현된 교육과정 정도는 구

분해서 이해해야 할 것 같습니다.

먼저 의도된 교육과정은 국가나 학교, 또는 작은 범위로는 교실 수준에서 공약된 목표로서의 교육과정을 의미해요. 즉 우리가 교육과정을 염두할 때 어떤 교육적 목표에 도달하기 위해 세우는 계획이나 기준들이라고 떠올리면 될 것 같습니다.

전개된 교육과정은 교육현장에서 이루어지는 수업 속에 반영된 교육과정을 뜻합니다. 아마도 교사의 입장에서는 이 전개된 교육과정 또는 전개될 교육과정에 상당히 힘을 쏟고 있다고 할 수 있겠죠.

마지막으로 실현된 교육과정은 학습성과로서의 교육과정으로, 교육의 산출물이라고 이해할 수 있어요. 결국 교육과정을 계획하고 실현하는 이유는 교사의 가르침이 학생의 배움으로 이어져 소기의 성과를 얻는 데 있지 않을까요?

우리가 하는 교육은 사람을 사람답게 기르고 사회를 사회답게 가꾸는 일이라고 생각합니다. 우리가 알아야 할 교육과정은 한 국가사회나 세대를 만든 교육적 영향력이라고 보다 폭넓게 바라볼 수 있을 것이고요. 그럼 선생님은 지금 어떤 교육과정을 바라보고 계신가요?

**홍:** 저는 여행을 좋아하는데요, 교육과정도 그런 관점에서 생각해 보고 싶어요. 특히 올해 학생들과 여행사를 운영하는 프로젝트를 하면서 공부뿐만 아니라 삶의 많은 순간들이 여행과 비슷하다는 생각을 하게 됐습니다.

먼저 여행을 하려면 목적지를 정해야 합니다. 그다음에는 같이 갈 사람을 구하고, 여행지에서 얼마나 머물 것인지를 상의합니다. 대략 틀이 잡히면 구체적으로 무엇을 보고, 먹고, 즐길 것인지를 정하죠. 이 과정의 전반에서 '내가 여행을 통해 얻고자 하는 것이 무엇인가?'라는 여행의 철학이 강하게 작동합니다. 결국 어디에서 출발해 어떤 곳으로, 어떻게 갈 것인가의 문제보다는 이 여행에서 무엇을 원하는지를 놓고 고민하게 되죠. 휴식과 힐링을 원하는지, 체험과 관광을 원하는지 등을 고려해 여행의 우선순위와 방향을 바꾸기도 하고요.

이전에는 알지 못했던 교육과정을 고민하면서 배움이 여행이라면 교육과정은 여행계획표와 같다는 생각이 들었습니다. 동료와 학생들은 함께 여행하는 동행이라고 할 수 있겠죠? 특히나 이 여행에서는 출발지와 목적지를 분명하게 설정하는 것이 중요합니다. 그래서 교육과정 안에 학급현황, 학생실태와 학습목표가 먼저 자리하고요. 1년간 언제, 어떤 과목을, 얼마나 배울 것인지 등의 일정이 연간시수표, 진도표 등으로 촘촘히 짜여 교육과정 안에 담깁니다. 그리고 교육과정을 쓰는 주체들은 이러한 교육과정을 통해 학생들에게 무엇을 배우게 할지, 이들을 어떤 인재로 길러낼지와 같은 철학을 드러내지요. "우리는 앎과 삶이 어우러진 교육을 하겠습니다. 그래서 1년간 이렇게 저렇게 목적지까지 갈 거예요~" 하는 식이죠.

그런데 학급살이를 하며 근본적인 불안이 들 때가 있어요. '내가 지금 잘하고 있나? 이게 맞나?' 하는 생각들이죠. 여행을 할 때도 마찬가지잖아요. 길을 잘못 들거나 표지판을 잘못 보거나, 때로는 동행이 지쳐 나아가지 못하는 경우도 있고요. 그럴 때 교육과정이라는 계획표를 보면서 다시 목적지로 향하는 거예요. 학교가 하나의 거대한 여행사고, 각 학급이 여행팀이 되어 함께 여행한다고 생각하니 재미있지 않나요? 선생님은 어떤 여행을 꿈꾸고 계신가요?

케이스 스토리 18

## 교육과정을 어떻게 구현하고 있습니까?

**홍:** 겸연쩍은 이야기지만 신규 발령 후 햇병아리 교사였던 제 머릿속에는 교육과정이 전혀 들어 있지 않았어요. 3월 초에 옆 반 선생님 것을 살짝 고쳐 후다닥 작성해 결재를 받고 난 후 내내 책꽂이에서 먼지를 먹고 있었기 때문입니다. 비유하자면 저는 악보 없이 매일 즉흥연주를 하는 피아니스트나 마찬가지였지요. 진땀을 뺀 것은 당연한 일이었습니다. 교육과정을 볼 줄 모르는 까막눈이나 다름없었으니까요. 조금 더 시간이 흐르면서 교육활동의 길잡이로 기능하는 교육과정의 중요성을 조금씩 깨닫고 있습니다.

이제는 우리 반의 특색을 담아 학급교육과정을 만들기 위해 조금씩 모서리를 건드리고 있어요. 학급 특색 활동을 무엇으로 할까, 학급 목표를 무엇으로 설정할까 하는 것들부터 고민하는 거죠. 학기 시작 전에는 대충이라도 교육과정을 훑어보며 수업과 평가를 어떻게 전개해나갈지 스케치해봅니다. 수업을 하며 제대로 발맞춰가고 있는지 수시로 교육활동을 점검하고, 변동사항을 반영해 교육과정을 고치기도 하죠. 아직 교육과정 문해력이 부족하고, 미숙한 상태이기 때문에 능동적으로 교육과정을 구성하거나 활용하는 것은 까마득한 산처럼 보이기도 하지만, 이제는 교육과정과 좀 친해지고 싶습니다.

**정:** 분명한 건 교육과정을 아는 것과 실행하는 것은 별개의 문제라는 것입니다. 아무리 교육과정 문해력이 높다고 해도 교실에서 활용 가치가 높은 교육과정을 구현하려면 그 교실에 들어가 아이들과 직접 뒹굴어야만 가능해집니다. 그러니 아무리 좌충우돌 교육과정을 전개하는 햇병아리 교사라 하더라도 그 교실만의 교육과정을 있는 그대로 읽어줘야 합니다. 어찌 보면 이 자체가 교육과정 문해력이라고 할 수 있습니다. 왜냐하면 세상에서 가장 좋은 교육과정은 우리 아이들의 손에 잡히는 교육과정이기 때문입니다.

교실 속 코흘리개 아이들에게는 국가적 난제나 사회적 이슈보다 당장 옆 짝꿍과 벌어지는 일상 속 문제를 해결하는 것이 가장 급선무일 것입니다. 그리고 미숙한 아이들을 지도하는 교사들 역시 그 아이들과 함께 조금씩 성장해갈 것입니다. 선생님은 그런 교실 냄새 풀풀 나는 교육과정을 어떻게 운영하고 계신가요?

**홍:** 다시 여행의 비유로 돌아가볼게요. 물론 여행을 잘 안다고 반드시 여행을 잘하게 되는 것은 아닙니다. 여행지에 대해 몰라도 좋은 여행을 할 수 있지만, 여행 전에 미리 계획을 세우면 더 풍성하게 여행을 감각할 수 있지요. 교육과정도 마찬가지입니다. 분명한 계획이

세워져 있다면 상대적으로 더 나은 선택을 할 가능성이 높아지겠죠. 수많은 일들 속에서 우선순위를 찾아 기준을 세울 수도 있고요.

저는 즉흥적으로 여행을 하는 사람은 아닙니다. 오히려 24시간을 쪼개 세세하게 계획을 세우고, 여행하는 동안 그것을 지키려고 애를 쓰지요. 그런데 학급살이를 하며 교육과정은 거의 펼쳐보지 않았어요. 그렇다 보니 방향을 잃고 헤매고, 불안하게 하루를 보내기 십상이었죠. 왜 그랬을까요? 무엇이 많은 교사들을 교육과정으로부터 멀어지게 하는 걸까요?

교사로서 세 번째 해를 지나오면서 교사가 교육과정과 친해지기 힘든 이유를 알게 되었습니다. 일단 처음에는 교육과정 자체가 눈에 잘 들어오지 않아요. 예를 들어, 여행을 이미 시작해서 짐을 풀고 당장 오늘 묵을 숙소를 찾느라 정신이 없는 상태라고 가정해봅시다. 여행계획표는 아마 집에 두고 온 보물지도 같을 거예요. 멀리에 분명히 존재하고 있지만 알아채기 힘들고, 그로부터 도움을 받기도 쉽지 않죠. 당장 익숙하지 않은 업무용어를 익히고, 공문을 올리고, 아직 낯선 아이들을 파악하며 내일의 수업을 준비하기도 바쁘니, 교육과정을 볼 일이 없죠. 이렇듯 초보교사들에게는 나무와 수풀을 헤치고 하루하루 길을 나아가느라 숲 전체를 둘러보듯 교육과정을 톺아본다는 게 하늘의 별 따기나 마찬가지입니다.

반면 교사생활에 익숙해지면 교육과정은 이미 고루한 문서로 느껴질 수도 있어요. 여행을 어느 정도 반복했고, 노하우도 생겼고, 사고나 문제도 없으니 굳이 계획을 세우지 않더라도 괜찮다고 생각하는 거지요. 오히려 빡빡하게 계획대로 움직이는 것보다는 그때그때 적당히 노선을 수정하면서 여행의 재미를 더하는 게 좋다고 여기기도 하고요. 직접 교육과정을 짜지 않아도 다른 사람들이 만든 것을 적절히 첨삭하면 되고, 내 손으로 교육과정을 만들지 않아도 학급이 굴러가는 데 지장이 없으니까요.

저는 다른 선생님들의 교육과정을 참고하면서 우리 반 교육과정의 맛을 내보려고 노력하는 중입니다. 여러 교육과정을 살펴보고 조합해서 저만의 교사교육과정을 만들고 운영하기 위해 고군분투하고 있죠. 처음부터 똑같은 목적지에 똑같은 일정을 복사해 넣더라도 결국 여행은 모두 다를 수밖에 없어요. 그래서 익숙하지 않지만 학생들과 함께, 또 동료 선생님들과 함께 나름의 교육과정을 쓰는 작업이 중요하다고 생각합니다.

1년의 긴 여행을 꾸려가면서 목적지를 정하고, 큰 갈래로 일정을 세우고 의논하면서 세부계획을 실천하다 보면 진짜 교육과정을 음미할 수 있을 거예요. 여행을 통해 여행지의 진가를 찾고, 여행가로서의 경험치를 쌓아나가듯 말이죠.

## 정샘! Talk Talk

### 백워드 설계모형의 수업반영

백워드 설계모형은 학생들의 영속적 이해를 추구하기 위해 개발된 이해중심 교육과정의 단원설계 모형으로 타일러(Ralph W Tyler)의 전통적인 수업설계방식과 달리 평가의 계획이 학습경험의 조직에 앞서 이루어집니다(Wiggins & McTighe, 2005). 그러나 이 단계는 이해중심 교육과정을 설명하기 위해 마련된 순서일 뿐 실제 단원을 설계할 때에는 목표설정, 증거결정, 수업계획의 순서가 비선형적으로 반복되는 경향을 보입니다(임유나 외, 2013). 왜냐하면 이해중심 교육과정은 기대되는 학습의 결과에 주목하며 '이해'를 위한 교수와 평가는 결국 학습의 질을 향상시키기 때문입니다. 또한 이해중심 교육과정에서는 백워드 디자인 설계모형에 따라 단원을 개발할 때 먼저 가르쳐야 할 내용을 빅 아이디어(big ideas) 중심으로 재조직합니다. 여기에서 빅 아이디어란 개념들(concepts) 간의 관계들을 드러내면서 일반화(generalization)의 형태로 진술되는 가장 포괄적인 개념을 의미합니다.

위긴스(Wiggins)와 맥타이(McTighe)는 이러한 백워드 설계모형의 필요성으로 학교 형태의 피상적인 교수형태를 지적했습니다. 즉 활동중심 수업과 진도 나가기식 수업 등으로 인해 학생들의 흥미나 요구만을 지나치게 강조하거나 교과서에 제시된 내용을 전달하는 데에만 급급한 점을 개선해야 한다고 주장했습니다. 이는 자칫 교사가 학습자에게 명확한 목표 인식 대신 활동에만 열심히 참여하면 학습목표를 성취하는 것으로 여기는 잘못된 인식을 조장할 수 있기 때문입니다. 따라서 교사는 교육과정의 성취기준과 교실 상황을 파악하여 사고력 개발을 위한 수업으로 재구성하여야 합니다. 또한 교육과정에 제시된 내용요소를 비판적 사고로 받아들여 교육과정의 성취기준을 달성하기 위한 핵심내용의 예시적 성격으로 이해하는 것이 바람직합니다.

이해중심 교육과정의 백워드 설계모형은 교수 · 학습목표를 설명하기, 해석하기, 적용하기, 관점 형성하기, 공감하기, 자기 지식 갖기의 여섯 가지 측면을 포함한 학습자에 대한 이해의 수행으로 봅니다. 구체적으로 위긴스와 맥타이는 이해를 위한 교육과정 개발 원리를 '바라는 결과 확인(desired results)', '수용 가능한 증거결정(assessment evidence)', '학습경험을 담은 수업계획(learning plan)'의 3단계로 제시하였습니다. 이를 간단히 설명하면 다음과 같습니다(강현석 · 이지은, 2013).

먼저 '바라는 결과 확인'은 목표를 설정하는 단계로 학생들이 습득해야 할 지식이나 기능뿐만 아니라 그러한 내용을 연결하고 종합하여 얻을 수 있는 일반화로서의 이해와 실제 상황에 적용하는 전이를 추구합니다. 다음으로 '수용 가능한 증거결정'은 평가를 상세하게 계획하는 단계로 학습 경험의 선정 전에 평가를 상세하게 계획한다는 점에서 다른 설계방법과 차별화되는 가장 특징적인 단계입니다. 마지막으로 '학습경험을 담은 수업계획'은 학습경험을 통한 수업을 계획하는 단계로 바라는 결과를 성취하기 위한 적절한 학습활동을 계획하여 제시하는 특징을 나타냅니다.

실제 백워드 설계모형의 개발은 이해를 설정하고 설정한 이해에 대한 수행과제를 수업에 적용하는 과정으로 진행됩니다. 이런 부분에서 위긴스와 맥타이는 교사의 수행과제를 통한 맥락적인 적용이 이해 중심 교육과정에서 주목하는 영속적 이해를 불러일으키고 평가하는 가장 적절한 수단임을 강조했으며, 수행과제 개발 조직자로 'GRASPS'를 제시하였습니다. GRASPS는 교사가 개발하는 수행과제의 요소로 목표(Goal), 역할(Role), 청중(Audience), 상황(Situation), 수행(Performance), 기준(Standards)이 여기에 해당됩니다. 즉, 이해는 수행 기반의 과제나 프로젝트를 기초로 이루어지며 학습자에게 의미 있는 경험을 수행하는 과정 속에서 역량을 함양할 수 있습니다.

## 교육과정-수업-평가-기록의 일체화

정민수(2018)는 실행연구방법으로 분석한 성찰협력과정의 수업연구단계를 활용하여 '교육과정-수업-평가-기록'의 일체화 과정을 교사의 전달과 학생의 참여 측면에서 백워드 설계의 3단계 개발 원리에 맞춰 재조명하였습니다. 또한 기존의 성취기준 기반의 결과중심 평가방법에서 학생의 핵심역량을 반영하는 과정중심 평가방법을 보다 유연하게 적용하기 위해 성장지향 설계모형의 순환적 실행연구 틀을 구성하여 보다 심층적으로 탐구하였습니다.

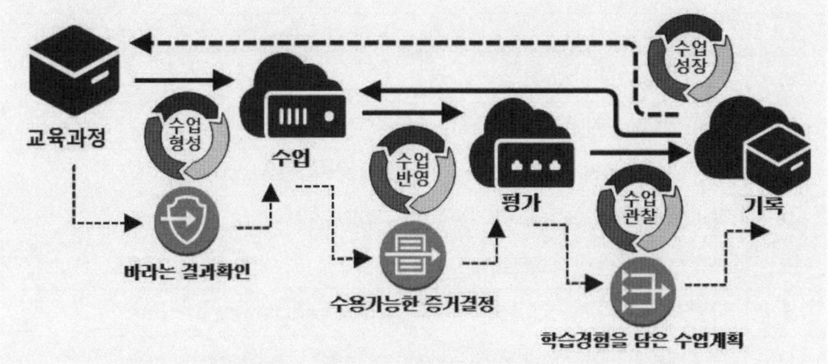


백워드 설계모형의 순환적 실행연구 틀(framework)

실행연구는 자기반성적 탐구활동으로, 특정 문제 상황에서 자신이 하고 있는 일들의 합리성과 정당성을 증진시켜 상황을 개선하는 데 매우 유용하면서도 현장 착근적인 연구방법입니다.

특히 '교육과정–수업–평가–기록'의 일체화 과정이 중시하는 성취기반 접근을 수업형성, 수업반영, 수업관찰, 수업성장 단계로 구분하여 교수적 비계를 설정함으로써 핵심역량 기반의 단원설계 방안을 제공합니다. 또한 '바라는 결과 확인', '수용 가능한 증거결정', '학습경험을 담은 수업계획'의 백워드 설계모형을 맥락적으로 융합함으로써 이해중심 교육과정에서 주목하는 영속적 이해에 대한 수행과제를 핵심역량과 연계하여 제시하는 데 유용합니다. 뿐만 아니라 2015 개정교육과정의 총론에서 제시한 핵심역량에 대한 이해를 바탕으로 단원 설계를 실질적으로 구성하여 성찰협력과정과 백워드 설계모형 간 통합가능성을 탐색하는 데 주요한 기준이 됩니다. 통합가능성 탐색의 주요 설정기준은 구체적으로 다음과 같습니다.

| 요소 | 설명 |
|---|---|
| W | 목표 제시 및 확인(Where and Why) |
| H | 동기유발 및 관심 유지(Hook and hold) |
| E1 | 핵심 개념 및 주제 탐구(Explore and experience, enable and equip) |
| R | 학생 스스로 학습과정에 대한 자기 평가 기회 제공(Reflect, rethink, revise) |
| E2 | 과제 발표 및 평가(Evaluate work and progress) |
| T | 학생 개개인의 재능, 흥미, 요구 반영(Tailor and personalize the work) |
| O | 수업 내용의 조직화 및 계열화(Organize for optimal effectiveness) |

첫째, 바라는 결과 확인이 수업형성으로 연계되는가?

백워드 설계모형의 '바라는 결과 확인'은 교육과정에 제시된 성취기준을 통해 단원의 빅 아이디어를 찾는 과정을 의미합니다(Wiggins & McTighe, 2005). 여기에서 빅 아이디어는 목표 풀기를 통해 확인된다는 점에서 교육과정과 수업을 통합적으로 연계하는 성찰협력과정의 수업형성 단계와 의미 있는 결합 가능성을 엿보입니다. 즉, 바라는 결과 확인이 수업형성으로 연계될수록 백워드 설계모형이 강조하는 영속적 이해가 학문의 핵심으로 전이되고, 보다 일반화된 문장으로 진술될 것입니다.

둘째, 수용 가능한 증거결정이 수업반영에 기여하는가?

백워드 설계모형의 가장 큰 특징은 평가가 수업을 이끌도록 수용 가능한 증거를 설계하는 것입니다. 교사는 학습자들이 실생활에 적용할 수 있는 상황에서 어떤 목표를 가지고 청중을 고려하며 기준에 따라 수행하고 결과물을 만들어야 합니다(김경자 · 온정덕, 2014). 또한 평가를 우선시하는 수행과제의 설계는 수업의 전체적인 과정 속에서 이루어진다는 점에서 성찰협력과정의 수업반영 단계와 맥락적 의미가 같다고 할 수 있습니다. 즉, 증거결정이 수업반영에 기여할수록 백워드 설계모형의 영속적 이해에 대한 증거를 보다 효과적으로 수집할 것입니다.

셋째, 학습경험을 담은 수업계획이 수업관찰로 확장하는가?

백워드 설계모형은 평가의 증거를 만족시키는 데 초점을 맞추어 적절한 학습활동을 계획하여 수업으로 제시합니다. 설계자로서 교사는 학습자들이 학습목표를 구체적으로 설정하고, 평가증거가 확보된 수행과제를 고려하여 학습경험과 수업을 계획해야 합니다. 이때 WHERETO 요소를 고려하여 계획해야 하며 성취기준뿐 아니라 서로에 대해서도 일관성을 지녀야 합니다(강현석 · 이지은, 2013).

이러한 일관성은 영속적 이해로 나아가는 탐구과정 전반을 이끄는 '주요 아이디어'와 '본질적 질문'을 포함한다는 점에서 성찰협력과정의 수업관찰 단계와 전략적으로 같은 맥락에 있습니다. 즉, 학습경험을 담은 수업계획이 수업관찰로 확장될수록 백워드 설계모형의 이해가 실제 교실 수업과 평가로 전이되어갈 것으로 보았습니다.

교사들의 교육과정 재구성 경험은 동료코칭 기반 교사학습공동체를 통해 성찰협력과정으로 반영되었으며, 수업전문성 역량 향상에 도움이 되는 것으로 평가되었습니다. 특히 동료코칭을 통한 교육과정 재구성 및 수업반영 역량과 수업관찰 및 수업협력 역량 부분에서 매우 도움이 되었다는 의견이 많았습니다. 또한 동료코칭에 기반한 교사학습공동체 활동이 성찰협력과정의 수업형성, 수업반영, 수업관찰, 수업성장 단계를 반복하며 교사들의 수업성숙도를 향상시키고 있었습니다. 구체적으로 동료코칭 기반 교사학습공동체가 준비기, 형성기, 발전기로 성장할 때 기여한 성찰협력과정의 수업전문성 구인요소를 단계별로 나누어서 살펴보면 다음과 같았습니다.

첫째, 수업형성 단계에서 수업성숙도를 통한 교사 이해로 효율적인 수업환경이 조성되었으며, 동료교사 간 상호 협력으로 교육과정의 성취기준이 깊이 있게 분석되었습니다.

둘째, 수업반영 단계에서 교육과정 재구성의 범위가 동료교사 간 활발한 수업대화로 의미 있게 조율되었으며, 수업성숙도 검사에 의한 교사의 강점을 살려 효과적인 수업 및 학생지도 역량으로 발현되었습니다.

셋째, 수업관찰 단계에서 수업성숙도 재검사에 의한 교사의 수업전문성 변화 추이를 확인하였으며, 구조화된 수업전개 및 시간관리를 통해 교사의 가르침이 학생의 배움으로 형성되도록 동료교사 간 상호작용이 활발히 이루어졌습니다.

이러한 동료코칭이 교사학습공동체를 통해 이루어진다면 공동의 목적을 위하여 구성원들 간의 상호작용이 일어나 집단지성이 형성되고, 협력적 수업성장이 보다 효과적으로 이루어질 것입니다.

교사학습공동체는 전문적 학습공동체, 교사 자율연구모임, 교사 공동체, 자생적 교사모임, 교사학습동아리 등 다양한 형태로 학교 현장에서 오랫동안 유지해왔습니다. 즉 교사학습공동체는 교수 · 학습에 대해 배우기 위해 자발적으로 모인 집단 공동체입니다. 따라서 상호 동료코칭 기반의 교사학습공동체를 조직하여 교사들이 수업코치와 수업자의 역할을 순환적으로 경험하는 것이 중요합니다. 또한 이런 동료코칭의 경험을 토대로 교사들의 교육과정 재구성 측면의 경험과 인식을 살펴보고, 교육현장의 일반화 가능성을 모색할 필요가 있습니다.

# 2 성취기준: 성취기준은 수업의 나침반이다

케이스 스토리 19

## 성취기준이 무엇이라고 생각합니까?

**홍:** 산 너머 산이네요. 교육과정이 두루뭉술한 안개라면 성취기준은 구름 같아 보여요. 눈을 크게 뜨고 올려다보지 않으면 안 보입니다. 성취기준은 간단히 말해 일련의 교육활동 후 학생이 도달해야 하는 바람직한 상태를 문장으로 표현한 것입니다. 쉽게 풀어 덧붙이자면 "잘 배웠다면 이건 알아야 해, 이런 걸 할 수 있어야 해, 이런 마음가짐을 가져야 해."를 문장으로 정리한 것이죠. 그래서 교사는 해당 학년의 교과, 각 단원, 매 차시의 수업을 계획하기 전 반드시 성취기준을 고려해야 합니다. 성취기준이 교육활동을 지휘하니까요.

| 성취 | 기준 | 요소 |
|---|---|---|
| 잘 배웠다면 | 이것을 알고 있어야 해 | 지식 |
| | 이건 할 수 있어야 해 | 기능 |
| | 이런 마음가짐을 가져야 해 | 태도 |

**정:** 성취기준은 바로 수업의 나침반이라 할 수 있습니다. 항해를 하는 뱃사람들은 별자리를 보고 가야 할 방향을 찾았다고 하죠. 지금은 GPS를 통해 항로를 찾는 것이 편리해졌지만, 예전에는 별자리가 방향과 위치를 표시해주고 항로를 안내하는 중요한 역할을 했습니다. 그런데 교사가 하는 수업의 위치가 어딘지에 따라 바라봐야 할 별자리가 달라집니다. 즉 지금 수업의 내용이 북반구를 지나가고 있다면 북두칠성을 찾아야 하지만, 남반구를 지나고 있다면 남십자성을 찾아야 합니다. 남십자성은 남반구 밤하늘을 수놓는 네 개의 십자가 모양 별을 말합니다. 특히 바다의 면적이 북반구보다 훨씬 넓은 남반구에서는 육로보다 항로를 많이 이용했기에, 남십자성은 더욱 중요한 의미를 갖습니다.

수업은 마치 밤바다를 항해하는 것과 같습니다. 이런 밤바다를 항해할 때 가장 중요한 것이 방위 측정인데, 이때 중심지표가 되어주는 성취기준을 제대로 바라보고 있는지 성찰해야 합니다.

**홍:** 성취기준은 나침반과 같다는 표현이 정말 다가오네요. 가르치고 배우는 과정은 여행 중에서도 아주 혼란스럽고 다사다난한 여행에 속하죠. 가이드의 설명에 따라 이동하며 편안하게 여행코스를 즐기

는 패키지 여행이라기보다는 교사와 학생이 한 팀이 되어 각자 배낭을 메고 대책 없이 떠나는 자유여행에 가깝거든요. 학습목표라는 목적지가 있지만 배움에 동행하는 학생들의 상태도 제각각이고, 여정을 지속하다 고비를 만나 뒤처지는 사람과 자만심에 무작정 앞서가는 사람, 의욕 없이 멈춰서 주저앉아버리는 사람들이 혼재하니까요. 그럴 때 분명한 목표로 전진하기 위해서는 반드시 성취기준을 고려하여 일행을 인도해야 합니다.

임용고시를 준비하면서 과목별로, 또 영역별로 켜켜이 쌓여 있는 성취기준을 쓰고 외우느라 엄청 고생했던 기억이 납니다. 개념과 위계를 파악하지 않고 머릿속에 쑤셔 넣다 보니 다시 현장에 나와 지도서를 들췄을 때는 성취기준의 문장들이 덩그러니 널브러져 있는 것처럼 보였어요. 나침반이 많지만 저는 사용법을 하나도 모르는 단순하고 무지한 상태였죠! 사실 지금도 잘 모르겠어요. 100퍼센트 활용할 수 있으면 좋을 텐데요.

케이스 스토리 20

## 성취기준을 반영하여 지도하고 있습니까?

**홍:** 얼마 전까지만 해도 성취기준은 지도서 맨 앞장에 묻혀 있는 요술램프 같은 존재였습니다. 있어도 안 보이고, 아는 것 같지만 모르는 이 신비한 물건은 혁신학년 회의에서 교육과정 재구성을 하면서

비로소 제 눈에 들어왔어요.

저와 같은 저경력 교사들은 성취기준이 무엇인지, 그것이 수업에 어떤 영향을 미치는지 짐작하기조차 어려울 것이라 예상합니다. 성취기준을 염두에 두지 않으니 지도서의 학습목표나 평가목표 위주로 수업이 흘러가지요. 연주를 하면서 악보도 안 보고, 지휘도 따르지 않은 셈입니다.

성취기준이 중요하다는 것은 알겠는데, 이것을 어떻게 다뤄야 할지가 문제입니다. 머리 위에 붕 떠 있는 성취기준을 어떻게 교실로 끌어와야 할까요.

**정:** 항해하는 배가 클수록 마치 미끄러지듯이 간다고 합니다. 아마 그 배에 타고 있는 손님이라면 그저 유유히 떠내려가는 배에 몸을 싣고 편안히 여행을 즐기면 되겠지요. 그러나 만일 그 큰 배를 운행해야 하는 선장이라면 어떨까요? 여객의 안전항해를 도모할 최고 책임자로서 출항 전의 선박 검사는 물론이고 항로의 암초나 조류 등을 파악하느라 무척이나 분주할 것입니다. 그럼 교실 수업을 이끌어가야 하는 교사는 어떨까요? 적어도 여행 온 손님이 아니라 여객선에 타고 있는 아이들을 책임지는 선장이라고 해야 하겠지요.

성취기준은 교실 수업이라는 큰 배를 운행하는 교사에게 주어진 지침서입니다. 만일 이 지침서를 제대로 인지하지 못하고 운행한다면 무슨 일이 벌어질지 상상이 되겠죠? 교육과정 성취기준을 교실 속으로 끌어오는 방법은 그 안에 들어 있는 지식과 기능, 그리고 가치와 태도를 정확히 인지하는 것이랍니다. 성취기준의 그런 인지과정이 처음부터 경험적으로 교실 속으로 들어오지는 않겠지만 교실 수업의 기준점을 찾아간다면 점점 익숙해질거예요.

**홍:** 교사가 성취기준을 들여다보고, 이해하고, 수업에 반영하려면 어떻게 해야 할까요? 선생님들은 어떻게 하고 계신가요?

제 생각에는 우리가 그 간결한 문장을 소재 삼아 상상력을 발휘하는 것이 관건인 것 같아요. 같은 감자로도 감자조림, 감자볶음, 감자전, 감자샐러드와 같이 다양한 요리가 나오는 것처럼, 압축되어 있는 성취기준에서 다채로운 수업이 뿜어져 나올 수 있기 때문입니다. 성취기준을 요리해서 우리 반 학생들에게 딱 맞는 형태로 맛있는 수업을 만들어낼 수 있도록 더 연구해야겠네요.

# 3 맞춤형 수업: 맞춤형 수업은 개별학습의 완성이다

케이스 스토리 21

## 우리 반 맞춤 수업을 하기 위해 무엇을 고려해야 할까요?

**홍:** 처음에 저는 제가 가르쳐야 할 학습내용 외에 다른 것에는 신경을 쓰지 못했어요. 설명이 엉키거나 학생들이 집중하지 않으면 수업을 망쳤다고 느꼈고, 당장 진도에 맞게 교과내용을 똑바로 전달해야 한다는 의무감이 강했기 때문이죠. 그런데 제가 아무리 애써서 가르쳐도 학생이 받아들이지 못하면 그 수업은 곧 버린 시간이 되더군요. 그것을 깨닫고 나서부터 수업을 바꿔야겠다고 다짐했죠.

요즈음 수업을 준비하며 제일 먼저 떠올리는 것은 학생의 학습위치입니다. 학생의 학습수준, 학습성향, 학생이 가진 오개념이나 배경

지식, 흥미나 관심도를 포괄하는 개념이지요. 교과내용과 학습목표를 결정하는 것은 성취기준과 교육과정이지만, 개별학습 상태는 이를 보다 섬세하게 조율하는 근거가 되니까요. 학년 차원에서 평균적인 학습수준을 고려했다면, 단위학급 안에서 담임교사는 학생 개인이 어려움을 느낄 만한 지점, 특히 취약한 부분을 구체적으로 그려내야 해요. 지도안이나 학습자료 속의 예시답변들은 모범생들에게나 가능하고, 4D로 살아 숨 쉬는 학생들은 저마다 현재 상태가 천차만별이니까요. 예를 들어, 세 자리 수와 두 자리 수의 곱셈을 함께 배워도 어떤 학생은 계산 자체에 시간이 오래 걸리고, 다른 학생은 문제가 요구하는 바를 제대로 파악하지 못해 식을 잘못 세웁니다. 또다른 학생은 자릿수 개념이 불완전해 곱셈을 잘해놓고는 엉뚱한 답을 쓰지요. 이렇게 제각각인 학생들의 상태를 정확히 파악하고 대비하는 것이 중요합니다.

두 번째는 학급 특성입니다. 똑같은 재료로 레시피 그대로 요리했는데 전혀 다른 맛이 날 때가 있죠? 마찬가지로 같은 학년이어도 반마다 분위기가 다르고, 학급 내에서 공통적으로 공유하는 맥락이 다르기 때문에 우리 반 맞춤수업을 위해 빼놓으면 안 되는 부분이 학급 특성이에요. '물체의 무게' 단원을 배우는 동안, 아무리 설명해도 개념과 원리를 잘 이해하지 못해 애를 먹었어요. 용수철 실험, 수평잡기 실험은 재밌게 하면서도 각 차시 학습내용들을 연결시키지 못하다 보니 단원을 총체적으로 정리하기가 난해했지요. 〈네모의 꿈〉을 개사해 〈저울의 꿈〉이라는 제목을 붙이고, 배운 내용을 나름의 가사로 지어 부르도록 했더니 신난 아이들이 훨씬 적극적으로 참여했지요. 노래를 즐겨 부르고, 돌아가며 조잘대는 것을 좋아하는 우리 반 아이들에게는 어떤 정리활동보다도 효과적이었습니다.

♬ 저울의 꿈

문학초 4학년 ○반

둥그런 지구에서 만유인력이 생기면
뉴턴이 낮잠 자고 동그란 사과에 맞네
중력이 끌어당겨 우린 모두 붙어 있으니
무게가 생겨난 거겠지
달나라에 가면 우리 무겐 가벼워지지
왜냐하면 지구의 중력이 약해지니까

무게를 재기 위해 필요한 건 저울이~지
용수철저울 양팔저울
저울의 종류는 정말로 다양하~지
늘어난 용수철 수평잡기의 원리는
의식도 못한 채로 그냥 숨만 쉬고 있는걸
주위를 둘러보면 각자 가볍고 무거운 건데
우리는 언제나 알지 온통 무게가 있다는 걸
세상은 수평을 잡아야 해

우리 반을 보면 무게는 다를 수밖에 없는데
사람들은 왜 다 온통 재려고 하는지 몰라
어쩌면 그건 저울의 꿈인지 몰라~

마지막으로 저는 시대와 장소라는 맥락을 고려하여 수업에 의미를 담으려고 합니다. 같은 내용이어도 시의성이 있거나 실제성이 높으면 학생들은 훨씬 더 귀 기울여 들어요.

5학년 사회과목을 가르칠 때, '지속가능한 개발'을 학습하면서 나온 사례들이 학생들과는 동떨어져 있어 고민했습니다. 간척지 개발이나 댐 설치 같은 사례는 열두 살 학생들에게 생소할 수밖에 없었으니까요. 재미있는 제재가 없을까 고민하다 학교 근처 방직공장 부지 개발을 두고 건설업체와 환경단체, 시 의회 사이에 불이 붙고 있다는 사실이 퍼뜩 떠올랐어요. 뉴스 기사를 학생들 입맛에 맞게 바꾸고, 역할을 나눠 논의하게 했더니 반응이 열광적이었죠. 토론하는 것을 무척 좋아하는 데다 나와 가까이에서 지금 바로 일어나고 있는 일이니 관심이 가지 않을 수가 없었어요. 집에 가서 부모님과 이야기를 하거나 스스로 신문기사를 찾아보는 친구들도 여럿 보였습니다. 무엇보다도 몰입을 이끌어낼 수 있는 현실감 넘치는 사례를 통해서 개념을 확실히 배우는 모습이 보여 뿌듯했어요.

교사로 지내면서 우리 반 안성맞춤 수업을 하기 위해 신경 쓰는 요소들이 더욱 늘어나고 있는 것 같습니다. 아는 만큼 보인다는 옛말이 분명 교실에도 통하는 것이겠지요. 다른 선생님들은 어떤 수업을 하고 계신지 궁금합니다.

**정:** 우리 반 안성맞춤 수업은 담임교사만이 할 수 있는 수업이 분명합니다. 교실 학생들과 동고동락하며 그들의 학습심리상태를 가장 잘 파악하고 있기 때문입니다. 더욱이 초등학교의 경우 담임교사가 대부분의 교과를 직접 지도하고 있어서 학생 개인의 교과역량을 상세하게 파악할 수 있다는 점이 안성맞춤 수업을 가능하게 만들어줍니다. 담임교사가 수업시간에 학생들을 조금만 세심하게 관찰한다면 학생들의 개별 학습위치와 학습상태를 손쉽게 정리할 수 있을 것입니다. 만일 학생들의 개별진단이 어렵다면 학습성숙도 검사 등을 통해 도움을 받을 수 있습니다.

그러나 학생들의 개별 학습진단이 정확히 이루어진다고 해도 우리 반 안성맞춤 수업이 바로 이루어지는 것은 아닙니다. 학습진단과 달리 수업은 가르침의 예술이며 이에 앞서 학생 집단별 또는 개인별 접근이 교육적으로 설계되고 실행되어야 하기 때문입니다. 그래서 교육과정 분석이 선행되어야 하고, 학생의 발달단계에 적절한 수업실행방법이 적용되어야 합니다. 때에 따라서는 주어진 교과서를 버리고 교실에서 수업을 받고 있는 학생들의 지역실태와 학교 특성을 적극 반영하여 공격적으로 재구성해야 합니다. 교사의 그런 노력이 우리 반 안성맞춤 수업을 가능하게 만들어줄 것입니다.

케이스 스토리 22

## 선생님의 수업은 학급에 적절합니까?

홍: 5일 동안 20회 정도 수업을 한다고 가정하면, 그중 적절한 수업은 4~5번에 그치는 것 같아요. 교사생활을 하면 할수록 점점 딜레마가 커지죠. 여러 가지 상충된 요구들이 켜켜이 쌓이기 때문인데요. 저는 이걸 학교의 모순이라 부르고 싶습니다.

'교사는 한 명이다. 학생은 여러 명이다. 여러 과목을 지도해야 한다. 생활지도도 해야 하고, 인성지도도 해야 하고, 행사도 참여하고, 업무도 해야 한다. 할 일은 산더미인데 시간은 없다. 어떻게 하지?'

SNS에서 본 내용 중 굉장히 무릎을 치게 만든 내용이 있었어요.

교사의 업무는

1년 동안 교육과정 운영, 학급 총괄

학기별로 생활기록부 작성, 평가지 제작 및 피드백 전달

분기별로 행정업무, 각종 위원회 회의

월별로 상담, 전 직원 회의, 큰 규모 행사들(운동회, 학예회, 공개수업, 체험학습 등)

한 주마다 수업 계획 수립, 업무 보고, 학년 회의, OO주간행사 활동

매일 생활지도와 수업

기타 사방에서 터지는 긴급하고 다양한 사안 처리

등을 매 순간 동시에 해내는 일이라고요.

그래서 저는 최소한의 기준을 정하고, 내용의 중요도를 따지게 됐습니다. 제가 생각하는 수업의 최소기준은 학생들이 낮은 성취수준에라도 도달할 수 있도록 하는 것이에요. 특히 학습이 느리고 부진한 친구들을 주의 깊게 살펴보고 집중 지도하는데, 정말 힘들면 목표를 하향조정합니다. 학습에 공백이 생기는 것보다는 일단 시도라도 해보고, 어설프게라도 빈칸을 채우는 것이 낫다고 믿기 때문입니다. 또 모든 내용을 전부 쑤셔 넣으려고 하기보다 모르면 안 되는 핵심내용을 골라내고, 그것을 중심으로 곁가지를 뻗으며 수업을 수정해나갑니다. 수업을 하다가 학생들이 관심을 보이는 내용이 나오면 조금 더 알아보기도 하고, 너무 어려워하는 내용이면 간략하게 다루고 넘어가기도 하죠.

배움은 사람과 사람이 함께하는 일이므로 고정되어 있지 않고 늘 변합니다. 저마다 다른 학생에게, 정해진 시간 내에 많은 내용을, 한 번에 알맞게 전달할 수 있다고 믿는 것은 그래서 너무나 허무맹랑한 일일 거예요. 저는 적절한 수업을 만들기 위해서 매번 적절한 실패를 해야 한다고 생각합니다. 저 같은 초보 선생님들이 스스로를 책망하며 무거운 짐을 지기보다는 가벼운 도전을 계속하며 함께 나아갔으면 좋겠습니다.

**정:** '교육은 교사의 질을 넘을 수 없다.'라고 합니다. 이 말은 이미 진부한 이야기이기도 하고, 이걸 빌미로 교사에게 또 다른 책임을 더

하려는 것은 아닙니다. 그러나 실제로 교실 교육은 현장교사의 역량 내에 머무를 수밖에 없는 것이 현실입니다. 문제는 현장교사에게 주어진 과제에 수업 외적인 업무나 잡무들이 너무 많다는 것입니다. 특히 작은 학교일수록 교원 수가 부족하다 보니 이런 현상이 더욱 두드러집니다. 자연스럽게 교사의 수업영역을 업무와 잡무가 갉아먹어 왜소하게 만듭니다. 여기에 소규모 학교의 지역 특성이 반영되어 현저히 낮은 학습상태와 바닥 수준으로 떨어진 학습의욕이 더해지면, 교사의 수업영역은 더 설 자리가 없어지는 것이 현실입니다.

그렇다고 마냥 손을 놓고 현실에 안주한다면 교육은 점점 퇴보하게 될 것이고, 교사의 수업전문성도 학생들의 부족한 학습의욕과 함께 바닥으로 가라앉게 될 것입니다. 더 큰 문제는 교육과정 성취기준을 재구성한다는 명목으로 학생들에게 적용하는 평가기준이 현저하게 낮게 세워진다는 데 있습니다. 낮은 평가기준은 개별 학교 수준에서 높은 성취욕으로 보일 수 있지만 사실 모든 학교의 일반적 수준으로 비교한다면 상대적으로 낮은 성취결과에 머무르는 오류를 범하게 만듭니다. 즉, 낮은 평가기준은 오히려 교육의 하향평준화를 촉발하는 원인이 되므로 장기적으로 볼 때 더 큰 문제를 불러올 수 있음을 기억해야 합니다.

그럼 업무와 잡무에 시달리는 교사들의 수업영역을 넓히려면 어떻게 해야 할까요? 참 어려운 문제입니다. 더욱이 업무나 잡무에 능숙하지 못한 저경력 교사에게는 더 어려운 문제입니다. 그럼에도 작은 해결책이 있다면 수업시간에는 온전히 수업에만 집중하는 것이라고 할 수 있습니다. 교단에서 가르침을 시작하는 신규교사일수록 수업시간을 안정감 있게 확보하려는 노력이 더 중요합니다. 업무와 잡무를 해결하지 못해서 수업이 불안정해지는 것이 아니라, 오히려 수업을 해결하지 못해서 업무와 잡무가 더 늘어난다고 보는 것이 타당합니다. 아직까지 나만의 수업패턴을 찾지 못했다면 지금부터라도 교육의 본질을 다시 고민하고 우리 교실에 적용 가능한 수업을 모색해야 합니다.

**홍:** 저경력 교사일수록 수업에 집중하는 시간을 확보해야 한다는 것은 학교 현장에 막 당도한 새내기 교사들에게 꼭 필요한 이야기 같습니다. 학급살이에 익숙해지고 업무에 적응하면서 수업을 고민하고 탐구할 수 있도록 신규교사들을 위한 학교의 배려와 지원도 꼭 필요하다는 생각이 드네요.

## 4 과정중심평가: 과정중심평가, 결과가 아닌 피드백을 담다

케이스 스토리 23

### 평가와 피드백이 잘 이루어지고 있습니까?

**홍:** 저의 평가관은 대학교 4학년 때 받은 강의에서 뒤집어졌습니다. 앞뒤로 꽉찬 4장의 시험지나 답을 찍는 객관식 평가, 혹은 백지에 내가 아는 모든 것을 구구절절 적어야 하는 서술형 평가 등에 찌들어 있었기 때문에 여타의 학생들과 마찬가지로 '시험'이란 가능하면 피하고 싶은 것, 듣기만 해도 마음 한구석이 답답해지는 무언가였죠. 그런데 교육평가 과목을 배우며 처음으로 바른 시험을 그려볼 수 있었습니다.

고등학교 때 악명 높은 윤리 선생님이 계셨어요. 교과서 한 귀퉁이에 있는 단어를 주관식 문제로 내거나 객관식 문제의 정답 개수를 1개에서 12개까지 마음대로 설정해놓고 알아서 고르라고 하는 식이었어요. 시험이 끝날 때마다 억울하고 답답한 기분이었죠. 그렇게 평가받는 입장에 머물러 있다가 이제 누군가를 평가하는 입장이 되니 제가 받아왔던 평가를 돌아보며 평가란 진정으로 학생의 성장을 도울 때에만 의미 있다는 사실을 깨달았고, 학생들을 제대로 평가해야겠다고 다짐하게 되었습니다.

담임교사로 발령받고 나서 처음에는 학년에서 이미 정해진 평가 계획을 그대로 따랐습니다. 그리고 보호자의 요구에 따라 수학시간에는 쪽지시험을 더 보거나 수행평가 외의 단원평가를 별도로 실시했지요. 그러다가 모순된 상황을 여러 번 경험하면서, 난감한 적이 많았습니다.

먼저 알림장에 '○월 ○일 수학 1단원 단원평가 미리 공부해오기'라고 적을 때부터 질문 공세가 시작돼요.

"선생님, 몇 문제예요?"

"어려워요?"

"시험 몇 교시에 볼 거예요?"

"틀리면 뭐 해야 돼요? 오답 정리 해야 돼요?"

"수행평가에 들어가요? 엄마한테 점수 말할 거예요?"

"100점 맞으면 뭐 해줄 거예요?"

시험이 끝난 후에는 또 볼멘소리가 터져 나와요. 아이들이 제일 궁금해하는 것은 역시 내가 몇 점인지, 친구가 몇 점인지이지요. 대강 점수를 매겨보면서 안심하기도 하고, 뿌듯해하기도 하지만 비 내리는 시험지는 자연히 아이를 주눅 들게 합니다. 시험점수가 중요한 게 아니라 모르는 것이 없도록 스스로 점검하는 것이 중요하다고 누누이 말해도 점수부터 물어보는 아이들의 마음을 이해하면서도, '이건 아니다' 하는 생각에 적잖이 타격이 왔습니다.

시험 시간에는 여러 가지 해프닝이 생깁니다. 처음에는 아이들을 믿고 객관식 문제를 스스로 채점하게 했었는데, 틀리는 게 싫은 학생들이 슬쩍 답을 고치거나 제가 불러준 답을 얼른 받아 적는 게 예사였죠. 방과 후에는 아이들이 1차로 채점한 시험지를 다시 모아서 살펴보고 서술형이나 주관식 문항을 채점했습니다.

채점을 하다 보면 아이가 정말 알고 썼는지 아닌지 헷갈리는 경우가 있어요. 실망스러운 경우는 외워온 공식으로 답은 쓰는데 정작 설명은 못 하거나, 모르는데도 넘겨짚어서 찍어 맞추는 친구들을 볼 때였습니다. 알기는 하는데 실제로 하지는 않는 학생을 마주할 때에는 '시험지 한 장으로 아이를 평하는 건 정말 무리구나' 하고 생각하기도 했지요. 제 확인이 끝나면 시험지는 다시 주인에게 돌아갑니다. 알림장에는 '수학시험 오답정리, 부모님께 사인 받아오기'라고 적지만 저에게 무사히 돌아오는 시험지는 많지 않아요. 책상 속에 구겨져 있거나 속상한 아이들의 화풀이 대상이 되기 쉽지요. 점수를 놓고 부모님과 실랑이를 하다가 시무룩한 얼굴로 학교에 오는 친구들도 많았고요.

5학년에서 했던 '우리 반 알쓸신잡'과 4학년에서 했던 '나도 선생님' 프로젝트에서 자기가 준비한 주제로 발표하는 학생들

그때부터 저는 시험에 손을 대기 시작했습니다. 일단 시험지에서 점수를 없앴습니다. 그리고 아이들이 100점 만점으로 점수를 매기지 못하도록 문제 개수를 11개, 17개 등으로 바꿨죠. 되도록 종이 시험지에는 기초적인 문제를 넣고, 이 내용을 왜 배워야 하는지 쓰거나 직접 문제를 만들어 풀이와 답을 적도록 했습니다. TGT 형식으로 팀원들이 돌아가며 수학퀴즈를 풀거나, '우리 반 알쓸신잡'을 주제로 발표를 하고 친구들에게 평가받게 하거나, 마인드맵을 그려 배운 내용을 점검하도록 하기도 했고요. '제발 점수에 연연하지 마!' 하는 노파심에서 시작했지만 학생에게 도움이 되는 공정하고 의미 있는 평가는 여전히 어렵습니다.

학생에게 평가가 중요하다는 것을 알기에 평가관을 바로 세우고, 평가방식을 다양화하고, 평가의 주체를 바꾸고, 핵심이 되는 평가내용에 초점을 맞추어 제대로 된 평가를 하기 위해 노력하고 있습니다. 제일 좋은 평가는 그 자체로 공부가 되니까요. 우리 교실에서 좋은 평가가 이뤄졌으면 좋겠습니다.

**정:** 예전에는 교실마다 '사랑의 매'가 교탁 위에 놓여 있었습니다. 교사들은 교실 수업을 하다가 자연스럽게 학생들을 가르친다는 명목으로 공공연하게 체벌을 하곤 했습니다. 그러니 시험기간이 되면 교실에서 사랑의 매가 가장 많이 사용되었습니다. 미숙한 학생들 입장에서는 사랑의 매를 피하기 위해서라도 공부에 전념해야 했습니다. 하지만 이것도 최소한 공부에 대한 의욕이 있을 때의 상황입니다. 이미 공부 의욕을 잃었거나 가정환경 등에 문제가 있는 친구들은 오히

려 사랑의 매로 인해 더 큰 반감을 가질 뿐이었습니다.

지금은 어떤가요? 적어도 교실에서는 사랑의 매가 사라졌고 그 빈 자리에 학생인권이 자리 잡았습니다. 예전의 교실 풍경에 비하면 수업도 학습도 강압적인 분위기 대신 자유로운 학습 분위기가 자리 잡아가고 있습니다. 교실에서 이루어지는 학생평가 역시 결과중심의 일제식 평가보다 학습과정을 관찰하여 학생들의 부족한 부분을 피드백하는 과정중심평가가 주목을 받고 있습니다. 자연스럽게 수행평가 비중은 높아졌고, 교사들의 피드백 활동은 더 다양해졌습니다. 적어도 과정중심평가의 이론적 측면에서 볼 때에는 고무적인 변화입니다. 하지만 과정중심평가의 피드백 활동이 보다 유연하게 교사의 교육활동으로 녹아지려면 다소 시간이 필요해 보입니다. 선생님은 지금 과정중심평가를 어디까지 적용하고 있나요?

케이스 스토리 24

## 효과적인 평가를 위해 무엇을 개선해야 합니까?

**홍:** 저는 우리가 평가를 바라보는 시선부터 바꿔야 한다고 생각합니다. 시대가 달라졌지만 아직도 점수를 매겨 등수를 나누고 그에 따라 차등적으로 혜택을 주는 문화는 바뀌지 않았어요. 이야기를 나눠보면 아주 어린 학생들도 시험에 대한 부담감이 크고, 시험 결과에 따른 보상을 당연하게 여깁니다. 여러 방향으로 얽혀 있는 구조를 한꺼

번에 바꾸긴 힘들겠지만, 평가에 대한 관점을 새롭게 정착시키는 것은 교실의 어떤 선생님이라도 시작할 수 있다고 생각합니다. 진짜 학생에게 도움이 되는 평가를 하려면 배움의 과정을 바라보고, 다양하게 평가하고, 평가 결과를 다음 학습에 연결시키는 것이 우선되어야 합니다. 평가를 대하는 자세가 달라지면 평가의 목적과 방식도 훨씬 더 효과적으로 바뀔 것이라는 게 제 생각입니다. 아직 우리에게 익숙하지 않은 성장평가가 더 굳건히 자리 잡혀 교실 수업에도 이어질 수 있기를 바랍니다.

**정:** 우리가 추구해야 할 교육평가가 '성장'을 지향해야 한다는 건 대부분 인정하고 있는 담론입니다. 학생들 앞에서 때로는 엄격하게, 때로는 부드럽게 서 있지만 교사에게 궁극적인 우선과제는 학생들의 성장입니다. 따라서 교실에서 이루어지는 학생평가의 주목적은 '성장을 지원하는 피드백'이어야 합니다.

성장을 지원하는 피드백은 크게 교사와 학생 관점으로 나누어서 살펴볼 수 있습니다.

먼저 교사 관점에서는 수업 진행자 입장에서 비계설정식 피드백을 고려할 수 있습니다. 이는 수업의 주제에 학생들이 효과적으로 도달하도록 현재의 지식 및 기능과 새로운 수행과제 간의 다리를 제공하는 피드백 활동을 의미합니다. 또한 수업을 이끌어가는 교수자의 가르침과 학습자의 배움 사이의 간극을 연결하는 피드백 활동을 의미합니다.

다음 학생 관점에서는 학습목표에 효과적으로 도달하기 위한 목표

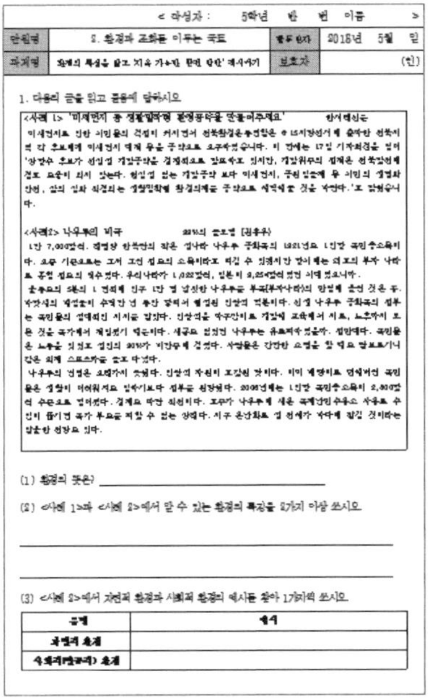

< 작성자 : 5학년 반 번 이름 >

| 단원명 | 2. 환경과 조화를 이루는 국토 | 활동 일자 | 2018년 5월 일 |
|---|---|---|---|
| 과제명 | | 보호자 | (인) |

1. 다음의 글을 읽고 물음에 답하시오.

(1) 환경의 뜻은?

(2) <사례 1>과 <사례 2>에서 알 수 있는 환경의 특징을 2가지 이상 쓰시오.

(3) <사례 2>에서 자연적 환경과 사회적 환경의 예시를 찾아 1가지씩 쓰시오.

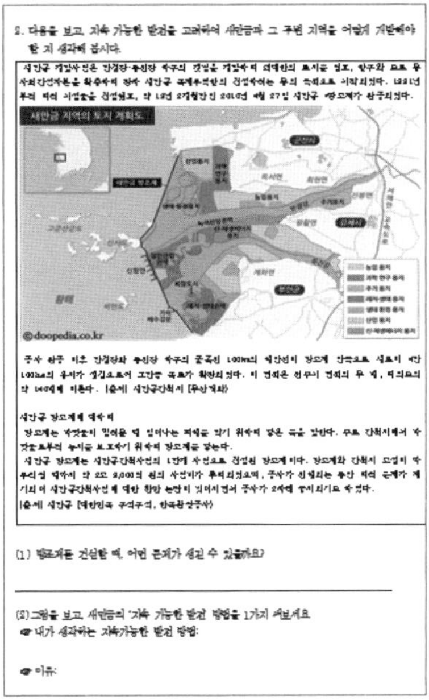

© doopedia.co.kr

5학년 사회과목 평가지

지향적 피드백을 살펴볼 수 있습니다. 교실 수업을 학생들이 교육과정 성취기준에 도달하도록 이끄는 과정이라고 할 때 학습목표에 대한 다양한 정보를 제공하는 피드백 활동을 의미합니다. 학생들은 목표지향적 피드백을 통해 교수자로부터 미도달 수준의 학습정보를 확인받을 수 있으며, 그에 따른 보충지도 및 학습자료를 제공받을 수 있습니다. 이러한 피드백 활동은 교사와 학생 모두에게 가르침과 배움을 보다 풍성하게 만드는 디딤돌 역할을 해줄 것입니다.

**홍:** 교사와 학생, 학부모가 평가관을 공유하며 함께 가치를 세우는

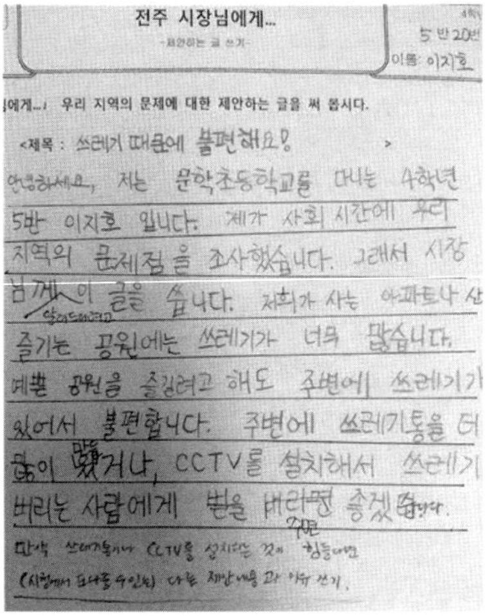
전주 시장님에게...
-제안하는 글 쓰기-
5반 20번
이름: 이지호
「전주 시장님에게...」 우리 지역의 문제에 대한 제안하는 글을 써 봅시다.
<제목 : 쓰레기 때문에 불편해요! >
안녕하세요, 저는 문학초등학교를 다니는 4학년 5반 이지호 입니다. 제가 사회 시간에 우리 지역의 문제점을 조사했습니다. 그래서 시장님께 이 글을 씁니다. 저희가 사는 아파트나 산 즐기는 공원에는 쓰레기가 너무 많습니다. 예쁜 공원을 즐길려고 해도 주변에 쓰레기가 있어서 불편합니다. 주변에 쓰레기통을 더 많이 놓거나, CCTV를 설치해서 쓰레기 버리는 사람에게 벌을 내리면 좋겠습니다.
만약 쓰레기통이나 CCTV를 설치하는 것이 힘들다면 (시청에서 도와줄 수 있는) 다른 제안 내용과 이유 쓰기.

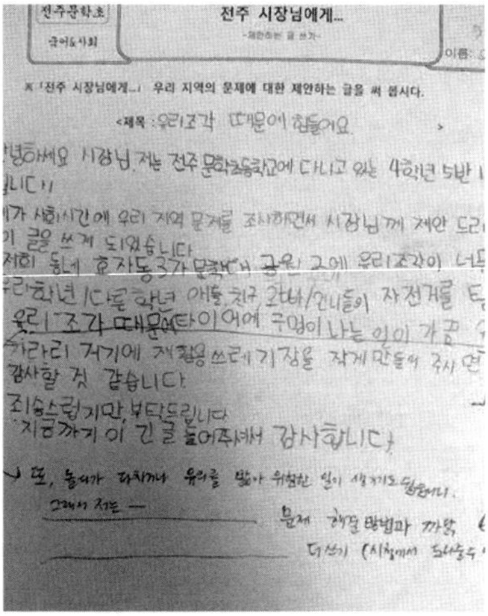
전주문학초
국어&사회
전주 시장님에게...
-제안하는 글 쓰기-
※「전주 시장님에게...」 우리 지역의 문제에 대한 제안하는 글을 써 봅시다.
<제목 : 유리조각 때문에 힘들어요 >
안녕하세요 시장님. 저는 전주 문학초등학교에 다니고 있는 4학년 5반 ... 입니다.
제가 사회시간에 우리 지역 문제를 조사하면서 시장님께 제안 드리... 이 글을 쓰게 되었습니다.
감사할 것 같습니다.
죄송스럽지만, 부탁드립니다.
지금까지 이 긴 글 읽어주셔서 감사합니다.

국어시간의 개별 피드백

작업이 필요하고요. 다음은 평가방법과 내용을 다져야죠. 그리고 그 위에 피드백이 들어가야 하고요. 이때 중요한 것은 변인을 통제하고, 학생의 학습을 막는 독립변수를 추적하는 작업이에요.

결과는 A지만 사실 그 결과에 영향을 미친 원인은 학생마다 B, C, D 등으로 다양하기 때문이에요. 필요한 도움을 주기 위해서는 왜 여기서 틀렸는지 살펴서 진단해야 하고요. 그럴 때, '초등교사는 1+1=2만 가르치면 되는데 뭐가 어려워?'라고 생각하는 사람들을 보면 답답하기도 합니다.

교사가 학생과 소통하며 피드백을 교환하고, 또 가정의 학부모에게 평가 결과를 공유하면서 유의미한 과정을 거치는 것이 올바른 평가를 위한 핵심사항이지 않을까요?

# 정샘! Talk Talk

교실 수업을 이끌어가야 하는 교사의 최대 당면과제는 수업자와 평가자의 역할입니다. 그런 교사가 가장 주목해야 할 참조근거는 교육과정 성취기준이고요. 교육과정 성취기준은 교사로 하여금 가르쳐야 할 분명한 방향을 제시해줄 뿐만 아니라, 교사에게 주어진 지도서와 교과서를 참고하여 구성 또는 재구성의 폭을 결정하는 데 기준이 됩니다. 이러한 교육과정 성취기준을 참조하여 단원목표와 관련한 핵심질문을 던져본다면 교사의 지도범위가 더욱 분명해지는 효과를 얻을 수 있습니다.

또한 교육과정 성취기준을 참조한 핵심질문은 학습자 입장을 고려하여 예상되는 어려움과 해결방안으로 확장하여 사고의 폭을 넓히는 데 도움을 줍니다. 즉, 핵심질문 세우기는 교육과정 성취기준의 참조근거를 명확히 수립하는 중요한 절차라고 할 수 있습니다.

## 첫째. 교육과정 성취기준 관련 핵심질문 세우기

참조근거에 의한 교육과정 재구성 주제가 수립되었다면 효과적인 목표 도달을 위해 차시별 수업디자인을 해야 합니다. 수업디자인은 교사의 가르침과 학생의 배움이 동시에 포함되어야 하며, 교육과정 재구성 주제와 일관성을 유지해야 합니다. 이는 교육과정 성취기준에서 제시된 지식과 기능을 연결하는 작업으로 각 차시별 수업계획을 보다 명확하게 수립하는 데 일조합니다. 특히 수업의 구체적인 맥락 속에서 교사와 학생이 주목해야 할 핵심지식을 명료화하는 데 도움을 줍니다. 또한 교육과정 성취기준의 핵심지식을 활용하여 수행해야 할 기능을 선별하고 각 차시별 활동내용으로 구성하는 데 도움을 줍니다. 즉, 수업디자인에서 명료화하는 지식과 기능은 교육과정 성취기준을 참조하고 있습니다.

## 둘째, 교육과정 재구성 주제에 따른 수업디자인

교육과정 성취기준의 참조는 수업디자인과 함께 평가의 수용 가능한 증거결정으로 이어집니다. 수용 가능한 증거결정은 재구성한 학습목표의 핵심지식을 학습요소와 기능으로 어떻게 활용할지에 대한 문제로 접근해야 합니다. 이를 위해 앞에서 구상한 수업디자인 중 수용 가능한 증거결정으로 초점화(focalization)할 차시를 선정하여 구체적인 질문으로 나타내 보이는 것이 중요합니다. 또한 교육과정 성취기준을 참조로 구성된 수업디자인과 밀접하게 연계된 재구성 평가기준을 수립해야 합니다. 여기에서 재구성 평가기준이란 수업디자인의 학습요

| 교육과정 성취기준 | **문학** 4국05-05<br>재미나 감동(지식)을 느끼며 작품을 즐겨 감상하는 태도를 지닌다(기능). |
|---|---|

| 핵심 질문 | 재미나 감동을 느낀 부분을 찾으며 작품을 감상할 수 있는가? |
|---|---|
| 예상되는 어려움 & 해결방안 | • 문학작품을 자신의 삶과 관련지어 경험을 담아 창작하려는 의지가 필요하다.<br>☞ 단순한 단어교체를 넘어 관련 경험을 떠올릴 수 있도록 지도한다.<br>• 모둠에서 우수 문학작품을 선정하여 발표작품을 완성하려는 노력이 필요하다.<br>☞ 모둠 친구들의 창작 작품을 상호 공유하며 보완할 수 있도록 지도한다. |

교육과정 성취기준 관련 핵심질문 세우기

| 수업 디자인 | **주제** 문학 프로듀스 101 | 지식 | 기능 |
|---|---|---|---|
| 문학감동<br>전달하기<br>(1차시) | • 시에서 재미나 감동을 느낀 부분을 찾아보기<br>• 재미나 감동을 느끼며 시를 친구들 앞에서 낭송하기<br>• 작품과 비슷한 자신의 경험을 떠올려 보고 느낌을 기록하기 | 동시<br>재미와 감동 | 찾아보기<br>낭송하기<br>기록하기 |
| 문학감동<br>소개하기<br>(2차시) | • 「강아지 똥」에서 나오는 인물을 자세히 살펴보기<br>• 「강아지 똥」에서 느낀 재미와 감동을 친구들에게 소개하기<br>• 「강아지 똥」의 인상 깊은 장면을 중심으로 역할극 대본을 보고 모둠별로 소개하기 | 강아지 똥<br>등장인물<br>인상 깊은 장면 | 인물 살펴보기<br>감동 소개하기 |
| 문학감동<br>표현하기<br>(3차시) | • 「만복이네 떡집」을 읽고 인상 깊은 장면 찾기<br>• 「만복이네 떡집」에서 재미나 감동을 느낀 부분을 찾아 표현하기<br>• 내가 가져온 작품 속에서 재미나 감동을 찾아 공책에 표현하고 친구들과 공유하기 | 만복이네 떡집<br>재미와 감동 | 장면 찾기<br>표현하기<br>공유하기 |
| 문학감동<br>창작하기<br>(4차시) | • 모둠 친구들과 정한 책 속의 인상 깊은 장면 찾기<br>• 인상 깊은 장면을 중심으로 재미나 감동을 느낀 부분을 개작하여 표현하기(4절지 활용)<br>• 다른 모둠 친구들의 표현 작품을 보고 궁금한 점을 찾아 포스트잇으로 질문하기 | 인상 깊은 장면<br>재미와 감동 | 장면 찾기<br>표현하기<br>질문하기 |
| 문학감동<br>발표하기<br>(5차시) | • 모둠에서 창작한 작품을 다시 살펴보고 보충하기<br>• 창작 작품의 주요 장면을 친구들과 역할을 나누어서 발표하기<br>• 친구들의 작품 발표를 듣고 인상 깊은 장면을 찾아 스티커로 붙이고 질문하기 | 문학 작품<br>인상 깊은 장면 | 보충하기<br>발표하기<br>질문하기 |

교육과정 재구성 주제에 따른 수업디자인

소를 수업-평가로 연계하기 위한 초점화 차시의 성취기준(학습목표)에 대한 도달/부분도달/미도달의 수준을 의미합니다.

| 수용 가능한 증거결정 | | 책(학습요소) 속의 재미나 감동을 중심으로 자료를 정리하여 잘 소개(활용)하는가? |
|---|---|---|
| 재구성 평가기준 | 도달 | 자신이 읽은 책 속의 재미나 감동부분을 찾아 자료를 정리하여 친구들에게 내용을 실감나게 잘 소개한다. |
| | 부분 도달 | 자신이 읽은 책 속의 재미나 감동부분을 찾아 자료를 잘 정리하나 친구들에게 내용을 실감나게 소개하지 못한다.<br>**피드백 방안**<br>자신이 읽은 책 속의 재미나 감동부분을 인물의 말과 행동을 중심으로 정리하고 친구들에게 소개할 때에도 인물의 특징을 생각하며 표정 및 억양 등을 흉내 내며 발표할 수 있도록 지도한다. |
| | 미도달 | 자신이 읽은 책 속의 재미나 감동부분을 잘 찾지 못하고 내용을 잘 소개하지 못한다.<br>**피드백 방안**<br>자신이 읽은 책 속의 재미나 감동된 부분이 어디에 있는지 하이라이트하며 내용을 다시 파악할 수 있도록 한다. 또한 인물의 특징을 생각하며 말과 행동을 중심으로 교과서에 있는 예시처럼 적어볼 수 있도록 지도한다. 더불어 책 속 인물의 표정과 억양 등을 상상해가며 발표할 수 있도록 지도한다. |

수용 가능한 증거결정에 따른 피드백 방안

이러한 재구성 평가기준의 수립은 핵심지식의 활용을 통한 기능의 성취기준 도달 여부를 보다 구체적으로 명세화하는 데 도움을 줍니다. 검사 명세화(test specification)란 검사의 목적이 결정된 다음, 그 목적에 부합하는 검사를 개발하기 위하여 검사문항의 형태, 검사의 길이, 검사 내용의 구체화 등 검사개발 계획을 명확히 하는 과정을 의미합니다. 또한 재구성 평가기준은 차시의 학습목표에 도달하지 못한 학생들에 대한 피드백 방안을 포함할 수 있습니다. 즉, 피드백 방안의 이런 접근은 단원중심의 수업을 전개해야 하는 교사로 하여금 부분도달/미도달 학생에 대한 지도대책을 교육과정-수업-평가-기록의 일체화 맥락으로 접근하는 데 도움을 줍니다.

## 셋째, 참조근거를 고려한 평가 설계 구조도 그리기

| 평가 설계 | 교육과정-수업-평가-기록의 일체화를 위한 구조도 | | | | | | | |
|---|---|---|---|---|---|---|---|---|
| 문학감동 전달하기 (1차시) | | 문학감동 소개하기 (2차시) | | 문학감동 표현하기 (3차시) | | 문학감동 창작하기 (4차시) | | 문학감동 발표하기 (5차시) |
| **지식**/기능/태도 | | 지식/**기능**/태도 | | 지식/**기능**/태도 | | 지식/**기능**/태도 | | 지식/기능/**태도** |
| 자신의 경험에 비추어 동시를 창작할 수 있는가? | ⇒ | 역할극 대본을 보고 인상 깊은 장면을 소개하는가? | ⇒ | 책 속의 재미나 감동을 찾아 친구들에게 잘 소개하는가? | ⇒ | 재미나 감동을 느낀 부분을 친구들과 잘 창작하는가? | ⇒ | 친구들의 작품을 감상하고 질문할 수 있는가? |
| 피드백<br>초기 습작을 작성하듯이 자신의 경험을 담을 수 있도록 한다. | | 피드백<br>자기 역할의 인상 깊은 장면을 찾도록 도와준다. | | 피드백<br>책 속 인물의 말과 행동을 구분하여 찾아보도록 한다. | | 피드백<br>재미나 감동적인 부분을 친구들과 따라해 보도록 한다. | | 피드백<br>작품 속의 재미나 감동적인 부분을 찾아보도록 한다. |

참조근거를 고려한 평가 설계 구조도

참조근거를 고려한 평가 설계는 교육과정–수업–평가–기록의 일체화 맥락으로 접근합니다. 이는 수업의 흐름이 대체적으로 지식을 형성하는 인지적 학습에서 지식을 활용하는 기능적 학습으로 이어진다는 점에서 단원중심 또는 차시중심의 평가계획과 비계설정식 피드백(성태제, 2019) 방안을 수립하는 데 의의가 있습니다.

비계설정식 피드백이란 교사주도형 피드백으로, 학생들이 수업을 잘 이해하고 따라오도록 개별화된 피드백을 적절한 양으로 제공하는 데 의의가 있습니다. 이를 평가의 참조방식으로 설명하자면 지식의 핵심개념을 형성평가 중심으로 확인하고, 지식을 활용하는 기능을 수행평가중심으로 점검하여 수행 결과물을 도출할 수 있습니다. 위 평가 설계의 경우 1차시는 지식의 핵심개념을 중심으로, 2차시~4차시는 기능중심의 수행평가가 설계되었음을 알 수 있습니다. 마지막 5

차시는 가치 · 태도중심의 형성평가가 이루어지고 있습니다. 이러한 평가 설계 방식은 특정 단원의 전체 또는 특정 차시 일부분에 걸쳐서 진행할 수 있습니다.

"매일의 경험이 쌓여 더 탄탄한 수업을
만들어갑니다.
우리는 모두 작은 실패를 반복하며
조금씩 성장하니까요.
선생님들의 도전과 응전을 기대합니다."

학생뿐만 아니라 선생님에게도

친구가 필요합니다.

문제가 터졌을 때 느끼는 막막함과 모든 것을 홀로 책임져야 한다는 고립감은 교사를 두렵게 하지요. 그럴 때, 고민을 나누고 어려운 문제를 같이 해결해나갈 동료가 있다면 누구든 그 존재만으로도 큰 힘이 될 것입니다.

| 4부 |

# 교육공동체,
# 성찰의 꽃을 피우다

# 1 교실공동체: 누가 배움을 주도하는가

케이스 스토리 25

## 교실에서 배움의 과정을 누가 주도하고 있습니까?

**홍:** 언젠가 제가 아이들에게 물은 적이 있습니다.

"얘들아, 우리 반의 주인이 누구일까?"

아이들이 해맑게 답했어요. "선생님이요!"

제 표정이 마뜩찮아지자 아이들이 서둘러 덧붙였습니다. "아, 아닌가? 그럼 반장이요!"

학급의 주인은 우리 모두이니까 책임감을 가지고 생활하자는 말을 하려던 제 의도는 와르르 무너졌습니다.

그렇지만 의도하든 그렇지 않든 교실의 대장은 선생님인 경우가 많아요. 특히 왁자지껄한 쉬는 시간이나 사뭇 진지한 회의 시간을 빼고 수업시간만 놓고 살펴본다면 대부분의 교사들이 한 시간 내내 대장 노릇을 하고 있다는 사실을 부인하지 못할 것입니다. 우리 반을 놓고 본다면 어떨까요? '떠드는 시간은 오히려 애들이 더 많으니까 권력지분을 45퍼센트는 줘야지' 하다가 정신을 차렸어요. 권력은 무언가를 시키는 사람에게 있는 것이니, 줄다리기에서 우위에 서 있는 쪽은 확실히 저 같습니다. 이렇게 배움의 장면에서 제 힘이 세다 보니 아이들을 밀어붙이며 끌고 갈 때가 많아요. 그래서 때로 교실은 왕좌를 놓고 싸우는 전쟁터가 됩니다. 학생들은 돌아다니고, 딴짓하고, 혼을 빼놓는 반란군이고, 저는 그들을 진압하는 폭군이 되어버리죠. 4월이 되면 더 이상 견디지 못한 채 목소리는 쉬어버리고, 교사도 학생도 씨름하다 백기를 듭니다. 배움을 놓고 줄다리기를 하다가 포기하지 않으려면 균형을 잡아야 해요. 어떻게 해야 할까요?

**정:** 학생들이 미숙할수록 교사에게 더 주도권이 실리기 마련입니다. 교사의 눈높이에 비해 학생들의 학습수준이 현저히 낮다면 당연한 결과라고 할 수 있을 것입니다. 어쩌면 교사의 일제식 강의를 통해 학생들의 학습수준을 한 단계 업그레이드하는 것이 최상의 교수법일지도 모릅니다. 하지만 장기간 수업의 주도권이 교사에게만 머물러 있다면 그런 교실의 학생들은 의지박약 상태에 빠져 수동적 학습자로 전락해버릴 수도 있다는 사실을 기억해야 합니다. 대표적으로 모둠활동을 하지 않는 교실일수록 학생들의 의사소통능력이 낮아지며 문제

해결의 주도성을 갖지 못하고 오히려 교사만 바라보는 현상이 두드러집니다. 그런 교사바라기 교실은 배움이 일어나더라도 임시방편적 학습에 머무르며 문제해결의 주도성을 잃어버릴 가능성이 높아집니다.

따라서 수업의 권력을 학생들에게 조금씩 이양하는 연습이 필요합니다. 비록 당장은 수업의 효과성이 떨어진다 하더라도 학생들 스스로 문제해결 전략을 세워보고 배움을 일으키려는 노력이 필요합니다. 아마도 일정 기간 동안은 어린아이가 걸음마를 배우듯이 수많은 시행착오를 겪어야 할지도 모릅니다. 때로는 균형감각이 없어서 넘어지고, 때로는 다리에 근육이 부족하여 지탱하지 못하는 등 예기치 못한 실패의 이유들을 만나야 할지도 모릅니다. 그럼에도 불구하고 학생들 스스로 배움의 주체성을 갖고 도전하도록 격려하고 지지해주어야 합니다. 그것이 우리 교사가 해야 할 가장 좋은 방법일 것입니다.

**홍:** 수석 선생님, 증발과 끓음의 차이가 뭔지 혹시 아시나요? 증발은 물 표면에서 일어나요. 끓음은 물 전체에서 기화가 일어나는 현상이죠. 증발은 상온에서 일어나지만 끓음은 액체가 끓는점에 도달해야 시작됩니다. 좋은 수업은 학생들을 끓어오르게 만드는 것 같아요. 교사는 내면 깊숙한 변화를 일으키기 위해 학생들 저마다의 끓는점을 알고 열을 가해야 하죠.

교실의 주도권을 학생과 나눠 갖기 위해서는 학생들이 언제든 스스로 도전할 수 있도록 지원해주는 게 중요하다고 하셨죠? 저는 그래서 학생들에게 공간과 시간을 마련하는 일이 가장 먼저 이뤄져야 한

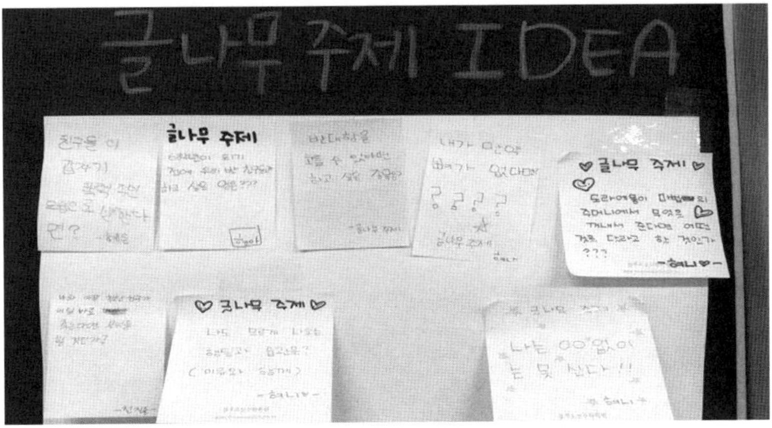


쓰고 싶은 글의 주제를 적는 게시판

다고 봅니다. 저희 반은 일주일에 두 편씩 주제를 정해 글을 써서 냅니다. 매번 제가 주제를 주다가 어느 날은 아이들의 의견을 받아봤어요. 생각보다 정말 다양한 아이디어가 많이 나왔고, 실제로 호응도 참 좋았습니다. 그 후로 교실 한쪽에 글로 쓰고 싶은 주제를 언제든지 적어둘 수 있도록 게시판을 만들었어요. 배움의 과정에서 학생들이 주인공이 되기를 바라는 마음입니다.

케이스 스토리 26

## 학생과 함께 수업을 만드는 것의 장점과 단점은 무엇입니까?

**홍:** 장점은 '재미있다. 힘이 덜 든다. 이후의 뿌듯함이 오래간다.' 이고 단점은 '모두가 재미있어 하지는 않는다. 힘이 더 들 수도 있다.

뿌듯함만 남을 수도 있다.'이지요.

학생과 함께 수업을 만든다는 것, 참 멋져 보이더라고요. 아예 교과서를 살펴보면서 한 학기 동안 무엇을 배울지 학생들과 함께 고르는 선생님도 계신다고 들었는데, 저는 아직 그런 배짱은 없어요. 대신에 "심화활동은 너무 어려워서 넘어가려고 하는데 괜찮지?" 하고 아이들에게 물어보거나 "실험을 먼저 할까? 영상을 먼저 볼까?" 하고 선택지를 주는 식입니다. 학예회 공연을 짤 때는 학생들과 노래를 함께 고르거나 어떤 공연을 할지 난상토론을 벌이기도 했어요.

그런데 A부터 Z까지 만들려고 하니 의견이 쉽사리 통일되지 않았습니다. 전부 서운하지 않으면서도 모두 만족하는 완벽한 대안은 없기에, 의견을 조율하고 결정하는 데 있어 분명한 기준을 제시해야 했지요. 그래서 저는 학습에 학생의 의견을 반영하고, 수업에서 자유로울 수 있는 공백은 학생이 채우도록 하는 방법을 택했어요. 예를 들어 학습내용을 제가 다 설명하는 것이 아니라 특정한 주제를 주고, 역할을 나누어 미션을 수행하면서 배우도록 하는 식입니다. 학생들은 나름대로 결과물을 만들면서 더 알고 싶은 내용을 찾기도 하고, "이렇게 해도 되나요?" 하고 제게 의견을 묻기도 하죠. 저는 관찰자이자 조력자로서 아이들에게 시간과 기회를 주고, 과제를 제시합니다. 그렇게 함께하니 학생들도 적극적이고, 저도 여유가 생기는 것 같아요.

헤매던 아이들이 나름대로 길을 찾아가는 모습을 보면 정말 뿌듯하고 행복하죠. 그러나 균형을 잃으면 그냥 노는 시간, 마음대로 하는 시간이 되어버리기 때문에 교사와 학생 모두 무엇을 어떻게 해야 할지 분명하게 이해할 필요가 있습니다.

수업 후 학생들에게 피드백을 받으며 답을 찾고 있는데, 더욱 유익하고 짜임새 있는 수업을 같이하고 싶다는 생각이 드네요. 거꾸로 수업 등 다른 형태의 수업도 궁금해요. 학생을 교실의 주인으로 세우기 위해서는 무엇보다도 아직 미숙한 학생의 특성을 이해하고, 당장 별다른 결과나 성과가 없더라도 격려하며 기다려주는 자세가 가장 중요하다고 생각합니다. 학생에게 자리를 내어주고, 목소리를 충분히 내도록 하는 것이 교사의 역할일 것입니다.

**정:** 교사의 수업도전이 이루어질 때 학생들의 반응이 몇 갈래로 나뉘는 것을 볼 수 있습니다. 어떤 친구들은 자신들에게 조금씩 넘어오는 수업의 주도권을 반기며 미지의 문을 활짝 열고 들어갑니다. 수업시간을 통해 자신들에게 주어지는 모험과 탐험을 적극적으로 즐길 줄 아는 친구들입니다. 이런 친구들에게는 분명 교사의 도전이 반가운 소식일 것입니다. 반면 어떤 친구들은 교사의 변화가 불편하며 수업의 내용이 더 난해해지고 복잡해졌다고 말합니다. 간단하게 이해하고 넘어가면 될 것을 굳이 수업을 위한 또 다른 수업을 하고 있다고 부정적 목소리를 드러낼지도 모릅니다. 대부분 이런 친구들은 교실공동체보다 자기 학습권을 더 강조하는 경향을 많이 보입니다.

어찌 되었든 교사의 수업도전은 계속 이루어져야 합니다. 이는 교사 개인의 성장을 위해서도 필요하지만, 교실공동체의 한 일원으로 성장해가는 학습자 입장에서 더 필요할지도 모릅니다.

# 2 교사공동체: 교사와 교사가 함께 만들어가는 네트워크

케이스 스토리 27

## 동료 교사와 얼마나 협업합니까?

**홍:** 지금 우리 학년은 혁신학년 수업공동체를 운영하고 있습니다. 그래서 학기 초에 교과를 어떻게 지도할지 함께 배움지도를 만들고, 수시로 회의를 하며 각자 과목을 나눠 수업자료를 준비하지요. 중요한 현장체험학습이나 에듀버스와 연계한 답사활동, 진로체험 등의 행사일정을 결정하고 활동내용을 상의하는 데서부터 성취기준을 살피고 여러 활동을 수업과 연계해 지도하는 데까지 공을 들이고 있어요. 동학년 선생님들과 잘 맞는 팀으로 일한다는 것이 얼마나 드문 일인지 많은 선생님들이 아실 거예요.

그런데 올해 동학년 선생님들과 혁신학년을 함께하면서 진정한 팀워크는 퍼즐을 맞추는 것과 같다는 생각이 들었습니다. 전체적인 그림을 살피며 계속 소통하고, 스스로 맡은 조각은 책임지고 끼워넣어야 하기 때문이죠. 혼자서 나름의 방식으로 꾸려가던 때보다 조율하고 상의할 일이 늘어나서 쉽지 않지만, 그만큼 완성도 있게 채워지는 교육과정과 교수활동을 보면 뿌듯하고 보람찹니다.

교육활동에서 많아야 30퍼센트 정도였던 협업의 비율이 거의 70퍼센트까지 늘어났다는 것을 체감하고 있어요.

**정:** 교사의 교육과정 문해력이 부각되면서 교사공동체가 더욱 중요해지고 있어요. 학교의 규모 및 급에 따라 학년공동체, 학년군 공동체, 그리고 교과목 공동체에서 학교 환경과 학생 특성에 따라 조율하고 반영해야 할 사항들이 점점 더 늘어나고 있기 때문입니다. 그만큼 교사의 책무성은 무게감을 갖기 시작하고 있지요. 교육과정에 대한 상상력에 따라 교실 교육의 성과가 달라지니까요. 특히 교육과정 재구성을 적극적으로 시도하는 학년공동체의 경우, 기존에 경험하지 못했던 학생 참여형 수업을 만들어가고 있습니다. 또 일부 교사공동체의 경우 마을의 인적자원과 지역의 인프라를 활용하여 보다 큰 교육적 시너지 효과를 이루어내기도 합니다. 매우 고무적인 일입니다.

다만 이런 큰 성과에도 불구하고 모든 학교에 일반화하는 데에는 다소 시간이 걸려 보입니다. 그 이유가 무엇일까요? 그 해답 역시 교사공동체에서 찾아야 할 것 같습니다.

**홍:** 올해 4학년 친구들과 여행사 프로젝트 수업을 하면서 배움이 여행과 정말 비슷하다는 생각을 했습니다. 동행이 누구냐에 따라 여행이 천차만별로 달라지듯이 잘 맞는 동료 선생님은 알찬 교육과정을 꾸리는 마법을 부릴 수 있기 때문이죠.

신규교사로 막 발령을 받았을 때에는 교실 문을 열 용기가 나지 않았어요. 제대로 아는 것도 없어 아무에게도 제 모습을 보여주고 싶지 않았고, 괜히 모르는 걸 꼬치꼬치 물어보면 바쁜 선생님들에게 폐가 될까 봐 몸을 사렸죠. 그런데 지금은 학생들만큼이나 교사들을 함께 일하게 만드는 것이 정말 중요하다는 생각이 듭니다. 교실 문을 꼭꼭 닫아놓고 혼자 끙끙대며 머리 싸매고 있는 것도 그만뒀습니다. 이제는 우리 반 문을 활짝 열어놓고, 옆 반 선생님 문도 용감하게 열고 들어가려고요!

케이스 스토리 28

## 교사 간의 협업은 어떤 의미가 있습니까?

**홍:** 교대생 때부터 수많은 조모임으로 단련되었고, 협업이 얼마나 중요한지 잘 아는 교사들에게도 손잡고 함께 일하는 것은 수월하지 않습니다. 아이들에게는 매번 "협동해라, 같이 해라, 양보해라."라고 회초리를 들면서도 나 아닌 남과 무언가를 하는 과정이 얼마나 피로한지 절감하기에, 동료교사들과의 협업에 때로는 물음표를 그리는 것

도 사실이에요. 그렇다 보니 막상 수업을 나누고 싶어도 괜한 짓을 하는 건가 싶고, 이야기를 꺼낼 시간도 명분도 마땅치 않으니 민망한 짓은 하지 말자는 생각이 더욱 견고해지는 것 같아요.

혼자 하는 것에 익숙해지면서 학습지나 PPT를 공유하거나 진도를 맞춰 나가는 식이 최선이었는데 혁신학년에서 동학년 선생님들과 수업을 함께 꾸리고 나니 '생각보다 할 만하구나! 그리고 진짜 좋구나!' 하는 생각이 들었습니다. 한번 수업을 의논하고 나서부터는 오며 가며 인사나 나누던 옆 반 선생님이 나와 함께 나아가는 진짜 동료로 인식되기 시작했어요.

처음에는 연구실에서까지 수업 이야기를 하는 게 어색하게 느껴지기도 했죠. 아는 것도 없는데 의견을 내도 되나 싶어 입만 꾹 다물고 있기도 했고요. 어느 날 "근하 샘 생각은 어때?" 하고 부장님이 물어보셔서 조심스럽게 저희 반에서 했던 활동을 이야기했는데 반응이 너무 좋은 거예요. 함께 협의하면서 얼개를 짜고 우리 학년의 교육과정을 세워나가는 과정에 점점 즐거움을 느끼게 되었습니다. 특히 수업에 대한 갈증을 가까이서 지속적으로 소통하며 채울 수 있다는 점, 서로 아이디어를 나누고 수정, 보완하면서 질 좋은 교육활동을 진행할 수 있다는 점이 정말 좋았습니다. 재밌게 수다를 떨다가도 자연스럽게 수업 이야기가 나오고, 그게 교육과정에 반영됐지요.

"우리 반은 오늘 작품을 만들어봤는데 시간이 너무 오래 걸렸어요. 종이를 미리 잘라주면 좋을 것 같아요."

"저희 반은 예시자료를 미리 보여줬더니 조금 더 잘 이해하더라고요. 이따가 교실 가서 바로 쪽지 쏴드릴게요, 선생님."

"고마워요. 우리 에듀버스 진로체험활동은 일정을 바꿔야 할 것 같아요. 두 학급이 먼저 다녀와야 하는데, 제가 부장이니 먼저 가서 아이들이랑 체험해보고 더 자세하게 알려드릴게요."

이렇게 선생님들과 함께 이야기하며 저도 교사로서 훌쩍 컸다는 느낌이 들었습니다.

**정:** 홍 샘 말처럼 우리 곁에 함께 편하게 이야기를 나눌 만한 동료 선생님들이 계시다는 것이 얼마나 다행인지 몰라요. 한번 생각해보세요. 아침 출근길에 우리가 힘을 낼 수 있는 원동력이 어디에서 나올까요? 물론 선생님들마다 각자 처한 상황과 형편이 다르겠지만, 분명한 건 내가 속한 학교 공동체 안에 나와 말이 통하는 사람들이 있다는 것이 아닐까요? 더군다나 내가 직면해 있는 교실 상황이 나만의 문제가 아니라 옆 반 선생님과도 비슷한 상황이라면 동병상련의 마음을 함께 나눌 수 있잖아요.

특히 수업나눔은 더 그런 것 같아요. 당장 우리 반 수업 진도와 비슷한 옆 반 선생님의 고민이 곧 내 고민이라는 것을 알고 있으니 한 교육가족이라는 공동체 의식이 쉽게 생기는 것 같아요. 거기에 내가 당장 재구성해야 할 교과목이나 특정 단원을 떠올리면 옆 반 선생님과 수업나눔을 할 소재가 늘 무궁무진하죠.

**홍:** 같은 내용을 바로 옆에서 가르치는 동학년 선생님은 수업을 다른 시각으로 보게 하기 때문에 더욱 소중한 존재라는 생각이 들어요. 돌아보면 제 수업은 선의와 열정으로 가득 차 있었지만 그만큼 감정적이고 지엽적일 때가 많았던 것 같아요. 교실 안에는 저와 아이들뿐이지만 아이들은 미숙하죠. 흐릿한 거울과 같아서 교사로서의 제 모습을 정확하게 비추는 데에는 한계가 있으니까요. 그래서 교실 수업을 바라봐주고 함께 수업을 바꿔나가는 제3자가 필요한 거겠죠? 바로 수석 선생님처럼요.

**정:** 홍 샘이 그렇게 생각하고 있다니 고마운데요. 저 역시 홍 샘이 더 멋진 교사로 나아가도록 늘 돕고 싶은 마음이랍니다. 하지만 요즘은 경력과 상관없이 좋은 동료교사로 남기가 쉽지 않은 것 같아요. 그만큼 같은 학교에서 수업과 업무 등으로 사소하게 부딪치고 조율해야 할 일들이 많아지니까요. 그래서 교사 네트워크가 필요하다는 생각이 들어요. 홍 샘에게 지역의 동학년 교사들이 모이는 '성찰협력학교 수업연구회'를 추천하는 이유도 거기에 있답니다. 학교 밖 교사 네트워크를 통해 학교 안에서 형성되는 업무적 헤게모니(hegemony)를 잠시 벗어나 오로지 수업성찰과 나눔에만 집중하는 거죠. 이러한 교사 네트워크를 북유럽에서는 실행공동체(communities of practice)를 통해 지속가능한 상태로 발전시키도록 명문화해왔답니다. 즉, 지역의 교사 네트워크를 전문적 학습공동체로 자리매김하도록 자발적 수업나눔 시스템을 구축할 필요가 있어요.

성찰협력수업콘서트 장면

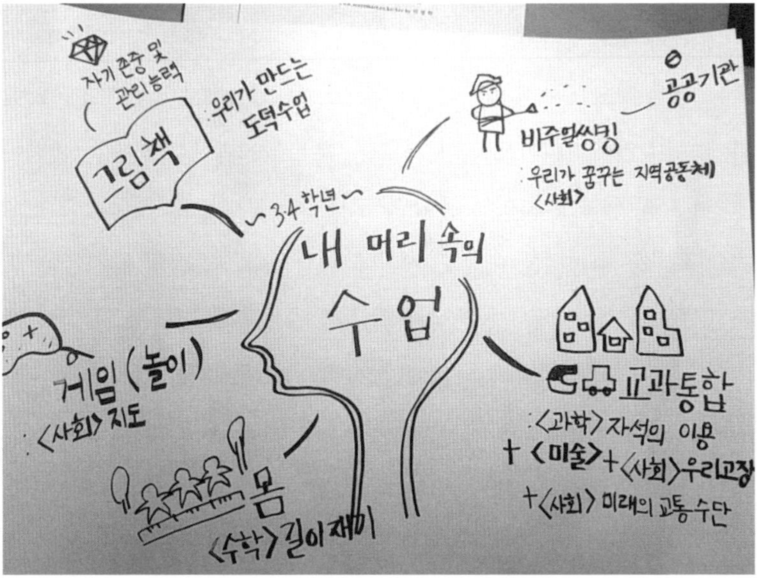


'경쟁은 답이 아니다' 콘서트 후기

# 3 연구공동체: 교육 전문성을 완성하는 힘!

케이스 스토리 29

## 더 알고 싶은 분야가 있습니까?

**홍:** 대학교에서 새내기는 주로 교양수업을 받죠. 그 시절이 지나면 본격적인 전공과목 공부가 시작됩니다. 교사로서 기초교양을 쌓으며 1년을 보내고 나니 수업전문성에 눈이 뜨이기 시작했어요. 한 해를 돌아보니 저를 가장 뿌듯하게 한 것은 결국 수업이더라고요. 그래서 함께 배울 수 있는 교사 네트워크를 찾아야겠다는 욕심이 생겼어요.

지금은 전북교육연극연구회와 성찰협력수업연구회에 몸담고, 나아갈 방향을 탐색하면서 나름대로 시야를 넓히고 있는 중이에요. 지금까지는 공동체 놀이, 미덕수업, 프로젝트 학습에 관심이 많았는데 앞으로는 인권과 성평등 교육, 보드게임을 활용한 수업, 한 학기 한 권 읽기 지도방법을 더 배워보고 싶어요. 궁금하고 알고 싶은 분야가 점점 더 많아지고 있네요!

**정:** 좋은 현상입니다. 그만큼 홍 샘의 수업성장 속도가 빠르다는 이야기겠죠. 제가 바라는 건 지금의 그런 열정이 한순간 타오르는 것이 아니라 홍 샘의 교단 인생에 걸쳐 지속적으로 발전되어가는 것입니다.

잠시 캐츠(Katz)의 교사발달단계를 한번 살펴볼까요? 캐츠는 교사의 발달단계를 생존, 강화, 갱신, 성숙 단계로 나누어 설명하고 있어요.

**캐츠의 교사발달단계**

1단계: 생존단계

교육현장에서 일어나는 여러 가지 문제들 자체에 대처하기 위해 고군분투하는 단계에 해당합니다. 생존단계에서는 내가 이 기간을 잘 보낼 수 있을까, 동료교사들이 나를 교사로 받아줄까, 학부모들에게 내가 어떻게 비쳐질까 등 교사로서 생존에 관련된 문제들에 매우 집중하는 경향을 보입니다. 따라서 동료교사들의 이해와 격려, 그리고 위로 등의 심리적 안정과 즉각적으로 활용할 수 있는 수업방법 등 지속적인 도움이 필요합니다.

2단계: 강화단계

교육현장에서 어느 정도 안정감과 자신감을 얻어 교사로서 생존할 수 있다는 확신을 얻는 단계입니다. 강화단계에서는 생존단계에서 습득한 경험을 강화, 보완하고 다른 업무와 기술을 숙달하는 등 개별 아동과 문제 상황에 관심을 갖고 해결하려는 경향을 보입니다. 하지만 여전히 즉각적이고 신속한 도움과 지원이 필요하며, 문제행동을 보이는 특정 학생 등에 대한 동료교사 또는 수석교사 등 선배교사들과 감정공유 및 정보교환이 중요합니다.

3단계: 갱신단계
교육현장에서 지속적으로 반복되는 일상에 싫증을 내고 새로운 수업 아이디어와 자료, 기술, 교수법을 시도해보는 단계입니다. 갱신단계에서는 전문적 학습공동체를 찾거나 저널 등 전문서적을 통해 다양한 프로그램에 관한 정보를 얻고 새롭게 도전해보려는 모습을 보입니다.

4단계: 성숙단계
교육현장에서 자신을 성숙한 교사로 인식하고 완전한 자신감을 갖게 되는 단계입니다. 성숙단계에서는 자신만의 교육철학과 성장 및 학습의 본질, 학교와 사회의 관계, 교직 등에 대한 안목과 통찰력을 중요하게 여깁니다. 이에 세미나 참여 및 대학원 진학, 전공서적 및 저널 탐독 등 자신의 전문적 요구를 충족시켜줄 수 있는 연수프로그램을 찾습니다.

우리는 현재 어느 단계에 있을까요? 재미있는 것은 성숙단계로 접어든 교사들이 이 상태를 지속하지 못하고 또 다른 생존단계로 들어간다는 점입니다. 왜 그럴까요? 그만큼 우리 교사들의 발달단계가 시대 흐름에 맞춰 작은 사이클을 반복하면서 지속적으로 성장해왔다는 것을 알 수 있어요. 그러니 이미 성장단계에 도달했다고 자기만의 교실에 머무는 것이 아니라 또 다른 도전과 응전을 위해 지역의 교사 네트워크를 찾아가야 합니다.

결국 교사의 가르침이 빛이 나기 위해서는 교사 역시 끊임없이 배움의 길에 서 있어야 합니다. 그래야 아이들을 고여 있는 물이 아니라 늘 흘러가는 맑고 투명한 물로 길러낼 수 있을 테니까요.

**홍:** 연구회에서 저 교사발달단계에 대해 설명해주셨던 기억이 납니다. 나는 지금 어떤 단계를 지나고 있을까, 앞으로 어떤 교사가 되어야 할까, 무엇을 배우고 무엇을 연구할까 여전히 고민하고 있습니다. 교사는 가르치는 사람이지만 동시에 평생 배우는 사람이어야겠지요. 우리에게로 흘러드는 새로운 시냇물인 아이들을 받아들이기 위해서 저도 쉬지 않고 길을 나서야겠어요.

케이스 스토리 30

## 전문성을 갖고 발전하기 위해 어떤 노력이 필요합니까?

**홍:** 교사는 가르치는 것 말고 새로 무언가를 배우기에도 참 좋은 직업입니다. 저는 워낙 이곳저곳에 발을 걸치고 "좋아요! 할래요! 해볼게요!" 하고 무작정 부딪히는 타입이라, 켜켜이 겹친 일들에 눌려 지친 적이 많았습니다. 그렇지만 저의 발전에는 이런 대책 없는 긍정이 분명히 한몫을 한 것 같습니다. 제가 용기 있게 손댄 것들은 새로

운 사람, 다른 방식, 다양한 콘텐츠를 남겼습니다. 그리고 각각의 요소들이 연결되어 계속해서 기회가 생겨났습니다. 심지어 배우다가 시들해진 것도 어느 순간 튀어나와 도움을 주었죠. 교사가 배움을 부끄러워하고, 시도를 망설인다면 정체되는 것이 아니라 후퇴를 할 수밖에 없습니다. 우리를 둘러싼 사람과 사회가 너무 빠르게 변화하고 있기 때문입니다.

교사로서 제가 내세울 수 있는 첫 번째 전문성은 배움에 뛰어드는 도전정신입니다. 피곤한 학교생활과 답답한 업무, 힘든 인간관계를 핑계 대지 않고 일단 재밌겠다 싶은 것에 뛰어든 단순함이 정답이었던 것 같아요. 한번 배움에 물꼬를 트면 다음에는 저절로 물길이 생기죠. "내가 시작한 거니까 한번 해보자." 그리고 다음에는 "저번에도 했으니 이번에도 해보자." 하고 생각하게 되니까요.

두 번째는 덧붙이기입니다. 어제보다 손톱만큼이라도 더 해서 이어나가면 됩니다. 한 번 하고 그만둔 것도 있고, 열심히 배우다가 현실에 치여 잠시 멈춘 것도 있지만 그래도 저는 매일 관심분야를 공부하기 위해 노력하고 있어요. 거창한 계획이 아니라, 오늘부터 모레까지만 해봐야지, 하며 작심삼일을 계속 이어가기로 마음먹었죠. 용감무쌍하게 도전하고 틈틈이 지속하는 것. 이것이 제가 생각하는 전문성의 두 가지 비결입니다.

**정:** 도전정신과 덧붙이기! 아주 좋아요. 특히 홍 샘을 보면 처음으로 교단을 밟았을 때부터 지금까지 두려움보다 '그래, 한번 해보자!'라

는 마음가짐으로 하는 것 같아요. 그런 모습이 홍 샘의 성장을 더 가속화시키는 것 같고요. 때로는 대단한 탐험가처럼 달려드는 모습도 보입니다. 또 덧붙이기 전략은 이슬비에 옷이 젖듯 홍 샘의 부드러운 성장을 이끌어가고 있지요.

주변 선생님들 중에는 나보다 먼저 앞선 동료교사들을 바라보며 의외로 초조해하는 분들도 많이 있습니다. 하지만 초조해할 필요 없어요. 누구나 자기만의 시간을 살아가는 법이니까요. 지금 내 모습이 부족해 보여도 홍 샘처럼 조금씩 덧붙이기를 해간다면 부족했던 전문성이 효과적으로 보완되어가는 것을 느낄 수 있을 거예요.

갑자기 궁금해지네요. 그런 생각을 하게 된 계기가 있었을까요?

**홍:** 언젠가 다음소프트의 부사장, 데이터 분석가 송길영 씨의 인터뷰를 읽은 적이 있어요. 미래 사회의 변화를 이야기하며 어떤 인재가 필요한지 이야기했는데, 학교도 이런 변화의 바람을 적극적으로 맞아들이면 좋겠다는 생각이 들더라고요.

> "기존 직업 중 평균적인 일은 다 AI로 대체되고, 이젠 깊게 공부하고 수련하는 사람만이 직업 세계에서 살아남아요. 덕후들의 시대죠. 그런데 오래 그 일을 파고들려면 그 일을 좋아해야 해요. 싫어하는 일은 절대 길게 잘할 수 없잖아요."

교사도 마찬가지라고 느꼈습니다. 교육이라는 넓은 사막에서 나를 반짝일, 또 내가 빛내고 싶어 하는 모래알 하나를 찾아내야 하니까요. 다양한 분야에서 교사로서의 기본적 소양을 두루 갖추려면 일단 무엇이든 해봐야 한다는 생각이 들었어요.

저는 아직 제가 무엇을 좋아하는지, 무엇을 하고 싶은지 잘 모르겠어요. 열심히 탐색하면서 제가 나아갈 분야를 골라 끈질기게 공부해 보려고요. 도전은 교실에서 생명력을 유지하는 데 필수적이라고 생각합니다.

**정:** 홍 샘의 생명력을 교실에서 볼 수 있어서 얼마나 감사한지 몰라요. 다만 그 생명력이 사막에서 더 오래갈 수 있는 오아시스를 만들어가면 좋겠어요.

저는 교사의 네트워크가 교육의 오아시스라고 생각해요. 교사들이 모여 전문적 학습공동체(professional learning communities)를 만들어 함께 성찰하고 협력하면 그 생명력이 더욱 빛을 발할 거예요. 또한 더 안전하고 행복한 오아시스를 만들어갈 수 있겠지요. 아마도 디지털과 AI가 점점 중요해지는 미래의 교육 환경에서는 이런 교사 네트워크가 더욱 필요할 거고요.

**홍:** 강경화 장관님의 인터뷰도 저에게 큰 영감을 주었어요. '최초', '최고'라는 수식어를 달고 다양한 이력을 거쳐 지금의 자리에 올 수 있었던 비결로 장관님은 'Something New'를 꼽았습니다. 어디까지 올라갈 수 있을지, 얼마나 성공할지보다 새로운 경험과 지식을 얻을 수

있는 방향을 택했다고 하셨죠. 그리고 그렇게 여러 분야의 업무를 경험하다 보니 한 자리에서 꾸준히 일한 것보다 더 큰 강점을 갖게 되었다고 해요. 저도 여러 선생님들과 만나고, 다양한 분야를 배우고, 넓은 세계를 탐색하면서 저만의 지도를 그려나갈 계획입니다.

# 홍샘! Talk Talk

전북교육연구회에서 펴낸 교육연극자료집

초임교사로 발령받고 일을 시작하자마자 주변에서 충고가 쏟아졌어요. 그중에 제일 많이 들었던 게 “얼른 하나를 정해서 파라!”라는 말이었죠. 초등교사는 넓은 범위의 과목을 가르치니 전문성을 갖기 위해서는 나만의 분야를 정해 집중하는 게 좋다고요. 그렇지만 저는 아직 제가 무엇에 집중해야 할지 잘 모르겠습니다.

우연히 연수에 참여했다가 너무 좋아서 전북교육연구회에 들어가게 됐어요. 이곳에서 저는 연극놀이를 배우고, 연극기법을 체험하고, 연극을 수업에 어떻게 접목시킬지 논의하는 등 다양한 활동을 하고 있습니다.

위의 책은 연극연구회 선생님들과 함께 펴낸 교육연극자료집이에요. 매 해 열정적인 선생님들과 함께하며, 안전한 공간에서 벗어나 영역을 새롭게 확장하는 느낌입니다.

조금만 둘러보면 학교 밖에도 좋은 교사공동체들이 정말 많습니다. 선생님들은 어떤 공동체에 속해 계신가요? 또, 어떤 공동체를 만들고 싶으신가요?

# 정샘! Talk Talk

최근 역량기반 교육과정을 넘어 교사별 교육과정이 주목을 받으며 어느 때보다도 교사의 전문성이 교육역량강화 차원에서 주목을 받고 있습니다. 뿐만 아니라 학교나 교실의 잘못된 관행을 벗어나 지속가능한 방향으로 상향평준화하기 위해 교사들 스스로 교수적 전문성과 책무성을 발휘하려는 노력이 이어지고 있습니다. 그러나 그런 교육사회 · 문화적 정서나 요구에 비해 교사의 의미 있는 질적 성장을 위한 구체적이고 실질적인 교육지원 및 교사연수 프로그램은 미흡한 편입니다. 다행인 건 교사들 스스로 전문적 학습공동체(PLC, Professional Learning Community)를 만들어 교육역량을 강화하려는 노력들이 실질적인 대안이 되고 있다는 것입니다(신은정 · 박경애, 2018; 정민수, 2018).

코널(Connell)은 좋은 교사와 좋은 가르침은 개인의 수행이 아니라 교사 집단의 공동체 활동을 통해 가능하다고 주장했습니다. 더욱이 4차 산업혁명 시대가 도래하면서 교육의 패러다임이 빠르게 변화하고 있어, 미래 사회에 요구되는 교사의 교육역량 강화가 교사 네트워크를 통해 보다 집단적으로 이루어져야 한다는 목소리가 힘을 받고 있습니다.

다만 교사들이 가르치는 학년이나 과목, 그리고 관심사가 다른 경우 교사학습공동체 조직 자체가 어려울 뿐만 아니라 학교 현장에서도 교사 간의 협력과 발전적인 상호작용을 기대하기가 쉽지 않은 형편입니다(김민조 외, 2016; 김주영 외, 2018; 서경혜, 2009). 따라서 교사학습공동체의 조직범위를 단위 학교로 국한하지 말고 지역 단위로 확장하는 교사 네트워크 구축을 통해 동학년 중심으로 보다 실질적인 협력과 상호작용에 대한 실행연구(action research)가 이루어져야 합니다.

이러한 문제를 먼저 진단한 북유럽의 경우 교사들이 최신 정보에 근거한 교육과정 개발에 적극 참여하여 연구 결과와 교사 자신의 실제 경험을 '실습 공동체'를 통해 지속가능한 상태로 발전시키도록 명문화해왔습니다(Lave & Wenger, 1991; Rönnerman, 2005). 구체적으로 실습 공동체를 통한 교사 네트워크를 활성화하기 위한 협력적 멘토링 프로그램 연구가 교사학습공동체에서 매우 활발하게 이루어지고 있습니다.

## 멘토 교사의 핵심역량유형 분류 결과

멘토 교사의 핵심역량은 핵심기술 및 변인 관련 문헌자료들을 바탕으로 크게 개인 및 상황 역량군과 지식 및 기술 역량군으로 대별할 수 있습니다. 그리고 멘토 교사의 핵심역량과 평가지표의 구명 및 협력적 멘토링 프로그램에 반영하기 위해 멘토 교사의 핵심역량을 프로그램 개발에서 일반적으로 활용하고 있는 3분법에 의한 역량군으로 분류할 수 있습니다. 이때 3분법에 의한 역량군 분류기준은 멘토링의 유연성 및 계획성에 관련된 역량인가, 통합성 및 실천성에 관련된 역량인가, 적응성 및 안전성에 관련된 역량인가였으며 교수설계역량, 수업촉진역량, 성찰지원역량의 세 가지 역량군으로 분류할 수 있습니다. 또한 각 역량군은 다시 개인 및 상황과 지식 및 기술의 하위역량군으로 구분하여 제시할 수 있습니다.

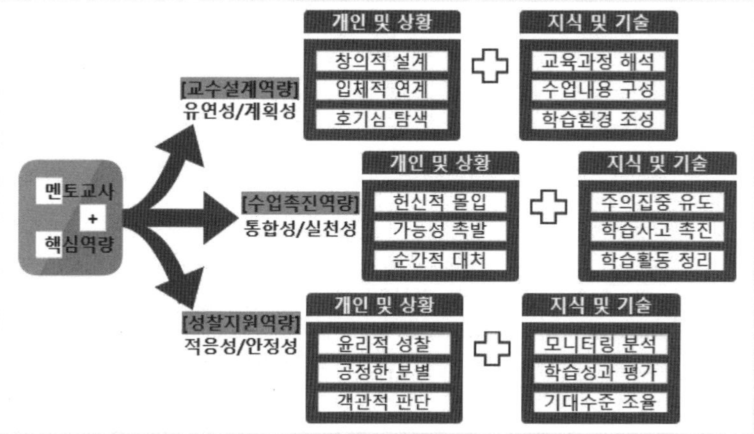

멘토 교사의 핵심역량 유형분류 기준 및 유효성 관련 하위요인

여기서 교수설계역량은 창의적 설계, 입체적 연계, 호기심 탐색을 개인 및 상황의 하위역량군으로, 교육과정 해석, 수업내용 구성, 학습환경 조성을 지식 및 기술의 하위역량군으로 구분할 수 있습니다. 구체적으로 교수설계역량의 개인 및 상황이란 멘티 교사만의 독창적인

수업을 설계하도록 지원하는 능력으로서 학년군 성취기준 및 학년발달단계를 고려하여 다른 분야와 연계하여 지원하거나 교과서 자료 외의 그림책, 영상, 실물자료 등을 탐색하여 호기심을 갖도록 지원하는 능력을 의미합니다. 또한 교수설계역량의 지식 및 기술이란 교육과정을 분석하고 멘티 교사의 요구조건에 맞게 해석하도록 지원하는 능력으로서, 멘티 교사의 교육과정 문해력 수준에 적절한 수업목표 진술 및 수업내용을 구성하여 수업계획서를 작성하고 수업에 적합한 학습자료를 개발하여 학습활동을 촉진할 수 있는 인프라 및 학습환경을 조성하도록 지원하는 능력을 의미합니다.

다음 수업촉진역량은 헌신적 몰입, 가능성 촉발, 순간적 대처를 개인 및 상황의 하위 역량군으로, 주의집중 유도, 학습사고 촉진, 학습활동 정리를 지식 및 기술의 하위역량군으로 구분할 수 있습니다. 구체적으로 수업촉진역량의 개인 및 상황이란 멘티 교사가 수업에 헌신적으로 참여하고 몰입하도록 지원하는 능력으로서, 다양한 사고방식을 수렴하여 개개인의 가능성을 촉발하도록 지원하고 돌발상황에 대응하도록 지원하는 능력을 의미합니다. 또한 수업촉진역량의 지식 및 기술이란 멘티 교사 스스로 주의집중을 유도하도록 지원하는 능력으로서, 학습전략을 세워 호기심을 자극하고 학습내용이 내면화되어 다음 시간과 연계 및 정리되도록 멘티 교사의 수업마무리를 지원하는 능력을 의미합니다.

마지막 성찰지원역량은 윤리적 성찰, 공정한 분별, 객관적 판단을 개인 및 상황의 하위 역량군으로, 모니터링 분석, 학습성과 평가, 기대수준 조율을 지식 및 기술의 하위역량군으로 구분할 수 있습니다. 구체적으로 성찰지원역량의 개인 및 상황이란 멘티 교사가 민주적 절차를 밟을 수 있도록 윤리적 성찰을 지원하는 능력으로서, 긍정적 학습 분위기 조성과 멘티 교사의 공정한 분별을 지원하고 학급경영 및 수업과 평가활동에 대한 멘티 교사의 객관적 판단을 지원하는 능력을 의미합니다. 또한 성찰지원역량의 지식 및 기술이란 멘티 교사의 모니터링 분석에 대한 피드백 활동을 지원하는 능력으로서 멘티 교사의 강의내용에 대한 커뮤니케이션 점검 및 개선을 지원하고 학급경영이나 수업시간에서 교실 학생들에 대한 멘티 교사의 기대수준을 지원하는 능력을 의미합니다.

이러한 기준에 의해 추출된 멘토 교사의 핵심역량은 교수설계역량, 수업촉진역량, 성찰지원역량에 따라 개인 및 상황의 하위역량 3개와 지식 및 기술의 하위역량 3개씩 총 18개로 분류되었습니다. 특히 협력적 멘토링 프로그램을 위한 교수설계역량의 유효성(effectiveness) 척도로 유연성 및 계획성과 관련된 역량들이 선정되었습니다.

유연성 및 계획성은 멘티 교사의 교수설계 연구단계에서 멘토 교사의 협력적 멘토링 목표달성의 효율성을 추구하는 지원역량과 관련이 있습니다. 또한 수업촉진역량의 유효성 척도로 통합성 및 실천성과 관련된 역량들이 선정되었습니다. 통합성과 실천성은 멘티 교사의 교실 수업 실행단계에서 협력적 멘토링의 특성과 행동, 구성원과의 관계 등 여러 요소의 상호작용에 대한 지원역량과 관련이 있습니다. 그리고 성찰지원역량의 유효성 척도로 적응성 및 안정성과 관련된 역량들이 선정되었습니다. 적응성과 안정성은 멘티 교사의 수업성찰 정리단계에서 동기유발부터 결과처리까지 교육의 도덕적 수준을 높이는 연결 관계에 대한 지원역량과 관련이 있습니다.

## 협력적 멘토링 프로그램의 설계 및 실행결과

협력적 멘토링 프로그램의 개발을 위해 멘토 교사의 핵심역량 강화를 기반으로 협력적 멘토링 프로그램의 개발 틀(framework)을 마련하여 자기계발과 교육연찬, 그리고 지도 경험의 축적이 동시다발적으로 이루어지도록 구성할 수 있습니다. 즉 협력적 멘토링의 미시적 접근으로 멘토로서의 기본자질을 구비한 교사를 선별하여 멘토 교사의 핵심역량을 개발하는 자기계발과 교육연찬 활동을 전개하는 데 집중해야 합니다.

다만 멘토 교사의 역량을 발휘할 조직 구성 및 인센티브 기반조성을 통한 자기계발의 동기부여부터 지도 경험의 노하우 관리까지 협력

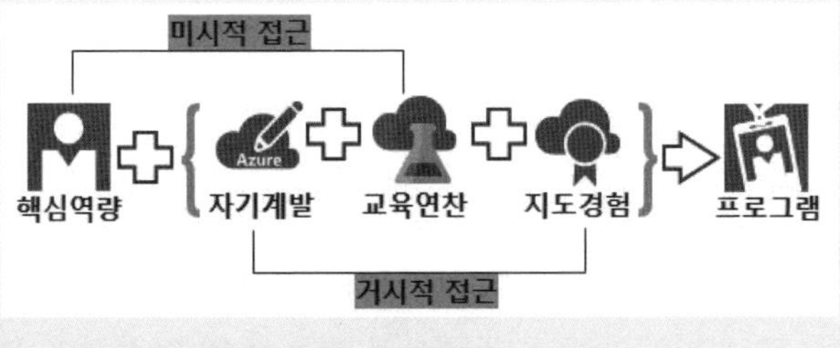


협력적 멘토링 프로그램 개발 틀(framework)

적 멘토링의 거시적 접근을 고려하여 접근해야 합니다. 즉, 멘토 교사와 멘티 교사의 경력관리를 총체적으로 다룰 협력적 멘토링 시스템 마련이 프로그램의 완성도를 높일 수 있음을 감안해야 합니다.

# 4 교육공동체:
# 교육공동체, 성찰의 꽃을 피우다

케이스 스토리 31

## 정기적으로 수업을 반성하고 성찰하는 시간을 가지고 있습니까?

**홍:** 교사에게는 좋든 싫든 수시로 반성의 시간이 오는데 그것의 형태는 보통 이렇습니다. 흥미와 생기가 사라진 동태눈, 지루함에 절여진 학급 분위기, 딴짓을 하며 방황하는 목소리 또는 언성을 높이다 싸우는 고래들과 등 터지는 새우들의 불평, 불만, 고자질까지, 그야말로 수산시장이 따로 없습니다.

저는 방과 후 썰물처럼 아이들이 휩쓸려 가고 나면 학급일지를 적으며 하루를 곱씹어봅니다.

'아까 이등변삼각형 그릴 때 현지가 헤매던데, 내일 다시 봐줘야겠네. 각도 그리는 법도 잊어버린 것 같던데. 과학시간에는 제대로 이해했으려나? 증발해서 수증기가 된다는 건 모르고 물이 날아간다고만 했던 것 같은데 내일 시작 전에 물어봐야겠다. 사회는 어땠더라. 아, 도시문제 마인드맵으로 그리다가 갑자기 딴소리를 해서 해결방안까지는 가지도 못했지. 진도가 늦었는데 큰일이네.'

늘 그렇지만 잘돼서 만족한 순간보다는 잘못되거나 엉뚱하게 비틀어져버린 순간들이 더 콕콕 박혀요. 일종의 고해성사죠. 생각은 꼬리를 물고, 잠시 수업 장면으로 되돌아갑니다.

#1. 월요일 3교시, 4학년 교실. 어수선한 분위기.

교사: (정신없이 안내장 한 뭉치를 들고 와 내려놓고) 얘들아, 지금 무슨 시간이니?

학생1: 수학이요! 사회인가?

학생들: (웅성거리며 부산스러워진다. 천천히 몸을 일으켜 사물함으로 가거나 책상 속을 뒤져본다. 계속 마주 보며 떠드는 아이, 손톱을 보느라 멍한 아이도 있다.)

학생2: 수학 아닌데……, 사회인데요!

교사: (바쁘게 지도서를 뒤적이다 시간표를 확인한다.) 사회, 사회야? 얘들아 사회 펴! 책 펴세요~ 자, 몇 쪽일까? (뒤돌아서 칠판에 단원과 학습 목표를 적다가) 내가 사회 펴랬지! ○○이는 왜 아직도 책상에 책이 없어? □□아, 그거 그만 만지자, 얼른 펴!

학생들: (하나둘 책을 꺼내거나 페이지를 넘겨가며 책을 뒤적인다. 교실 한쪽 모둠에서 소리가 커진다) 야, 그거 그만 만지고 사회책 꺼내라고~ 선생님이 꺼내라고 했잖아~!

교사: (순간 욱했다가 감정을 누르며) 자, 안 꺼낸 사람 얼른 꺼내자, 우리 저번에 도시와 촌락 배웠지요? 기억나는 사람? 전주, 얘들아, 전주는 도시일까 촌락일까? 김제는? 저번 시간에 지도 보면서 김제에 논밭이 엄청 많았던 것은 기억하니?

교사는 촌락과 도시의 특징을 다시 한번 설명한다. 인터넷을 켜 지도 화면을 켜자 학생들이 3초간 집중했다가 시선을 돌린다.

교사는 뉴스기사와 지역 홍보영상 등을 보여주며 애를 쓰지만 대답하는 서너 명의 학생을 빼고는 전부 반응이 시들하다.

교사: (열심히 떠들다 아이들을 돌아보고는 한숨을 쉰다. 의미 없이 집중구호를 외쳐본다.) △△아, 보고 있니? 그 페이지 아니잖아. ○○이는 또 왜 돌아다녀……. 앉아서 여기 좀 봐, 교류의 모습에 뭐가 있댔지?

학생: (당황한 얼굴로) 네? 뭐가요?

교사: (화를 참으며) 내 말 들었어, 안 들었어?!

**정:** 홍 샘의 수업 장면을 날것 그대로 기록을 해주었네요. 저 역시 가끔 제 수업 장면을 살펴보는데요, 교육경력이 꽤 되었는데도 여전히 내 수업을 다시 본다는 건 참 어려운 일 같아요. 내가 실수했던 수업 장면에 직면하는 것은 더욱 힘든 일이고요. 그럼에도 불구하고 수업을 다시 한번 성찰해보는 건 또 다시 도약할 발판을 마련해주는 것이 분명합니다.

얼마 전에 했던 '두레박 토의' 수업이 생각나네요. 두레박 토의가 뭐냐고요? 그냥 제가 학생들의 토의활동을 보다 효과적으로 하고 싶어서 이름을 붙여보았어요. 두레박으로 우물 속 물을 길어올리듯 친구들의 생각과 의견을 길러보자는 취지였지요. 다행히 학생들이 두레박 토의 절차에 맞춰 빈칸 공책에 자신의 의견을 기록하며 열심히 따라와줬던 생각이 나네요.

수업이 성공했냐고요? 제 눈높이로 보면 성공했다고 볼 수 있겠지만, 모르겠네요. 아마 두레박 토의 수업의 취지를 모르는 선생님이 지나가며 수업을 살펴보았다면 때론 너무 조용하고, 때론 너무 시끄럽고, 때론 너무 치열하게 자기 의견을 주장하는 모습에 당황했을지도 모르죠.

그래서 수업은 참 재미있어요. 하지만 자기 수업에 있어서만큼은 당당하게 목표지점을 향해 나아갈 필요가 있는 것 같아요. 물론 학생들의 수준을 바라보면서요. 제가 수석교사로 동일한 국어수업을 여러

두레박 토의 수업 모습

반에 걸쳐 반복해보니, 내 상태보다 더 중요한 것이 학생들의 상태라는 것을 알겠더군요. 그래서 수업은 매번 성찰과 협력이 필요한 것 같아요. 교사 스스로도 수업을 성찰해야 하고, 수업의 또 다른 주체인 학생들과도 긴밀하게 협력해야 하고요. 그러니 휙 지나가는 수업도 다시 한번 상기해봐야겠죠. 특히 이렇게 수업 영상을 찍어서 다시 관찰하면 더 많은 것이 보여요. 제 모습과 수업지도의 허점은 물론, 학생들 개개인의 반응도 깊게 관찰할 수 있어요.

**정:** 그리고 여기에 성찰기록을 하나 더 추가하면 좋겠어요. 교사 스스로 뒤돌아보는 자기 수업 성찰 말이에요. 특히 각 활동단위로 묶어 최소한 성취기준 대비 어떠한 활동이 이루어졌는지 다시 한번 되돌아보고, 그 수업에 대한 자기 평가를 성찰기록으로 남기면 더없이

| | |
|---|---|
| 교육과정 성취기준 국1614-3 | 일상생활의 문제를 해결하기 위한 토의에 능동적으로 참여할 수 있다. |

| 평가 피드백 | 기사를 읽고 친구들과 협력하여 입장을 정한 후 공유하고 발표하기 | | |
|---|---|---|---|
| 문화향유역량  | 상 기사를 읽고 난 후 주요 내용을 하이라이트하며 기사에 담긴 다양한 문화를 이해하고 아름다운 가치를 말과 글로 표현하는 학생들이 많았습니다. | 자료-정보활용역량  | 중 기사에 대한 자기 생각을 CLQ 단계에 맞게 정리하고 친구들과 잘 공유하였으나 의미있는 질문(Q) 만들기에 다소 어려움을 겪는 학생들이 보였습니다. |
| 비판적-창의적사고역량  | 중 기사에 대한 자기 입장을 간단하게 잘 정리하였습니다. 다만 보다 긍정적이고 건강한 의견을 내세워 다양한 토의 활동을 이루기 위해 시간이 많이 필요했습니다. | 공동체-대인관계역량  | 중 토의 주제 대한 자기 입장을 정해 친구들과 공유하는 활동은 매우 적극적이었지만, 그 내용의 질적 수준을 올리는 데에는 더 많은 시간이 필요했습니다. |

수업에 대한 성찰기록

좋겠지요. 보다 나은 수업으로 발돋움하는 계기를 마련하게 되고, 그것이 바로 수업성장의 시작이지요.

내 수업에 대한 성찰기록, 저와 함께 해볼까요?

**홍:** 저는 매일 짧게라도 학급일지에 그날의 수업기록을 적으려고 해요. 블로그나 홈페이지에 사진과 자료를 첨부하며 정성 들인 수업 후기를 남기시는 선생님들을 보면 존경스럽지만, 제가 따라 하기는 쉽지 않더라고요.

그래서 수업을 한 후 잊어버리기 전에 쉬는 시간, 방과 후 시간을

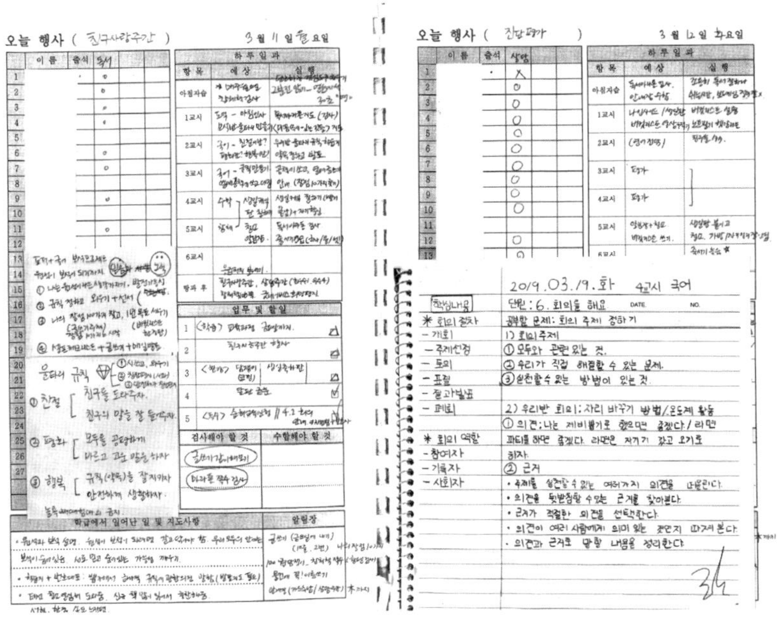


그날의 수업을 기록한 학급일지

이용해 틈틈이 수업이 어땠는지, 아이들은 어떤 반응이었는지, 보강할 것은 무엇인지를 위주로 간결한 느낌을 적습니다. 수업 중 인상 깊거나 재미있는 일이 생겼다면 그것도 적어두고요. 한 마디로 저만의 수업기록 일대기를 쓰는 거죠. 별것 아니어도 어제의 수업 후기를 보고 오늘 수업을 계획하고, 내일 어떻게 가르칠지 미리 생각하는 데 많은 도움이 되더라고요.

"기록은 기억을 지배한다."

제가 아이들한테도 자주 하는 말입니다. 선생님들께도 추천하고 싶네요.

앞 쪽의 사진은 제가 쓴 학급일지입니다. 하루 일과 칸에는 다음날의 수업계획을 쓰고, 당일 실제로 어떻게 진행됐는지를 빨간 펜으로 덧붙여요. 학습내용 중 핵심이 되는 부분은 따로 메모지에 적어 눈에 잘 띄게 붙여놓습니다. 특별히 기억에 남거나 인상 깊은 수업 장면은 아래에 조금 더 자세하게 기록합니다. 3월이라 필기지도를 열심히 할 때였나봐요. 공책 정리를 깔끔하게 한 친구가 있어서 예시로 보여주려고 복사해 붙여뒀네요.

물론 일이 너무 많거나 행사가 있어 정신없는 날이면 몇 글자 못 쓰고 넘어갈 때도 있어요. 그래도 학급일지를 쓰면서 하루를 복기할 수 있어 좋아요. 저만의 예습과 복습인 셈이죠. 선생님은 수업을 어떻게 성찰하고 계신가요?

케이스 스토리 32

## 수업나눔, 어떻게 시작합니까?

**홍:** 수업은 복잡한 것이라, 교실 문을 활짝 열고 공개하기가 정말 부담스럽습니다. 교생실습을 하면서 여러 선생님의 수업을 봤을 때 왜 저렇게 하실까, 의문을 가졌던 적도 있고요. 수업도 상호작용의 일종이라 관찰자가 맥락을 이해하지 못하면 엉뚱하게 해석할 수밖에 없죠. 저 또한 총체적인 맥락을 놓친 채 단면만 보고 판단했으니 당연히 제대로 이해하지 못했고요.

그래서 아무리 베테랑인 교사여도 학생들 외의 타인이 내 수업을 지켜본다는 것은 긴장되는 일일 것입니다. 부끄럽고 민망하고, 나의 의도와는 무관하게 해석될 가능성도 있죠. 요리사의 주방에 들어가거나, 과학자의 실험실에 들어가는 것에 비유하면 될까요. 화려하고 정갈한 세트장 뒤, 정신없고 산만하고 시끄러운 백스테이지를 관전하는 일에 가깝다고 볼 수도 있겠네요. 그러나 누구도 완벽할 수는 없으니 그냥 눈 딱 감고 수업나눔을 해야 하지 않을까 싶기도 합니다.

**정:** 맞아요. 누구도 완벽한 수업이라고 말하기 쉽지 않지요. 그냥 편하게 수업이 뜻대로 안 되었던 실패담부터 이야기해볼까요?

**홍:** 네. 재미있는 실패담이 많아요. 처음 했던 동료장학 수업이 떠오르네요. 옆 반 선생님과 나름 야심차게 준비해서 어렵다는 과학 단

원을 선보이기로 했지요. 잎을 끓여서 햇빛을 통해 식물이 광합성을 하고 양분을 얻는다는 것을 확인하는 중요한 실험도 예정되어 있었습니다.

날이 흐리고 비도 왔지만 아침부터 제일 좋은 옷을 골라 입고 만반의 준비를 한 후 출근했죠. 학생들도 긴장한 초짜 선생님을 도와주려고 그랬는지, 제가 하는 질문에 얌전히 대답하는가 하면 모둠별로 착착 학습지를 작성했고요. 드디어 햇빛을 받았던 잎과 은박지로 싸놓은 잎을 가지고 실험에 착수했습니다. 안전지도를 하고 차분히 알콜램프에 불을 붙이는 동안 교장 · 교감 선생님과 교무 선생님이 들어오셨습니다.

그런데 갑자기 한쪽에서 학생들이 불이 났다고 소리를 지르는 거예요. 비커가 깨져서 끓고 있던 알코올이 새어 나왔고, 그게 유리판에 흐르면서 불이 옮겨 붙었던 거였죠. 학생들은 혼비백산하고 덩달아 나머지 아이들까지 웅성거려 과학실은 난리가 났습니다. 눈앞이 하얘졌지만 침착한 척 아이들을 떨어뜨리고 급한 마음에 유리판을 들어 가까이 있는 싱크대로 가져갔어요. 다행히 다친 사람 없이 테이블을 수습하고 수업을 계속 이어갔습니다. 그런데 끓여도 끓여도 나뭇잎 색깔이 안 빠지더라고요. 알코올이 부글대면서 금방이라도 비커 밖으로 넘칠 것 같은데 속절없이 시간은 흐르고, 제 등에 땀도 흐르고…….

실험 결과는 어땠냐고요? 말해 뭐하겠습니까. 며칠째 꾸물거리는 날씨에 잎들이 햇빛을 제대로 못 봐서 아무리 요오드 용액을 뿌려도

색이 안 보이더라고요. 그야말로 폭망, 폭삭 망한 수업이었죠.

**정:** 하하하. 재미있는데요. 그런데 정말 놀랐을 것 같아요. 아이들이 다치지 않은 것이 천만다행입니다. 아마 수업을 보는 선생님들도 정말 깜짝 놀랐을 것 같아요. 과학 수업은 크고작은 실패담이 더 많은 것 같아요. 더군다나 공개수업이었다니 실패한 이야기를 덮을 수도 없고, 흑역사 하나를 제대로 남겼네요.

그래도 그냥 훌훌 털어버리세요. 그런 실패담은 교사라면 누구나 가지고 있답니다. 그런 경험이 쌓여 더 탄탄한 수업을 만들어갈 수 있어요. 다행히 그런 부족한 수업에도 한없이 맑게 웃어주고 따라주는 우리 아이들이 있으니까요. 아마 학부모들도 열심히 노력하는 선생님의 열정을 응원해주는 분들이 많을 거예요. 우리 모두 작은 실패를 반복하며 조금씩 성장하는 것이니까요.

마지막으로 홍 샘에게 추천해주고 싶은 책이 있어요. 김영민 교수의 논어 에세이 『우리가 간신히 희망할 수 있는 것』이라는 책인데요. 책 속에서 '실패를 예감하며 실패로 전진하기' 부분을 읽고 성찰해보면 좋겠어요. 아마도 홍 샘의 고군분투를 통해 얻은 교실의 품격이 또 다른 감성으로 이어질 거라 확신합니다.

**『우리가 간신히 희망할 수 있는 것』**(김영민 | 사회평론)

## 정샘! Talk Talk

멘토링 프로그램은 일반적으로 숙련된 멘토 교사가 경험이 부족한 멘티 교사의 전문성 개발을 촉진할 목적으로 가르치고, 지원하고, 격려하고, 상담하며 동료교사로서 친구가 되어주는 일련의 과정으로 진행됩니다(Anderson & Shannon, 1988). 즉, 일반적인 멘토링 기능은 멘티 교사 중심의 지속적인 돌봄 활동으로 수행된다고 할 수 있습니다. 이러한 일반적인 멘토링 프로그램은 멘티 교사에게 유익한 교육자료 또는 교수전략 등을 제공해준다는 데 의의가 있지만, 멘토 교사의 역량 수준을 강화하는 데에는 미흡하다는 한계를 보여왔습니다.

그러나 협력적 멘토링 프로그램은 멘티 교사에게 제공하는 일반적 지원활동과 더불어 멘토 교사의 역량수준을 강화하는 데 초점을 두고 있습니다. 따라서 협력적 멘토링 프로그램을 설계할 때는 멘토 교사와 멘티 교사가 공동으로 역량강화 계획을 수립하는 것이 중요하다고 판단하였습니다. 또한 동료 선생님과 공동연구 과정을 통해 멘토 교사와 멘티 교사 모두 새로운 차원의 전문적인 성장과 역량을 강화하는 것이 중요하다고 보았습니다.

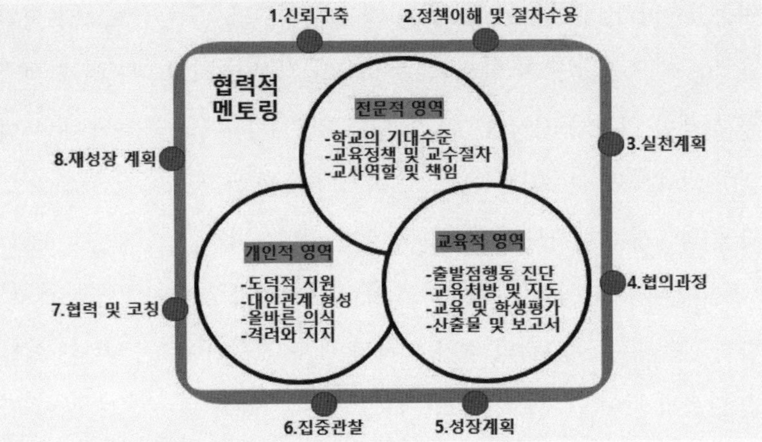


멘티 교사 지원영역과 멘토 교사의 수행역할

구체적으로 협력적 멘토링 프로그램에 참여하는 멘티 교사들의 요구사항을 분석한 결과 크게 전문적 영역과 교육적 영역, 그리고 개인적 영역의 지원이 필요하다는 것을 알 수 있었습니다.

먼저 멘티 교사들이 필요로 하는 전문적 영역은 학교가 바라고 있는 최소한의 기대수준, 교육정책 및 교수절차, 교사 역할 및 책임 등이 있었습니다. 즉, 멘티 교사들은 학교현장에서 전문가로서 역할을 요구받고 있었으며 그에 대한 역량을 향상시킬 지원프로그램이 필요했습니다. 다음 멘티 교사들은 교육적 영역으로 학생들의 출발점 행동을 진단하여 적절한 교육적 처방 및 지도를 요구받고 있었으며, 그 과정과 결과를 평가하여 산출물 및 보고서 등을 작성할 수 있어야 했습니다. 이러한 교육적 활동들은 학교 현장에서 이루어지는 교사들의 일상적 과제들로, 현장중심적인 지원방안이 마련될 필요가 있음을 보여주었습니다. 또 멘티 교사들은 개인적 영역과 관련된 도덕적 지원을 요구받고 있었으며 학생 및 동료교사 간 우호적인 대인관계 형성 등 섬세한 격려와 지지가 이루어져야 했습니다. 멘티 교사에 대한 이러한 교육사회 · 문화적 접근으로 학교 적응을 돕고 교육적 활동을 보다 풍성하게 수행하도록 지원할 필요가 있었습니다.

이에 멘티 교사의 지원영역을 보다 효과적으로 담아내기 위해 협력적 멘토링 프로그램의 절차에 따라 멘토 교사가 수행해야 할 역할을 다음과 같이 단계화하여 접근하였습니다.

첫째, 협력적 멘토링이 성공하기 위해서는 멘토 교사와 멘티 교사 간 신뢰구축이 먼저 이루어져야 합니다. 신뢰구축은 적극적 경청에서 출발하며 언어적 · 비언어적 반응과 함께 대화의 이면에 숨겨진 정서적 배경이나 감정까지 고려해야 합니다.

둘째, 협력적 멘토링에 관한 정책을 이해하고 프로그램을 적극적으로 수용할 때 진정성 있게 다가설 수 있습니다. 진정성 있는 접근은 멘토 교사와 멘티 교사 간 파트너십을 더욱 공고하게 만들어줄 것입니다.

셋째, 교실 상황에 대한 이해를 바탕으로 협력적 멘토링을 어떻게 접근할 것인지 구체적인 실천계획을 마련해야 합니다.

넷째, 멘토 교사로서 비전, 꿈, 경력을 말하고 멘티 교사의 요구사항 등에 대한 협의과정을 통해 협력적 멘토링의 지향점을 결정해야 합니다.

다섯째, 멘티 교사의 임시 목표, 강점, 필요한 개발 사항 및 원하는 지원영역 등을 파악하여 장 · 단기 성장계획을 수립해야 합니다.

여섯째, 멘티 교사에게 주어진 교실환경, 학교문화, 동료관계 등을 객관적으로 파악하기 위해 집중 관찰할 시간이 필요합니다.

일곱째, 멘티 교사가 역사, 가치, 문화 및 정치를 포함하여 학교 조직 및 교육에 대한 더 넓은 관점을 얻도록 협력 및 코칭 활동을 전개해야 합니다.

여덟째, 협력적 멘토링을 통한 멘티 교사의 성장과정을 모니터링하며 멘티 교사의 필요에 따라 각 단계를 다시 집중할 수 있도록 도와주어야 합니다.

이에 교사학습공동체에서는 협력적 멘토링 프로그램을 보다 효과적으로 설계하기 위해 일반적인 멘토링 기능의 핵심요소를 기반으로 멘티 교사의 요구사항을 분석하고 멘토 교사의 수행역할을 단계적으로 반영하였습니다. 특히 멘토 교사의 핵심역량과 평가지표를 구명하기 위해 마련한 3분법에 의한 역량군 분류기준에 따라 협력적 멘토링 프로그램의 고려사항을 검토하였습니다.

먼저, 교수설계역량의 유연성과 관련하여 멘티 교사들은 교육공동체의 구성원으로서 역할을 고민하고 있었습니다. 이에 협력적 멘토링에서는 멘토와 멘티가 함께 참여하는 교사 네트워크 활동으로 동료교사를 알아갈 수 있는 여건 마련에 초점을 두었습니다. 또한 교수설계역량의 계획성과 관련하여 멘티 교사들은 교사로서의 전문성을 갖추려면 무엇을 고민하고 노력해야 하는지 질문을 제시하였습니다. 이와 관련하여 협력적 멘토링에서는 교육과정의 성취기준을 분석하여 교과내용의 연계성을 높일 수 있는 방안을 고려하기로 하였습니다.

다음으로 수업촉진역량의 통합성과 관련하여 멘티 교사들은 교실에서 바로 활용이 가능한 교육방법을 고민하고 있었습니다. 이에 협력적 멘토링에서는 숙련된 교사들의 우수 교육방법을 분석 · 정리하여 상호 공유하며 효과적인 성장방안을 모색하기로 하였습니다. 또한 수업촉진역량의 실천성과 관련하여 멘티 교사들은 학생들에게 효과적으로 발문하려면 어떻게 해야 할지 방법을 찾고 있었습니다. 이와 관련하여 협력적 멘토링에서는 멘티 교사의 강점 강화 및 약점 보완의 사례를 경청하며 학교 및 교실 상황에 적절한 방법을 지원하기로 하였습니다.

또한 성찰지원역량의 적응성과 관련하여 멘티 교사들은 익숙하지 않은 학교와 교실문화에 빨리 적응할 방법을 고민하고 있었습니다. 이에 협력적 멘토링에서는 교사 자신감 프로젝트를 통해 할 수 있다는 긍정적 분위기 조성으로 공감과 지지문화의 확산이 필요하다고 보았습니다. 그리고 성찰지원역량의 안정성과 관련하여 멘티 교사들은 학급경영 및 교과와 생활지도의 전문성에 관심을 갖고 있었습니다. 이와 관련하여 협력적 멘토링에서는 멘티 교사가 처한 상황을 분류하여 각 영역별 전문가를 통한 섬세한 상담 및 조언활동을 전개하기로 하였습니다.

이상 협력적 멘토링 프로그램을 설계할 때 고려해야 할 사항을 핵심역량군 분류기준별로 정리하면 다음과 같습니다.

<table>
<tr><th colspan="2">핵심역량구분</th><th>일반적인 멘토링 기능</th><th>멘티교사의 요구사항</th><th>협력적 멘토링 반영사항</th></tr>
<tr><td rowspan="2">교수 설계 역량</td><td>유연성</td><td>멘티 교사가 자유롭게 자신의 형편과 상황을 이야기할 수 있는 분위기를 조성해야 한다.</td><td>교육공동체의 구성원으로 역할을 하려면 어떻게 해야 하는가?</td><td>멘토와 멘티가 함께 참여하는 교사 네트워크 활동으로 동료교사를 알아갈 수 있는 여건을 마련함.</td></tr>
<tr><td>계획성</td><td>멘티 교사 스스로 교육과정을 탐색하여 성장계획을 세워갈 수 있도록 지원해야 한다.</td><td>교사로서의 전문성을 갖추려면 무엇을 고민하고 노력해야 하는가?</td><td>교육과정의 성취기준을 분석하여 교과내용의 연계성을 높일 수 있는 안목을 갖도록 지원함.</td></tr>
<tr><td rowspan="2">수업 촉진 역량</td><td>통합성</td><td>무의식적 또는 의식적 교육방법을 통합하여 멘티 교사에게 적절하게 가르쳐야 한다.</td><td>교실에서 바로 활용 가능한 교육방법에는 무엇이 있는가?</td><td>숙련된 교사들의 우수 교육방법을 분석 · 정리하여 상호 공유하며 효과적인 성장방안을 모색함.</td></tr>
<tr><td>실천성</td><td>멘티 교사의 강점을 강화할 수 있는 가장 성공적인 방법으로 지원해야 한다.</td><td>학생들에게 효과적으로 발문하려면 어떻게 해야 하는가?</td><td>멘티 교사의 강점강화 및 약점보완 사례를 경청하며 학교 및 교실상황에 적절한 방법을 지원함.</td></tr>
<tr><td rowspan="2">성찰 지원 역량</td><td>적응성</td><td>멘티 교사가 활용하는 교수법의 긍정적인 면을 보고 스스로 적응하도록 지지해야 한다.</td><td>익숙하지 않은 학교와 교실문화에 빨리 적응하려면 어떻게 해야 하는가?</td><td>교사 자신감 프로젝트를 통해 할 수 있다는 긍정적 분위기 조성으로 공감과 지지문화를 확산함.</td></tr>
<tr><td>안정성</td><td>멘티 교사가 안정감을 갖도록 교수적 행동 및 교육문화에 관한 올바른 조언을 해야 한다.</td><td>학급경영 및 교과와 생활지도의 전문성을 키우려면 어떻게 해야 하는가?</td><td>멘티 교사가 처한 상황을 분류하여 각 영역별 전문가를 통한 섬세한 상담 및 조언활동을 전개함.</td></tr>
</table>

협력적 멘토링 프로그램 설계를 위한 고려사항

## 협력적 멘토링 프로그램의 모듈별 진행과정 및 실행내용

협력적 멘토링 프로그램의 개발은 교사학습공동체에서 멘토 교사의 역량과 멘티 교사의 전문성을 강화하기 위한 수단으로 실시하는 것이기 때문에 무엇을 프로그램에 반영할 것인지 우선적으로 결정해야 합니다. 특히 멘토 교사와 멘티 교사가 함께 활동할 수 있는 교사학습공동체 시간이 제한적이므로 프로그램의 교육효과를 높이기 위해서는 멘토 교사의 핵심역량을 기반으로 협력적 멘토링을 모듈화하여 진행하는 것이 바람직합니다.

다만 멘토 교사의 교수설계역량, 수업촉진역량, 성찰지원역량이 일반적인 3분법 역량군 분류기준에 따라 도출되었다 할지라도 교사학습공동체 운영시간과 프로그램을 통해 개발이 가능한 역량인지 고려하여 모듈화 여부를 결정해야 합니다. 또한 멘토 교사의 핵심역량으로 추출되지 않았다 하더라도 협력적 멘토링의 발전방향을 고려하여 프로그램에 포함하는 것이 바람직합니다.

협력적 멘토링 프로그램의 모듈화는 드시모네와 해리스(Desimone & Harris, 1998)가 제시한 인적자원개발(human resource development) 전략을 응용한 것으로 모듈별 진행과정 선정 시 교육목표, 교육내용, 교육 참여자의 특성 및 선호도, 가용할 수 있는 교육시간과 예산 등을 고려할 수 있습니다. 특히 협력적 멘토링의 특성상 참여교사의 자발성에 기인해야 하므로 멘토 교사의 역량 및 멘티 교사의 전문성을 강화할 수 있는 프로그램 마련에 중점을 두어야 합니다. 뿐만 아니라 협력적 멘

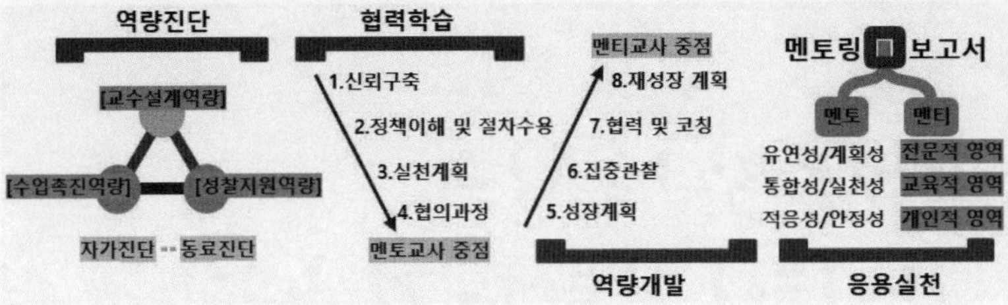


협력적 멘토링 프로그램의 핵심역량 모듈별 진행과정

토링 프로그램이 교사학습공동체에서 이루어진다는 점을 감안하여 역량진단부터 응용실천에 이르기까지 별도의 연수과정이라기보다 미시적 접근방법에 의해 멘토 교사와 멘티 교사 간 전문적 협력활동이 자연스럽게 연찬활동으로 연계되도록 구성하여 진행할 수 있습니다.

에필로그

# 가장 빛나는 날은 아이들이 만들어준 것입니다

**홍:** 2월, 종업식을 마치고 아이들이 떠나간 교실은 말할 수 없는 감정들로 채워져 있습니다. 처음 문을 열고 들어설 때의 설렘과 기대, 별것 아닌 일로도 꽃잎처럼 날아다니던 웃음들, 지끈대는 머리를 부여잡고 끙끙댔던 시간 모두가 파노라마처럼 펼쳐집니다. 교사로서 아이들과 함께 보낸 한 시절은 다시 오지 않기에, 선뜻 막을 내리지 못하고 빈 교실을 서성입니다.

마음을 쏟아도 빈손으로 학교를 나서는 날에는 머릿속에 온통 먹구름이 가득 찬 것 같아 신세 한탄만 하게 됩니다. 그런 날, 이 시가 큰 위로가 됐습니다.

무지개를 사랑한 걸

- 허영자

무지개를 사랑한 걸
후회하지 말자

풀잎에 맺힌 이슬
땅바닥을 기는 개미
그런 미물을 사랑한 걸
결코 부끄러워하지 말자

그 덧없음
그 사소함
그 하잘것없음이

그때 사랑하던 때에
순금보다 값지고
영원보다 길었던 걸 새겨두자

눈멀었던 그 시간
이 세상 무엇과도 바꾸지 않을

기쁨이며 어여쁨이었던 걸
길이길이 마음에 새겨두자

아이들은 학교에 다니는 12년 동안 수많은 사람을 만납니다. 저는 그중의 한 명으로 기억되겠지요. 무심히 반복되는 하루도 추억 속에 박제될 것입니다. 함께했던 아이들의 얼굴이 아른거립니다. 일상을 삼키기가 어려워 괜히 속이 쓰렸던 어느 날, 누군가의 인생에 하나뿐인 담임선생님으로 기억되는 게 얼마나 멋진 일이냐며, 아이들은 선생님의 노력을 분명 알고 있을 거라고 저를 다독여주던 동료 선생님의 얼굴도 떠오릅니다. 언젠가부터 저는 그 얼굴들을 사랑하게 되었습니다.

몇 해 전, 러시아 여행을 하다가 상트페테르부르크 대학교에서 선물 같은 풍경을 마주했습니다. 박경리 선생님의 동상이 교내에 세워져 있었습니다. 찾아보니 한 · 러 문화교류사업의 일환으로 서울에는 러시아 시인 푸시킨의 동상이, 상트페테르부르크에는 소설가 박경리 선생님의 동상이 건립되었다고 하더군요. 동상 아래에는 이런 문구가 새겨져 있었습니다.

"슬픔도 기쁨도 왜 이리 찬란한가."

제 안의 모든 찬란함은 아이들이 만들어준 것입니다. 한 해 한 해, 그 찬란함으로 우리 안에 빛나는 무지개를 그려내고 싶습니다.

**정:** 아침마다 교문에서 아이들을 맞이하다 보면 참 다양한 표정을 만나게 됩니다. 전날 무슨 일이 있었는지 시무룩한 아이부터 오늘 교실에서 새롭게 펼쳐질 이야기에 잔뜩 들뜬 아이까지, 다양한 색깔을 뽐내는 것만 같습니다. 그 표정을 어떻게 설명할까요? 때론 잔뜩 흐린 먹구름 같다가도 어느 날엔 청명한 가을 하늘처럼 정말 맑고 순수하기만 합니다.

그런 아이들이 하루하루 성장해갑니다. 짧은 방학을 지나 다시 보는 날에는 깜짝 놀랄 정도로 한 움큼 성장해 있는 모습을 만나게 됩니다. 그리고 비로소 작은 진리 하나를 깨닫습니다. 지금 이런 아이들의 성장하는 모습을 바라볼 수 있다는 것 자체가 얼마나 큰 행복인지. 따스한 아침 햇살 아래 등교하는 어린 친구들이 학교에 모여드는 이 순간이 우리 모두에게 얼마나 값진 순간인지.

교육의 일상이 늘 이렇게 아름다운 아침 햇살처럼 머물고 있으면 얼마나 좋을까요? 매일 치열하게 돌아가는 교실 시계에 얽매이는 것이 아니라 아이 한 명 한 명의 성장 스토리를 보다 긴 안목으로 읽어줄 수 있다면 얼마나 좋을까요? 교단 인생에서 그저 무의미하게 스쳐지나가는 만남이 아니라 서로의 진심을 읽어주는 시간들이 더 많아지면 우리 교육은 얼마나 더 밝고 맑게 바뀌어갈까요? 톨스토이가 말한 것처럼 삶은 언제나 기대처럼 살아지지만은 않지만 그럼에도 다시 비칠 아침 햇살을 기대하는 이유는 무엇일까요?

"삶은 언제나
기대처럼 살아지지만은 않기에
살아가는 동안 공부가 필요하다.

그러면, 어느 순간
가장 빛나는 날이 시작될 것이다."
- 톨스토이, 『인생이란 무엇인가』 중에서

어쩌면 지금이 가장 빛나는 날일지도 모르겠습니다. 좌충우돌 교사 성장기를 나눌 수 있는 홍 샘이 있기에 우리 교육의 희망을 봅니다. 언젠가 내가 바라본 등굣길의 아침 햇살을 또 다른 홍 샘이 바라보고 있을 것을 알기에 더 기대가 됩니다. 적어도 이 글을 읽는 또 다른 '우리'가 교실이라는 하얀 도화지에 성찰과 협력을 또 다른 색깔로 덧입혀갈 것을 알기에 작은 소망을 품습니다.

선생님들의 도전과 응전을 기대합니다.
가장 빛나는 날을 만들어주셔서 감사합니다.

선배 교사와 후배 교사가 만드는

교.육.공.동.체

행복한 교육학

## '함께하는 교육, 100년의 약속'을 위한 행복 교육 프로젝트

No.01 김성효 글 | 홍종남 기획
**학급경영 멘토링**

No.02 김성효 글 | 홍종남 기획
**기적의 수업 멘토링**

No.03 이경원 글 | 홍종남 기획
**교육과정 콘서트**

No.04 김성효 글 | 홍종남 기획
**행복한 진로교육 멘토링**

No.05 이성대 외 글 | 홍종남 기획
**프로젝트 수업,
교육과정을 만나다**

No.06 이성대 글 | 홍종남 기획
**혁신학교,
행복한 배움을 꿈꾸다**

No.07 정민수 글 | 홍종남 기획
**수업도시락,
성찰과 협력을 담다**

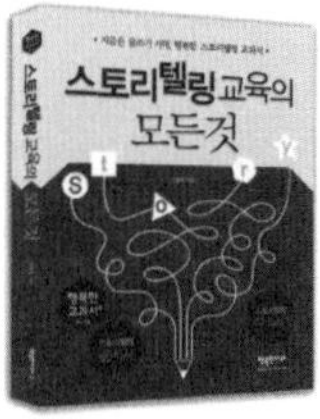


No.08 조정래 글 | 홍종남 기획
**스토리텔링 교육의
모든 것**

No.09 최무연 글 | 홍종남 기획
**나는 수업하러 학교에
간다**

No.10 정민수 글 | 홍종남 기획
**수업성숙도,
교사의 강점을 담다**

No.11 이현정 외 글 | 홍종남 기획
**프로젝트 수업,
배움을 디자인하다**

No.12 김진수 글 | 홍종남 기획
**행복한 수업을 위한
독서교육 콘서트**

No.13 이성대 글
**배움이 없는 학교,
프레임을 바꿔라**

No.14 최무연 글 | 홍종남 기획
**수업은 기획이다**

No.15 정선아 글 | 홍종남 기획
**교사는 아이들과 함께
성장한다**

No.16 하건예 글 | 홍종남 기획
**교사, 교육전문가로
성장하다**

No.17 이경원 글 | 홍종남 기획
**교사의 탄생**

No.18 김경훈 글 | 홍종남 기획
**토의토론수업,
배움을 디자인하다**

No.19 최무연 글 | 홍종남 기획
**교육과정 문해력,
배움을 디자인하다**

No.20 김진수 글 | 홍종남 기획
**교사가 성장하면,
수업도 성장한다**

**기획 홍종남**

"선배 교사와 후배 교사의 교육철학을 담았습니다."

[행복한 교육학®] 시리즈를 통해 교사의 이야기를 담고자 하였고, 선생님들이 행복한 수업을 할 수 있는 환경이 되었으면 합니다.

'함께하는 교육, 100년의 약속!!'의 캐치프레이즈에 맞는 인문·역사, 교육학·교육서 분야의 책을 기획하고 있습니다. 〈행복한미래〉 대표이자 출판 기획자로 20년 이상을 책과 함께 살아가고 있습니다. 『교육과정 콘서트』, 『프로젝트 수업, 배움을 디자인하다』, 『수업은 기획이다』 등의 교육서 책을 기획하였습니다. [행복한 교과서®] 시리즈를 총괄 기획하고 있습니다.